【特别声明】

作者承诺：将本书全部版税所得捐赠给慈善基金会，用于儿童教育与特殊群体救助。

股市真面目

揭开中国股市成长之谜

—— 下 ——

叶檀 著

SPM
南方出版传媒
广东经济出版社
—广州—

图书在版编目（CIP）数据

股市真面目．下/叶檀著．—广州：广东经济出版社，2018.1
ISBN 978－7－5454－5927－2

Ⅰ．①股… Ⅱ．①叶… Ⅲ．①股票市场－研究－中国 Ⅳ．①F832.51

中国版本图书馆CIP数据核字（2017）第285921号

出 版 人：姚丹林
责任编辑：陈念庄 罗振文
责任技编：许伟斌

出版发行	广东经济出版社（广州市环市东路水荫路11号11～12楼）
经销	全国新华书店
印刷	三河市国英印务有限公司 （三河市杨庄镇杨庄村）
开本	787毫米×1092毫米 1/16
印张	18
字数	220 000字
版次	2018年1月第1版
印次	2018年1月第1次
书号	ISBN 978－7－5454－5927－2
定价	58.00元

如发现印装质量问题，影响阅读，请与承印厂联系调换。
发行部地址：广州市环市东路水荫路11号11楼
电话：（020）38306055 37601950 邮政编码：510075
邮购地址：广州市环市东路水荫路11号11楼
电话：（020）37601980 营销网址：**http://www.gebook.com**
广东经济出版社新浪官方微博：**http://e.weibo.com/gebook**
广东经济出版社常年法律顾问：何剑桥律师

股市如潮汐，潮起又潮落。

最可怕的泡沫不是行情与数据，而是人性欲望的蔓延。

The True Face of China's Stock Market

简目
CONTENTS

第一部
PART ONE

危机四伏

第二部
PART TWO

泡沫蔓延

详目

CONTENTS

第二部

PART TWO

泡沫蔓延

第四章 CHAPTER 04 爆发时代（2012–2013 新经济崛起）

2012 年：夹缝生存　危机潜伏

【看时局】

PART TWO 第二部

泡沫蔓延

第四章 CHAPTER 04 | 爆发时代（2012-2013 新经济崛起）

依旧是河声入海　车声进城
轮滚现代
水归永恒
依旧是水枕一觉的侧影

依旧是最美的距离——对岸
河流给岸看
岸分给人看
行人看十里的妙相曼颜

隔水膜拜——目拜已半生
出城是左顾
回城是右眄
波际依稀是紫竹的清芬

三十年 在你不过是一柱烟
倦了　香客
老了　行人
映水的纤姿却永不改变

——《隔水观音》余光中

2012 年：夹缝生存　危机潜伏

【看时局】

股市不讲供求关系

股市与房地产一起进入供求关系魔咒。

最近探讨得沸沸扬扬的养老金入市伪命题，其背后是股市受资金供求关系影响。只要有资金入市，股市就能上涨；只要资金紧张，股市就会下挫。

如果承认供求关系有理，承认投资不应该受约束，我们就得源源不断地提供各种类型的房地产投资品种，如此一来恐怕增加一半农地进入房地产市场都不够；如果承认供求关系有理，证监会就必须用审核的方式控制上市数量，而后央行用增加资金的方式来烘托牛市。结论是，中国股市与房地产市场必须依靠行政手段合理分配上市与资金资源，最后达到理想的大同世界。

投资市场讲的是预期，微观的风险与收益关系，供求关系逻辑在投资市场不占主要地位，资金并不是投资市场的主要变量，投资回报、宏观经济与资金等结合在一起，共同作用于市场，而投资回报是重中之重。中国房地产市场之所以一度成为大宗投资品种，主要因为投资回报率极高，而证券市场投资回报率较低，无法形成长期牛市。

无论从宏观经济数据，还是从上市公司的利润增长而言，中国证券市场应该有一轮长达 10 年的大牛市。

中国从加入 WTO 之初的世界第九大经济体跃升为世界第二大经济

体，GDP 总量由 2001 年的不足 10 万亿元增至 2010 年的 40.12 万亿元；2001 年到 2011 年，中国出口增长 4.9 倍，进口增长 4.7 倍，成为世界第一大出口国和第二大进口国；外汇储备增长 12 倍，由 2001 年的 2122 亿美元增至 2010 年末的 28473 亿美元；10 年时间广义货币增长了 5.5 倍。

A 股上市公司的净利润更有“牛像”。从 2007 年到 2010 年，A 股上市公司净利润增幅分别为 51.47%、−14.76%、27.48%、38.96%。虽然 2011 年 A 股上市公司净利润增速下降，但根据业绩预告，实现两位数的增长不是问题。如此之多的 A 股上市公司净利润年度复合增长率超过了沃尔玛等美国老牌蓝筹公司，为什么难以孕育出中国的大牛市？

股市难以增长的根源在于过于注重外延式扩张，过于注重大股东利益，对普通投资者回报偏低。后者就是让人一再诟病的证券市场分配不公，市场造富而不造牛市，而前者是投资回报率低的根源。

银行业是资产与净利连续上升的行业。截至 2 月 6 日，有 7 家披露去年业绩快报的上市银行净利润均在 35% 以上。按理银行业理应成为 A 股市场的定海神针。

但银行股并没有给投资者带来高回报，银行的外延式增长风急浪高。根据银监会最新公布的数据，截至 2011 年底，我国银行业总资产高达 111.5 万亿元，总负债达 104.3 万亿元。2003 年银监会成立，银行业总资产仅 27.64 万亿元，8 年时间，我国银行业总资产增长超过 4 倍。伴随外延式增长的是风险的上升，为了满足资本充足率等指标，银行业以净息差的方式从储户处获取收益，在证券与债券市场的融资再融资没完没了，2011 年投资者为此痛心疾首。以汇金与某些战略投资者为首的股东获得了高收益，普通投资者未能分享银行业的高成长，倒是为银行业的外延成长付出了真金白银的代价。

高举高打的机械工程行业同样如此。从 2001 到 2010 年，中国工程机械行业以每年 25.6% 的平均速度增长，从 2000 年的 500 亿增长到了 2010

年的 4300 亿，增长了 8 倍多。中国业已成为了世界最大的工程机械市场，2010 年的全球工程机械 50 强企业中，中国企业已经占据 8 家。在激进增长期，这些公司存在两大隐患，一是资金紧张，二是销售手段激进带来坏账风险。直到现金流被质疑的 2012 年，三一重工仍上演了蛇吞象的海外并购一幕。不仅三一重工，中国的重要机械工程公司大都已经完成或正在洽谈并购事宜。投资者可以安慰自己的是，他们为中国机械工程行业的高速发展做出了贡献，但无法从投资收益中寻求到安慰。

外延式增长接近疯狂。有一句形容海航的话是“人类已经无法阻止海航”。与 2011 年下半年海航集团众多国内外收购项目同样醒目的是，海航旗下大新华物流欠钱不还，甚至因拖欠多家船东的租金而遭起诉。

同样的话可以用到中铝、中石化、三一重工等企业，人类已经无法阻止这些企业扩张。因此，指望这些企业放慢脚步回馈投资者是不现实的。负债要扩张，危险的激进销售也要扩张，资金链长期紧绷。

中石化要私有化上市公司，现在又有消息称分拆旗下油服企业上市；A 股公司要到 H 股上市，H 股要回归 A 股。在此情形下，不管是养老金还是任何资金入市，都会被卷入扩张的无底洞。控制新股上市用处不大，增加资金用处不大，没有约束的扩张企业是证券市场的癌细胞。

以现金分红回馈投资者，以投资收益率作为衡量并购正确与否的准绳，才能抑制企业无度扩张的冲动。否则，讲究供求关系的投资者，恐怕得眼巴巴看着央行再释放十几万亿的资金才行。（2012 年 2 月 7 日）

股制不改，恶炒不止

证监会对非理性恶炒问题股、ST 股深恶痛绝。市场恶意炒作的行为连续提出警示，2 月 23 日，证监会公开表态，目前市场普遍存在的“新股热”、新股发行“三高”“恶炒 ST 股”“恶炒小盘股”等现象，极大地损害了广大投资者的利益，对此，监管部门高度重视，正在积极研究解决办法。同一天，深交所发文称要警惕概念炒作风险，这已是深交所第五次发文提醒投资者“警惕投机炒作、倡导价值投资理念”。

市场似乎在嘲讽监管者，按照但斌的说法是“妖魔鬼怪舞翩跹”。据《21 世纪经济报道》报道，“问题股”卷土重来的迹象明显，重庆啤酒、三毛派神、中恒集团、南方食品等个股期间最高涨幅也分别达到 69%、42%、35%、16%，而 ST 股接连涨停。

解铃还需系铃人，首先要明白，那些资金为什么恶炒问题股、ST 股，原因何在？

恶炒问题股、ST 股的主要是游资。东方证券上海张杨路、中投证券无锡清扬路、国信证券深圳泰然九路、财通证券温岭东辉北路等证券营业部曾多次现身“问题股”的炒作中，这些知名的营业部从来都是游资盘踞之所，形成了一套完整的炒作逻辑。

凶悍的游资从来都不是价值投资者，在长期的市场洗礼中，他们形成了打一枪就跑的游击战术，根本不相信 A 股市场是价值投资场所。随手举个例子，2011 年 10 月 24 日到 11 月 11 日，上证指数上涨到 2307.15 点，文化传媒、节能环保、软件开发、LED 等板块快速轮动，一个营业部就有数亿元资金介入，快进快出，各营业部轮流击鼓传花，直至找到最终埋单的下家。证监会宣布的那些恶炒亏损者，就是懵里懵懂接棒的散户，而不是训练有素的游资。

游资炒作的理念是，一炒作有概念的股票，二炒作超跌股票，三利用波动率博取短差。

炒作概念非常能够理解，或者是地方政府誓要保壳准备注入资产，或者是公司拥有某些特殊资源，或者是雾里看花的高科技。以“问题股”

的典型重庆啤酒为例，一连串的利空消息让股价大跌，让游资有见缝插针的空间，复牌 12 个交易日公司股价累计上涨 67.6%，与 1 月 19 日时的 20.16 元相比接近翻番。而重庆啤酒 2 月 24 日公告警示风险，但对于疫苗，却说北大组在试验报告总结编制阶段，浙大组在临床试验阶段，未来存在不确定性，却没有一棍子打死，处于等待最后一只靴子落地的真空期。再看紫鑫药业，存在严重问题，甚至被称为“银广夏第二”，但有些投资者仍然看好该公司对中药资源的整合能力，对库存的中药以及中药变成快销品情有独钟，包括一些专注医药板块的资深投资者。

波动率大是做差价者的温床摇篮。新华网发布消息，指出 ST 股波动率大，风险极大。2011 年 1 月 4 日至 4 月 20 日，深证成指累计上涨 2.37%，同期 ST 板块累计涨幅达 18%；2011 年 11 月 16 日至 2012 年 1 月 6 日，深证成指累计下跌 17%，同期 ST 板块累计跌幅达 34%。殊不知，正是这样巨大的波动率让游资兴奋不已。以文章所举的“*ST 盛润”为例，该股非常典型，先是炒作重组概念，居然兑现；去年三季报，不顾净资产与未分配利润为负，以每股 5 元的收益与 3.57 元的公积金笑傲江湖，净利润同比增长 11845.67%，这么妖的数据足以玩出许多花样。从连续涨停又跌停看，游资凶悍无比，在连续大幅下行时拣筹，而后突然拉停，在突然下行中再出货，摊薄成本，直至成本低到炒作变成纯收益，就是让普通投资者魂不守舍中进场接货。另一些游资则在套牢盘之上做箱体震荡收集筹码，招数各有不同，一致的是都要忽悠人接盘。

要处罚游资恶炒颇为困难。对于恶炒难以定性，只能进行风险提示，深交所表示将对各类概念炒作实施严密监控，对相关题材概念股实施警示性停牌等风险控制措施，对个别投资者以大笔申报、连续申报、高价申报、虚假申报或频繁申报等手段影响股票价格或交易量的，将采取限制交易等措施实施精确打击，并上报中国证监会查处。这就像股指期货一样，禁止过度交易，关键是，什么叫过度交易？禁止一天交易超过多少金额？好像说不清楚。除非抓到现形，如对敲、内幕交易等，或者由“前女友”举报，否则外有研究报告吹捧，内有数据支撑，要查处实在非常困难。

更要命的是，证监会鼓励投资蓝筹股，如中石油等股票让投资者伤透了心，而银行股的再融资、城商行上市又让投资者害怕狮子大开口，蓝筹股如果有固定分红，如果中小股东也能享受大股东的低价，如果投资扩张能够赢利，那时不用号召，投资者自然会入市。

证券市场如走马灯，让人应接不暇。健康的市场总有相似之处，那就是价值投资者主导；而恶劣的市场也有共性，那就是恶炒、滥炒、快炒难以禁绝。（2012 年 2 月 25 日）

警惕海绵股、未老先衰股与僵尸股

中国股市是涨是跌，众说纷纭。这是市场的事，监管层只要做好分内之事，大可不必对股指涨跌过于萦怀。股指上升不等于政绩好，股指下跌也不等于无所作为。以往格林斯潘关注资本与货币市场，以低息货币抬高价格的结果，产生了不可收拾的衍生品泡沫。

有三类股票应该被证券市场边缘化，起码投资者可以在市场得到折扣价，这样才能回到价值投资的核心。

第一类是海绵股。这类股票业绩怡人，但永远处于饥渴状态，如同一块硕大的海绵，不知道吸纳资金到什么时候是个尽头。

据媒体披露，Wind 数据显示，2010 年年报分红数据中分红比例最高的公司集中在金融类和采掘类股票中，这两类公司的分红金额占了整个市场分红金额的近 30%。但金融股分红多，却存在再融资量过大、一股独大的大股东持股价格过低的问题，稀释了红利价值。广发证券去年共分发现金红利 12.5 亿，但融资金额高达 130.8 亿元。宁波银行去年分发红利约 7.6 亿元，而融资达 47.3 亿元。因此，处于成长期、不断吸纳资金的海绵股分红相当于再融资钓鱼。不仅金融股，包括石油石化板块、房地产板块等再融资绝不含糊。丁远先生曾经写过一篇关于万科的文章，题目就叫《万科真相：盈利靠通胀，成长靠投资》，对万科的成长模式有详尽剖析。

今年资金略有宽松，上市公司再融资热潮不断。今年以来上市公司拟再融资总规模已达 3000 亿元，去年同期则不到 300 亿元。在已公布的再融资方案中，中国石油以 1000 亿元的融资规模领先，紧随其后的是浦发银行和保利地产，拟募集资金均超过 100 亿元。面对海绵股，提价值投资没有什么意义，因为投资不可能获得成熟期的公平回报。考虑到机械工程等行业的并购重组、产业升级，银行业的资本金缺口、坏账风险，海绵股将在 A 股市场绵延不绝。

第二类是未老先衰股。这类股上市之时让投资者惊艳，上市之后却让投资者心寒。正式在证券市场登台的那一刻就是这些公司最漂亮的日子，此后则是王小二过年，一年不如一年。从大的公司而言有中石油等公司，上市不久获得高溢价，结果却在高岗上套住所有中小投资者。这些公司一在 A 股市场落地，就老了，因为他们可能透支了未来十年以上的业绩。

上市之后业绩大幅变脸的公司比比皆是，比川剧脸谱变得还快。大部分此类未老先衰是先天的基因缺陷所致。据《证券日报》统计，截至 2 月 22 日，沪深两市总共有 242 家上市公司发布了业绩修正预告，其中中小板上市公司出现业绩变脸的数量要高于主板和创业板，共有 120 家中小板公司发布了业绩修正，而主板公司仅有 67 家，创业板公司有 15 家。而在 242 家公司中，来自制造业的公司就多达 170 家，另外，有 23 家上市公司上演冰火两重天的业绩预告。在 23 家首亏的公司中，从预减、增长到首亏，上市公司股东净利润从三季报预计的正值变为巨额负值，一些上市公司玩转数字，如鱼得水。

另一些公司则没有经受经济周期的考验，上市之时处在经济周期上升阶段，但经济下滑周期连主业是什么都不甚了然。钢企全行业亏损，逼得武钢要去养猪。而云铜 2008 年税前亏损高达 30.76 亿元，其中资产减值损失高达 17.83 亿元（主要为存货跌价损失）。金融也是如此，周小川行长指出银行还没有经受经济周期的考验，是诚恳之言。要把握真正的价值必须考查在一个完整的经济周期中企业的表现，如果企业的表现判若两家，比如航空公司成了对冲基金，制药企业成为矿山企业，投资者最好还是谨慎行事。

第三类是僵尸股。这是最糟糕的股票。

此类股票在市场存在的唯一价值就是损毁价值，提供炒作垃圾、败坏市场价值的机会。这类股票并不难找，大多戴着 ST 股的帽子，分红困难，隶属跨界演出大王，停牌时间长，迄今无复牌希望。以去年 9 月 15 日发布公告重组失败的 *ST 吉药为例，四年六次重组，所跨行业之大可称为跨界大王。目前退市风险较大的公司主要有两类，一类是仍在交易或暂时停牌的 *ST 股；另一类是已经暂停上市的 *ST 股。如果上述公司 2011 年的业绩亏损，前者将面临暂停上市，后者将面临直接退市风险。Wind 数据显示，上述两类公司目前合计有 60 家，其中仍在交易或暂时停牌的 *ST 股有 37 家，已经暂停上市的 *ST 股有 23 家。

僵尸股最可怕之处，就是在复活与堕入地狱之间左右摇摆，混淆了市场的预期，连股神、邻居老人都成为僵尸粉，所谓价值投资成为一句笑话。

真正的价值投资者看中的不是公司大小，而是经营能力，是高管诚信，是历经周期考验之后公司波澜不惊的生存能力。这样的公司就是中

国经济的真正栋梁，当然，也必然成为投资者的支柱。（2012年3月14日）

证券市场第三次大变革

郭树清来了，王亚伟走了，两者有关联吗？大概有，路径不一样了，重组股转成蓝筹股，原来的领头羊得换成新的领头羊。

郭树清先生带来的是股票市场的顶层设计。中国经济外部失衡源于内部失衡，而金融失衡是扭曲的重要原因。因此，郭树清先生如同大力士，在花大力气重新扭转病态的架构。

这条路并不平坦。笔者听到有人说，郭树清先生太书生气，不够“稳健”。这恰恰是其作为改革者的信心未泯之处，否则，完全可以在肥得流油的火山口上继续数钱。

半年以来，改革路径清晰。

首先是建立信用定价机制。任何金融市场都是信用筛选市场、信用定价市场，没有信用、没有对信用的定价，根本就不可能有真正的金融。之所以推出退市机制，就是为了让投资者对上市公司打上退市风险折扣；之所以在新股发行征求意见稿中加上行业平均市盈率25%的参考指标，就是为了增加高价发行的成本，向市场提示风险。为了避免财务游戏，在退市制度中加入净利润孰低与非经常性损益等条款。

市场劣币驱逐良币的结果是让所有的良币转化为劣币，面对绿大地造假案，《中国证券报》《证券时报》等证监会旗下媒体做了大量追踪报道，绝非无意为之。该案件作为典型案例，引起全体国民的关注，成为股市新政试金石。此案例可以成为日后欺诈上市成本的准确度量计，投资者可以据此推断追捧财务可疑类股票可能支付的成本。

信息彻底公开，是信用市场定价的重要步骤。证监会公开拟上市企业家数与名称，公开惩处保荐人等信息。就在 5 月 10 日，证监会有关人士在新闻通气会上表示，证监会今年以来已经向公安部门通报了 10 起证券违法案件，这些案件均已被公安部门立案调查。未来两周，证监会将陆续通报相关案件。证监会通报了其中四起，分别是“中投合拓”未按规定披露持股信息案、江苏开元国际集团涉嫌内幕交易案、招商证券李黎明涉嫌经济犯罪及证券违法违规案，以及原证监会并购重组委委员吴建敏违法违规案。

虽然证监会职权有限，无法介入某些制度改革，但在推进内幕交易的司法解释、以信息公开推进股市权贵势力等方面，做出了显而易见的努力。

其次，推进对投资者的回报机制。狂炒重组股与 ST 股，不是回报投资者，是让投资者吸毒。

证监会顶住压力，急如星火，推进现金分红制度。近日，证监会发布《关于进一步落实上市公司现金分红有关事项的通知》，要求上市公司进一步强化回报股东的意识，制定明确的回报规划。该《通知》对首次公开募股（IPO）企业、再融资企业、重组企业也增加了关于现金分红的信息披露要求。证监会有关负责人表示，证监会还将积极协调相关部门，加强对如红利税等有关政策的研究。

所谓蓝筹，不仅仅指体量大，而是赢利稳健，给投资者以回报，拥有共同成长的信念。我国的大蓝筹高价在 A 股发行，长期现金分红回报率往往不如存款利率，甚至以少量红利钓鱼，用再融资海量吸取市场资金。银行股等所谓的蓝筹再融资多到“不好意思”。如果哪一天，内地投资者也经历香港投资者曾经的幸福，抱着汇丰与香港电讯，享受经济成长，才能说中国有了值得相信的蓝筹股。

5 月 7 日，新成立的中国证监会投资者保护局在回应网友提问时表示，将继续与最高法院密切配合，探索举证责任倒置等制度创新；并积极借鉴包括集团诉讼在内的国外证券侵权司法实践中常用的各种诉讼模式，试图推进与股票市场相关的低成本法律救济制度。

不管推进程度如何，证监会官员一再与普通投资者及网友沟通，已展示出直面公平的姿态。

第三，加快产品创新。郭树清先生所提及的产品涉及期货、债券等各个市场。在债券市场方面，大力发展国债、公司债、机构债和地方政府债券；在期货方面，已推出白银期货，还将推出国债、原油等期货品种，一连串 QFII、RQFII 获批，加快内外开放。5 月 8 日闭幕的证券公司创新发展研讨会提出了一系列创新举措。一系列的产品创新在推进的过程中，但在信用不彰的市场，产品创新过快可能是场灾难，新的信用甄别体制必须跟上。

第四，减少寻租空间。看清别人容易，看清自己困难，在对中介机构、并购重组委严厉惩治后，证监会在内部进行力度前所未有的轮换岗。拥有行政许可权的一线部门和二线部门之间轮岗，打破了内部的利益格局。谁都理解，如此轮岗意味着什么，长期隐藏在冰山之下的东西可能被曝光。

此次改革有没有绥靖？有没有行政过度的色彩？有。如新股发行过程中，不讲业绩的炒新现象依然存在，而证监会只能不闻不问。如被称为蓝筹股拥有罕见投资价值的银行股再融资不绝，5 月 9 日，交通银行临时股东大会通过了 566 亿规模的 A+H 的再融资方案。如在新股发行改革中，部分存量股可以发行被认为偏向机构投资者。如过于看重股指，以 ETF 等各种方式抬升蓝筹股，已经是越过监管边界。

不管如何，此次改革第一次具有了某些市场与公平的内核，圈钱与寻租的市场有了澄清的最初迹象，称上述改革举措为证券市场第三次大变革并不为过。（2012 年 5 月 12 日）

股票市场已经开始新布局

相信牛市幻想，不如立足现实。现实是，中国股票市场的新时代已经开启，各路人马正在加紧布局，关键词是国际化、对冲。不认清这一事实，将对中国股票市场做出错误判断。

一系列的数据正在显示，全球与中国经济都处于艰难的转型过程中，各种压力模糊地显示出方向，中国经济转向内需，中国制造被中国市场所取代，人民币汇率市场化的步伐越来越快。而欧元区有可能迎来第一次分裂，即使不会，剧烈的阵痛将难以避免，美国正在致力于内部规则的完善，致力于弥补去杠杆化之后的金融黑洞，实体经济的效率比拼、创新比拼是经济大国的首要前提。

不管愿不愿意，改革迫在眉睫，或者被动改革，或者主动求变，两者必居其一。

资本与货币市场中，外来鲨鱼越来越多。未来投资者不仅与传统的鲨鱼共舞，还必须了解这些大门口的陌生人。

根据《金融时报》报道，对冲基金正把亚洲当作新的乐土，中国则是一片值得深耕的肥沃土壤。芝加哥对冲基金研究公司（Hedge Fund Research）的数据显示，中国在亚洲对冲基金业中占据主导地位。按数量计算，目前有 30% 的全球对冲基金设在中国（包括香港地区），这一比例仅低于美国。过去几年，有一系列对冲基金在香港创立，创立者主要是那些离开投行的自营交易团队。

新创业者把亚洲当作大本营，虽然目前规模远小于美国和其他成熟地区的基金，在该行业管理的总计 2.13 万亿美元资产中，亚洲基金管理的资产仅占 4%，但前景不可限量。中国内地的对冲基金业也在成长。一家香港大宗商品经纪商的数据显示，目前有数只规模达 10 亿至 20 亿美元的中国本土基金将重点完全放在铜等大宗商品的交易及国内外价差的套利上。

越来越多的基金建立，绝不仅仅是为了烘托股市，或者说，以那点资金还有注水的“友情出演资金”，目前还无法拉抬股市。

新成立的基金有两大特色，与境外的投资交流更趋深入，指数型基金增加，这不仅说明股票市场走向国际化，更说明股票市场对冲色彩更趋浓厚。

今年 4 月，证监会宣布新增 QFII 投资额度 500 亿美元，总投资额度达到 800 亿美元；另外增加 RQFII 投资额度 500 亿元人民币。目前，33 家获得 QFII 资格的境外机构正在申请首批投资额度 102.5 亿美元，37 家已在境内投资运作的 QFII 正在申请追加投资额度 125 亿美元。有人希望 QFII 资金来“拯救大兵瑞恩”，看看以往的境内外资金套利途径吧，新加坡与香港的灵活多空机制近在身旁，谁说这些境外资金是蓝筹股的救星？从此之后，境内外实行套利的空间越来越大，堤外不足堤内补的可能性越来越大。

指数基金的发展令人关注。数据显示，截至 5 月 11 日，成立时间不足 3 个月的主要投资股票市场的基金共计 35 只，其募集总份额为 843.8 亿份。指数基金虽然在基金中占比不大，后发优势却十分明显，今年以来成立的分级基金就有 12 只，其中指数分级基金 8 只，目前共有 30 只左右的分级指数型基金。与此对应的是，普通开放式指数基金和指数增强型基金多达 143 只，已有包括除上面的规模风格指数基金、主题指数基金以外的行业指数基金、基本面指数基金、债券指数基金、海外指数基金等等。通过指数基金进行整体、行业等多方对冲，以分级指数基金拉长杠杆成为常规手段。

指数基金可攻可守，退可分享股市上升红利，进可进行套利，常用手段是在二级市场中通过事实上的 T+0 交易套利，未来则打开了合成

ETF 进行衍生品交易的想象空间。

“港股直通车”在决策层允许的渠道内卷土重来。今年 2 月份，华夏及易方达基金分别上报了华夏恒生指数跨境 ETF 和易方达中国企业指数跨境 ETF 的申报材料，并获正式受理。有媒体披露，两只港股 ETF 目前已完成审批程序，产品方案、业务流程、技术系统、风险防范等准备工作均已就绪，近期即将推出。有消息人士表示，跨境 ETF 的门槛只需 100 元人民币。除了华夏和易方达之外，博时、华安、华宝兴业、南方和嘉实等基金也准备推出自己的跨境 ETF 大宴，对应的产品分别是标普 500、英国富时 100 指数、东证核心 30 指数、标准普尔 500 指数和纳斯达克指数。

内地投资者可以通过跨境 ETF 投资香港市场及美国、日本等全球市场，人民币国际化在跨境基金范围内更趋深化。

放下牛市、蓝筹股等陈辞滥调，更不要被疯狂的情绪裹挟，以为经济下行将倒逼出另一个 4 万亿。中国改革需要空间，全球经济转型需要空间，市场表现就是来回波动，中美各方博弈谁也不会首出重拳，在这样的市场中，或者坚持真正的价值投资，或者学会数量型交易，两眼一抹黑地胡乱投机，会成为首当其冲的炮灰。（2012 年 5 月 16 日）

看懂银行股才懂中国股市

看懂银行股才能真正理解中国股票市场。

在银行资产、利润上升时，银行股的估值却处于历史低位。如此悖反的情形，说明了中国股票市场做大规模的特色。

蓝筹股估值处于低位。6 月 13 日，上交所举办“基金市场创新发展”研讨会，称当前A股市场整体估值已处在历史最低水平附近，是基金寻找投资机会的重大机遇期。截至6月9日上证指数市盈率为11.07倍，而同期沪指平均市盈率为25.8倍，沪深300市盈率为22倍，不及2003年以来均值的一半。其中金融股是拖累蓝筹板块的罪魁，据Wind数据梳理，在2005年沪综指位于998点大底之时，银行板块平均市净率为2.06倍；而在2008年1664点底部时，银行板块的平均市净率有1.7倍。按照巨潮网统计，截至6月13日，金融、保险业滚动市盈率最低，加权平均数为8.16倍，其中，银行业的市盈率为6.24倍，是市盈率最低的子行业。

虽然有越来越多的人大声疾呼蓝筹股的投资价值，呼吁资金进入银行股，但市场迟迟不承认银行的投资价值。6月14日，银行、煤炭等板块继续领跌大盘，银行股大面积破净，可谓鲜血淋漓。

看懂银行股，看懂中国的银行股，才能真正理解中国上市公司。

中国银行业的经营模式与发展模式以规模扩张为主，对市场的预期发生了改变。2011年是中国银行股业绩增长的顶点，在此期间银行股一直处于下跌通道。中国银行股业绩上升期，正处于国际上金融股的估值下跌周期。从次贷危机到欧债危机，投资者聚焦于银行内部看不到的坏账风险，因为希腊、西班牙等银行的财务糟糕程度超过预期，房贷等风险陆续曝露，假账风险让人忧虑。国际投资机构担忧中国银行业的地方投融资平台、房贷风险，正是债务危机在金融心理上的投射。虽然美国金融板块从2009年上半年来有所反弹，但与2007、2008年上半年的高估值不可同日而语，大多被腰斩。在未来十年内，恐怕都很难看到金融机构的高估值。从预期来看，今年中国银行业利润较2011年低，利率浮动区间扩大缩小了银行利差，而存款脱媒增加了银行的成本，从第一季度看，不良贷款上升概率较高。

中国的银行业虽然估值低，但对于以扩大规模作为利基的上市公司，市值比市盈率更重要。看国内银行股，要看总市值与总股本及每股收益。

银行股在上市之后经过了剧烈的资产扩张周期。据银监会的数据，截至 2011 年 12 月末，银行业金融机构总资产为 111.5 万亿元，同比增长 18.3%，总负债为 104.3 万亿元，同比增长 18%。而在中国银行业刚开始改制的 2003 年，总资产为 27 万亿元，资产的年均增长量为 10% 以上。

上市银行市值因此坐上火箭。2007 年 8 月 9 日，以美元计算，工行股票市值近 2640 亿美元，成为全球市值最大的金融机构、第四大上市公司。虽然经历股价下跌，2011 年前十个月，上市银行总市值为 5.9 万亿，占两市总市值的三分之一。而截至 2010 年 10 月末的数据显示，两市总市值为 27 万亿元，其中银行股总市值 62968 亿元，占两市总市值 23.3%。今年银行股下挫，巨灵数据显示，6 月 8 日 A 股银行股总市值缩水至 57955.60 万亿元，较前一交易日蒸发了 627.96 亿元。虽然下挫，但从总市值看，银行股并没有出现大幅崩塌现象。这说明，股本的扩张抵消了利润增加的红利。

中美对比，情况较好的摩根大通 6 月 13 日总市值为 1302.64 美元，约为 8298 亿元人民币，而美国银行大约为 5179 亿元人民币。中国银行为 5533.36 亿元，而工商银行为 10369.52 亿元，仍然维持着巨大的规模。在债务紧缩期，外部资金无法支持如此庞大的规模。

为了未雨绸缪，自金融危机之后，我国的银行业出现两大特点：一方面大规模贷款进入了资产扩张周期，为宏观经济形势托底；另一方面，为了防止坏账增加，银行不断融资再融资扩大资本金。与西方国家相比，我国商业银行资本构成中绝大部分是以普通股为主的核心资本，占比高达 80%。换句话说，股民为防止银行风险做出了最大的贡献，不断扩张的股本摊薄了股民的收益，不断增加的债务降低了银行未来的利润空间。

扩张还将进行。中国工商银行 6 月 6 日发布公告称，该行收到银监会和央行的批准，将在全国银行间债券市场公开发行不超过 200 亿元次级债。3 月以来，银行再融资规模已经超过千亿元。随着《商业银行资本管理办法（试行）》的发布，商业银行股本扩张的急行军告一段落，但上述再融资还将继续。

中国证监会表示，蓝筹要看实质，的确如此。通常认为的蓝筹不一定真蓝，通常认为的成长股有可能在未来成为真正的蓝筹。（2012 年 6 月 18 日）

无价值观的股市必败

中国的股市缺乏基本的价值观，没有对诚信的尊重，没有对守法的奖励，没有对人性的悲悯，沦为赌场也就没有什么好奇怪的。

证监会再次惹众怒。6 月 12 日，证监会网站发布《近期投资者关注热点 50 问（三）》，“有毒的金融资产”与“买者自负”两个词组盛行一时。这不是什么新词，却戳到了普通投资者的伤疤。

笔者仔细看了这几次的关注热点问题，没有看到什么出格之处。

以争议最激烈的两条来说，“投资者在投资绩差股时要有清醒的认识，要树立起‘买者自负’的意识，培养控制资产整体风险的止损意识。当一家上市公司因为宏观经济因素、行业因素、经营因素等导致退市，在上市公司依法履行了应尽披露义务的前提下，投资者要自行承担投资判断的结果，期盼不理性的投资行为由国家埋单是不切实际的”。此话的潜台词是，如果 A 股市场一旦严格实行退市制度，购买了退市公司股票的投资者跑到监管部门去大叫大嚷没用，买者自负，懂不懂？

另一条是，“即便是最好的公司，不管有什么样的题材，如果其股票价格已经过高，那也不值得购买。市盈率 30 倍，就是说 30 年的收益才能等于现在投入的资金，你是否能接受这种结果？至于市盈率为 40 倍、

50 倍的股票，绝大多数会成为‘有毒的金融资产’，除非你确定它就是苹果或微软式的公司”。这话也没错，再好的公司如果估值过高，即使有固定分红，安全边际也会相应降低。

投资者的愤怒集中在证监会，认为证监会的发审没有尽到守门员之责，此时谈“买者自负”就是陷人入彀的强盗逻辑。“买者自负”的基础是市场环境相对健康、股市规则相对公平，涤荡股市蛀虫的执行力强，如果决策层、监管者本身就贩卖“有毒的金融资产”，“买者自负”就是掠夺的同义语。

投资者的逻辑并不算错，问题在于，将所有的责任一股脑儿推到证监会的头上，于事无补，只有一项项具体事项进行分析才能看出根源所在。

如从去年年底以来，证监会推出一系列新政，笔者认为基本推进了公平与市场化，只有在新股上市方面，以理想主义的姿态给机构吃了个大大的小灶，背后是证券公司经纪业务等方面的下降，果不其然，被视作让利于普通投资者的交易费用下调，事实上成为给券商的隐性补贴。一些投资者大倒苦水，实际上是在新政出台之初没有识透根本。但从最近发审委否决的上市申请，从 15 条军规，从监管层曝光内幕交易等现象看，监管层对于市场的信用、公平十分重视，但在某些具体案例上，证监会无能为力。证监会在各方面利益、在信用与市场估值底线之间走钢丝。

中国股市的根本问题不在于市盈率过高，而是圈钱，圈钱，再圈钱。

笔者曾经指出券商股与某些中小板、创业板在上市之后，成为套现的工具，上市公司如同吃人不吐骨头的老虎。而另一家上市公司，高管明目张胆地转移资产，到现在仍处于转移过程当中；还有数家上市公司，担保金额高达公司净资产的几十倍，更搞笑的是，明显的原始股利益输送居然被包装成股神。某些行业内的领头羊公司，资金链已经到岌岌可危的地步。

笔者无法逐一列举出这些上市公司的名称，因为对上市公司揭黑如同所有的揭黑一样，已经成为目前风险最高的行业，有时揭黑者甚至被视为成绩的抹黑者，受到来自于一些特殊机构与上市公司本身的致命威胁。很可惜，我们的环境与法律并没有给予这些人士足够的保护，更没有给予民间的分析公司登堂入室的机会。笔者只能尽可能地说出事实，当然不可能是全部事实，没有人能尽知每家公司的通天之路。

市场形成逆淘汰机制，投资者多多少少沾上了赌性，除了打新、炒ST股之外，抢反弹蔚然成风。以中国乳业为例，股价下挫成为反弹良机。《金融时报》报道，欧睿国际（Euromonitor）表示，中国人均每年消费6升牛奶，是日本的四分之一。自从2008年三聚氰胺事件以来，中国最大的乳制品集团蒙牛的投资回报率已经达到150%，而同期恒生指数的投资回报率只有20%。而另一家乳业公司也大致如此。这其中的逻辑是，中国需要乳业，大公司掌握一切优势资源甚至标准制订权，如果大型企业有问题，其他企业更糟糕，政府绝不会任由股价下跌，坐视不管。这种逆淘汰逻辑战无不胜，神奇的市场培育了神奇的投资者。

相比铁路等领域，股市已经算是比较透明的市场，如果说其他市场大多由黑幕笼罩，股市至多也只是灰幕。当股市表现出无信用、无价值、逆淘汰，其他市场不会好到哪儿去。正因为如此，我们关注股市，希望这块市场成为价值、信用、效率的练兵场。（2012年6月20日）

希望A股市场跌个透

A股市场继续下挫，今年有可能继续蝉联亚太股市倒数第一的“桂冠”。

我希望 A 股市场能够下跌，一直跌到市场真相浮出水面，跌到不得不刮骨疗毒，如此中国股票市场才有二次起步的机会。

证监会主席郭树清先生被寄予股市赌场终结者的厚望，事实上，自从上任以后，郭树清先生以几乎三天一个重要新政的速度推进着 A 股市场的制造性变革。到目前为止，推出退市制度，改革新股发行制度，严查内幕交易，证监会内部的轮岗制度，都是荆棘丛生、困难异常而又极端必要的改革。对此指指点点，认为改革未到实处，是书生式的过苛指责，但在给予改革者以历史之同情的同时，我们必须指出，某些改革要点从理论到实践仍未得到厘清与落实。

A 股市场下跌，可以让决策者更加清醒，直面体制要害。

A 股市场是单边利益输送的市场，股权结构天然地倾向于向控股股东与大股东进行利益输送。据 Wind 数据显示，今年上半年，A 股共发生 1921 次大股东及高管减持，涉及 29.68 亿股，套现 356.67 亿元。减去上半年同期的增持数据，则净减持 8.21 亿股，净套现金额达 222.52 亿元。其中，攀钢钒钛、海康威视、华丽家族、九州通的减持金额均在 10 亿元以上，有些公司赢利几千万，套现几个亿，是社会财富的削骨器。

A 股市场成为大股东、甚至行业间的一场分赃游戏。到目前为止，新股发行体制改革对现有的大股东套现，大股东与普通投资者之间尖锐的利益冲突置若罔闻，甚至以市场化为名，给予大股东套现、增持等更多的选择权。市场化的原则必须坚守，但中国的市场化很容易在失去对权贵的控制之时，异化成为权贵寡头市场。

常见的情形是，某个企业上市，当地主管部门的官员或者其七大姑八大姨，还有天知道从哪儿钻出来的自然人大股东们，趁上市解禁机会大发利市，赚取一、二级市场差价。有的原始股甚至一分钱未付出。

以笔者曾经关注的徐家汇商城而论，今年3月5日，徐家汇2.14亿股原始股解禁伊始，不出意外，该公司开始进入大面积抛售之旅。自今年3月5日至6月25日，该股被减持金额超过3亿元。这一数额，对于一只解禁后单日成交额最多不过6000多万元的股票来说，是不可承受之重，更不能承受的是，该公司业绩下降，股价一跌再跌。大股东减持大发利市的欢庆声，演化为二级市场中小投资者的诅咒声。这种公司上市之前、上市之初，对市场与公司稍有了解者就能预料到这样的情况，必定会成为现实。成为这样的预言家没有什么好得意的，只要看到公司上市之前的分红与上市之时的急迫，以及股东构成，就能了然于胸。对市场的某些特质也就有了更深入的了解。

重大问题包括，大股东与中小股东之间利益严重失衡怎么办？股票市场的股东民主变成权贵独吞怎么办？A股市场在股改之时，保护中小投资者最有效的类别表决制，在股改之后被束之高阁，中小投资者参与公司治理、参与公司意见，成本高昂。

相似的情况还包括公司造假上市怎么办？香港证监会能够以洪良国际展示自己的决心，但内地一大批包装上市、上市即变脸的公司却未能受到惩处。虽然证监会竭尽所能维持市场秩序，对于造假的中介机构、对于老鼠仓等采取了严厉的惩戒手段，但所有投资者心中都潜藏着同一个疑问，如果某家上市公司造假却受到强有力的庇护，应该怎么办？有时候，一个批示甚至一个电话就能推倒所有的规则，股票市场类似的历史悬案还有不少。作为现实主义者，我只能希望靠股市的无情下跌，来击碎蚁附圈钱者的美梦。

股市的下跌，可以警醒普通投资者。A股投资者仍存美梦，希望暂停发行新股，希望实行T+0，他们被绳索套在了树上，还在等待奇迹的发生。

7月10日下午，笔者在《新财富夜谈》节目中与刘益谦等人谈市场，这位沉浸 A 股市场二十年、人称法人股大王的投资者，现在基本进入休息状态。他表示，当初敢承担风险，是因为有政策红利，因为风险大而收益更大，而现在，一切市场条件都变了。风险与收益完全不成比，以为够便宜的股票，估值还在下移。他现在收藏品的资产配比，远远超过了股票。

不了解市场的转变，可能连逃生的机会都没有。普通投资者必须警醒，今天暂停发行新股，明天就是更大规模的发行融资；今天还能苟延残喘，明天连逃生的机会都没有。对普通投资者而言，置之死地而后生的唯一机会就是股市跌到底，而后进入关键改革。

全球市场都在寻求安全边际，投资者甚至可以接受美国国债的负收益率。A 股市场的新时期已经到来，通过多空寻找安全边际，通过分散投资进行对冲。2011 年，我们会问，你赚了多少？2012 年，我们会心一笑，说一句，你还好吧？（2012 年 7 月 11 日）

拯救股市，支持改革者

熊市，不妨碍建立市场信心。

牛市、熊市，不是市场信心的唯一温度计，改进上市公司质量、建立融资与回报均衡的投资文化、重建 A 股市场的激励制度，是建立健康市场的基础工作。

短视的拯救手段，结果可能是从制度上毁灭股市，把改革家逼成投机家。头痛医头式的暂停新股发行，给 A 股市场打强心针，结果是让 A 股市场获得短期的亢奋期，让暂停发行新股之后的上市公司，获得超募与造富的特权。股改之后享受到解禁股暂不解禁的股改溢价，股指大幅上升，但假象无法持久。今年流通 A 股数量从 2.23 万亿股增长到 2.37 万亿股，流通 A 股市值却依然徘徊在年初的 16.9 万亿元的水平上，说明面对巨额原始股套现，市场唯一的办法是让估值下降。

股市要改革，先改股市的圈钱文化。无数企业等待上市之后一夜变富，原有的制度设计为圈钱者提供了极大的便利，原始股溢价，发行股份稀薄，都在刻意增加一、二级市场间的溢价，甚至连打新都成为无本保利的买卖，市场的畸形到达极致。市场可以美其名曰向生产者倾斜、向实业家倾斜，其实质是在一、二级市场间设置了巨大的套利空间，某些特殊资金上下其手。

股市可是个风险与收益共担的市场，上市公司创造的价值让投资者分享经济发展的红利，投资者与公司一道分担风险。而重融资轻回报的市场，其本质是让投资者把赚钱的希望建立在更多的接盘者身上，多数投资者不再乐意甄别公司质地，而是呼吁更多的资金入市，呼吁更多的货币增发，各方目的只有一个，继续玩击鼓传花的游戏。

作为 A 股市场的特色之一，股市多数时候不是宏观经济的晴雨表，特立独行，不走寻常路，只走不同路。1994 到 1998 年，中国经济持续萎缩而股市向好；2001 到 2005 年，经济向好，股市崩溃。从 2007 年开始的大熊市低迷至今，期间宏观经济经历了过山车的经济周期。期间唯一不变的是市场融资量节节上升。巴菲特先生曾经撰文，批驳经济晴雨表理论，他把从 1964 到 1999 年的美国股市分成两个 17 年周期，前一个 17 年期间，美国 GNP 上涨了 377%，股市涨幅为零；后一个 17 年，从 1982 到 1999 年，美国 GNP 仅上涨了 177%，股市竟上涨 10 倍。

无论宏观经济形势如何，投资回报是股市上涨的原动力，能够给投资者带来明确的预期，公开详尽的信息，给予丰厚回报的公司，就是牛市促进剂，这样的公司多多益善。

对上市数量必须全面解读，A 股市场一多三少，上市公司数量太多的背面是“三少”：能够带来真实回报的公司太少；不利用原始股套现吸血、与普通投资者同甘共苦的人太少；诚实交易的大资金太少。

目前重建激励机制，意在鼓励上市公司分红，回报投资者，虽然具体的手法有待商榷，但其改革的大方向尊重资本货币市场的规律。具体而言，有必要区分，红利到底是由大股东笑纳，还是让普通投资者共享呢？增加信息透明度，彻底公开分红回报率与公司融资数量结合。一个釜底抽薪的办法是减少套现的原始股数量，在新股发行时抑制过高的估值，让利于普通投资者。

同等重要的改革，在于建立市场化上市、退市制度，辅之以严厉的惩罚手段，防止投机者将上市退市当做搜刮民财的机会。上市必须走市场化之路，以详尽的公开信息，由市场自行定价，但对制造假信息上市、上市业绩即变脸者必须严惩，以捍卫市场的公平性，否则，所谓的市场化上市就会变成东郭先生与狼的故事，造假的狼打着市场化之大旗转移资产，而作为东郭先生的普通投资者一再被咬。新退市制度同样如此，目前推出退市制度适得其时，却要防止造假上市公司借退市将投资者资金卷包而走。

目前的股票市场改革，着力纠偏既有的扭曲的基础制度，建立正确的激励机制，比在一张白纸上建立股票市场更为艰难，涉及的利益之复杂庞大，前所未有。中国股票市场终于校正了大方向，从隐性圈钱市转而强调各方利益均衡市，强调回报投资者，强调信息的全面与真实。

改革者有可能过于激进，有可能有些理想色彩，但没有理想色彩就无法推进改革，此时合力如果形成善意的改革氛围，中国的股票市场将有本质的改变。如果短视的盯住股指，将丧失改革的良机。

如何选？长期的、着眼于基础制度的、平衡各方收益的改革，是唯一的选择。打造健康市场，别让改革者腹背受敌，欲哭无泪。（2012 年 8 月 17 日）

A 股市场三难题

8 月 27 日，沪指再创 41 个月新低，哭喊声、抱怨声不绝于耳。中国市场存在的三大难题，与制度、既有的经济发展模式相关。

首先，债务周期叠加圈钱惯性。

市场下行，破净股越来越多，此时负责任的企业为了维持企业信心，会采取回购、缩股等办法，较为成熟的企业会采取固定分红回馈投资者。

这样做也就是付出真金白银。2011 年，中美等市场出现回购潮，去年第二季度，标普 500 指数成分股公司斥资 1090 亿美元回购股票，同比增加 41%。A 股市场也有回购，却象征意义大于实际意义，包括汇金等公司在内，小规模回购甚至不兑现承诺回购数额，转过身来大规模再融资，加之创业板三年到期解禁压力极大，在经济景气周期下行时，产能过剩严重，一家千亿航母级大盘股上千万元的回购，于事无补。

不肯回购的真相只能有三个：或者这些上市公司真正的价值在净资产以下；或者公司资金实力并不像账面上展示的那么强；或者公司大股东可以无限度拓展规模，他们习惯送红股，而不愿意掏出真金白银现金分红，成本早已为负。还有一个相对乐观的估计，即实力较强的上市公司在经济不景气时期，希望储备更多的资金，以供过冬所需。

从目前沪深两市 A 股已披露业绩的上市公司看，共有 1379 家上市公司发布了中期业绩报告，其中 985 家公司业绩实现同比增长，占比约七成。这一数据与机械工程行业的现金流，与煤炭、钢铁等行业的全行业过剩、大面积亏损形成了鲜明对比。基础行业全面下探，大部分企业业绩增长，现金流却岌岌可危，无论如何，都是可笑的悖论。

据《证券日报》报道，截至 8 月 24 日，沪深两市共有 1343 家上市公司披露存货明细，其中，上述上市公司累计原材料存货金额约为2284.9 亿元，相较上年同期的 2107 亿元总金额，上涨 177.9 亿元，上涨幅度为 8.44%。从产成品明细来看，74 家披露此项明细的上市公司，累计金额约为 442.76 亿元，同比上年同期的 244.9 亿元增加 197.86 亿元，涨幅达到 81%。数据提醒我们，正处于产能过剩与债务危机周期，大面积的回购、缩股、现金分红不现实。现实的是，让有实力、能抗过下行周期的企业，在回馈投资者方面做出表率，这不是学雷锋，而是企业低成本建立市场信用的好时机。

其次，地方政府主导下一轮投资。

地方政府推出 7 万亿投资项目，显示出主导下一轮投资的野心，但光伏、造船等领域过剩的产能已经证明，他们并不是预见者，反倒常常成为资源的错配者。如果中国下一轮投资继续由政府主导，那么，我们会看到更多的豪华体育馆大门紧闭、野草丛生。

A 股市场充斥着流行三五天的明星股，这些上市公司反映的是政府有关部门对未来经济的期许，而不是这些公司业已拥有的竞争实力。中国是该大力发展中西部，填平经济洼地，但这并不等于在股票市场扶贫；中国需要高科技，不等于让无赢利能力的新能源企业上市，那是风投与新三板的功能，而不是股票市场的任务。

从国人的海外消费水准看，民间确实有大量资金，政府的工作是给资金提供安全、合规的投资环境，至于投什么项目，请少操心。否则，今天的重化工业、多晶硅等行业悲剧必然再现于明天。

第三，下一轮瘦身由国企主导。

中国产业需要瘦身、强健筋骨，中国企业将经历大面积并购重组过程，未来在基础行业、制造业将有一半以上的企业消失，也有新的企业诞生。

此轮并购重组，对中国经济的新生至关重要。由谁来主导此轮并购？

是由国企主导吗？看看中铝的庞大资产与巨额亏损，看看振华重工的一片乱象，由官员担任企业的接收大员，损毁财富的概率远高于创造财富的能力。

有投资朋友从北方来信，称全球经济下行，亚洲国家收缩，煤炭项目暂停。这么多年第一次看到唐山有钢厂倒闭，但新增产能仍在进入，成本更低，效率更高——由谁并购谁，是市场力量主导市场，还是由既得利益阶层主导市场，这是中国经济的生与死的问题。

我们无法通过后视镜预测前方，但可以通过改革措施作为定向，寻找到前进的大致方位。（2012 年 8 月 28 日）

股市反弹，感谢发改委

当所有的人都发出同样的声音，中国经济陷入危境，A 股市场地狱之门洞开，投资重磅炸弹落下，股市开始绝地大反击。

全球市场一片暖意，中国市场毫无过渡期，从寒冬走向盛夏。9 月 7 日，沪指收于 2127.76 点，涨 3.70%，创半年内最大涨幅，成交量放大至 1111 亿；深成指报收于 8709.07，涨 5.08%，创三年单日最大涨幅，成交 1102 亿。如同 2009 年 4 万亿重演，周期性行业井喷，水泥、基建板块等固定资产投资个股涨幅居前。

欧美市场不遑多让。周四，德、法、英股市大涨，甚至深陷债务危机的意大利股指都上升了 4% 以上。美国股市在 9 月 6 日交易日大涨，道琼斯工业平均指数上涨 224.45 点，报 13291.93 点，大幅上涨 1.87%；纳斯达克综合指数大涨 66.54 点，报 3135.81 点，大涨 2.17%，创下 12 年来新高；标准普尔 500 指数大涨 28.66 点，报 1432.10 点，涨幅为 2.04%，创下四年来新高。

一切看上去不错，做多的理由充分。欧洲央行宣布购债计划，刺激全球贵金属市场、欧美股市上升。中国开始大规模基建投资，上海期交所的螺纹钢等价格总算走出低谷，全球大宗商品有可能强劲反弹，中国股市在连续 4 个月的低迷之后，迎来一波反弹。这再次印证了一点，全球市场看中国投资，中国投资看发改委。投资者的无数次呼吁喊错了方向，如果一开始就有大规模投资计划，何至于此？

多少次呼喊，多少制度改革，拉动股市的效果都不如增加投资与放松货币。吃惯了激素的投资者，对投资甘之如饴，才不会为长远的市场多费脑筋，反正凯恩斯说过，从长期来看，人都会死的。

我们不必为今年四季度的宏观经济数据担心了。在一个还有投资空间、房地产高烧未消退的经济体，扩大投资能够起到立竿见影的短期效果。野村证券表示，中国政策制定者越来越难以容忍经济继续下行，从 6 月至今，中央政府宣布的基建项目投资额达到一万亿人民币，相当于 2011 年中国 GDP 的 2.1%。这将强化过去几个月地方政府的投资热潮。在过去的几个月时间里，中国各地方政府已经宣布了一系列的投资计划，累计总额高达 11.6 万亿，令 2008 年的 4 万亿投资计划相形见绌。

野村证券还预计了房地产市场的复苏，基建项目的融资将由地方政府与私人基金按 4∶6 的比例进行，银行贷款、信托、资产支持证券等融资工具多管齐下，各地卖地的步伐进一步加快，地方政府也从 8 月底开始公布了更多的土地供应。

这就像是一场赌博，看多者自认为精准把握住了管理层的心理状态，当市场下挫到影响就业、影响人心稳定的时候，充满父爱的手将适时伸出。

除了发改委加快投资审批速度外，还有为冷灶添热柴的人，而证监会加入了维持稳定的行列，忠实地看护热灶温度。9 月 7 日，《东方早报》报道，中国证监会网站 9 月 4 日披露的派出机构信息显示，证券期货监管系统维稳工作视频会议日前召开。证监会主席指出目前资本市场存在的风险隐患，提出了证券期货市场维稳工作的总体思路和要求，明确了维护资本市场安全稳定运行的重点工作。此前，在 2008 年北京奥运会召开之前，2009 年国庆 60 周年前夕，证监系统召开维稳会议，如愿让指数出现反弹。所有一切都在证明，苦熬日子过冬的人是对的，充满了父爱色彩的管理层对经济、对市场绝不会见死不救。

看空股指的人基于强大的市场理由，认为各个基础行业的产能过剩未能彻底解决，垄断行业的效率不能得到保障，股市中造假还在泛滥。更重要的理由来自于投资与货币，投资当然很好，问题是，投资资金从土地和银行、债券而来，而央行的货币不可能像此前十年外汇占款大幅上升阶段一样宽松。

好日子不会持续太长时期。周期类行业主要受益于投资计划，2008 年年底以后钢铁、水泥等基建材料均受到短期提振上升。目前的投资计划可以消化既有库存，如此一来，股市成为逆向的激励场所，本该通过市场下行期在钢铁等行业实现优胜劣汰，倒逼出投资、金融等领域的实质性改革举措，现在好了，庞大的投资可以一俊遮百丑，官员们也不必再为制度改革头痛了，因为良好的经济数据也降低改革的必要程度。

全球股市都很亢奋，大家忍着心跳等待欧洲央行量化宽松货币政策落地，而股市就是那只兴奋地窜出去老远的兔子。不过，根据 4 万亿的经验，或者根据美国铁路时代的经验，这只兔子耐力不够好，还面对着债务大泥潭。当然，我们可以闭上眼，假装没有看见那个烂泥潭。（2012 年 9 月 8 日）

6124 点五周年：股市的变与不变

6124 点五周年，如同五年前的高歌猛进，目前的市场一片绝望。市场总是在过度乐观与悲观之间摇摆。

五年来，A 股市场的变化是什么？

波动率。市场永远有波动，没有波动的市场是死寂之场。目前低位徘徊的 A 股市场，只有偶尔的喷发，让人感受到一丝活力。从股指期货推出之后，A 股的波动率持续下降，根据 Wind 数据统计，截至 7 月 12 日，上证综指近 12 个月的波动率为 18.84%，而截至 2008 年 12 月 31 日，上证综指近 12 个月的波动率则达到 41.96%。Wind 数据统计显示，股指期货推出之前，2010 年 3 月底，上证综指近 12 个月的波动率仍然达到 35.46%；在股指期货推出一周年之后，2011 年 4 月底，上证综指近 12 个月的波动率已经下降至 21.77%。

经营模式的变化。波动率下降如果维持较长时间，或者说明市场活跃度下降，或者说明市场的主流投资模式发生了变化。目前的情况是，短线客远离市场，套利客日益活跃，中国的股票市场正在经历一轮投资模式的轮回。以往的 ETF 与现货之间的套利只是小试牛刀，目前期指与现货之间的对冲，未来融资融券与现货市场之间的套利，将大行其道。

估值的变化。A 股的估值中枢正在下降，哪里是底？正确的预测只属于已经仙去的章鱼保罗。由于流通受限、货币增发预期、实体经济上升与虚假业绩所共同导致的股市高估值，只能仰望于梦中。

A 股市盈率从 71.5 倍到 12.26 倍，跌幅达 82.85%。目前投资者在等待靴子落地的声音，有哪些公司会成为大股东的现金牛、哪些行业与企业的风险还未彻底爆发，这就像中概股在美国的待遇，当投资者无法识别风险时，只能给予整体折价。

市盈率多少是底？尹中立先生表示，投资者期望达到的股市回报应该等于市场的无风险回报（以长期国债收益率 3.5% 替代）加上风险溢价，新兴市场因为监管及公司治理水平都比较差，总体的风险溢价都应该高于发达国家的成熟资本市场，美国过去 100 年平均的风险溢价水平大约是 3%。我们假设中国的风险溢价和美国接近，也是 3%，则中国股市投资者能够得到的合理回报应该是 3.5%+3%=6.5%。折换成市盈率是 15 倍，即中国股市合理的价格应该是 15 倍的市盈率水平。且慢，悲观没有尽头，由于 A 股市场上市公司的分红最高大约为其净利润的 40% 左右，只有当股票价格不高于 10 倍市盈率水平时，投资者才能得到 6.5% 的投资回报。看来股市还得跌。

上述计算方法有理论价值，A 股的估值取决于大股东从股票市场抽血的力度与决心，当拥有制度性红利的大股东以最小的代价，向普通投资者无限抽血时，市场将会停摆应对。此时估值是由流入市场的资金意愿决定的，最大的表现是银行板块、钢铁板块大规模破净，依然未能迎来识货的投资者。如此违背理论的市场背后，是对于上市企业背后控制者的极端恐惧。

A 股市场不变的是什么？不变的是异化市场的内在趋动力。继 A 股市场为国企改革、银行改革支付成本后，还在继续为贫困地区脱贫支付成本，为创新型企业支付成本。A 股市场两股力量剧烈博弈，一股力量试图让 A 股走向市场轨道，走向公平与透明的轨道，而另一股力量继续扭曲市场。哪股力量获胜，将决定中国股票市场未来。

不变的永远是寻租的巨大动力，任何一家企业都不是道德圣人，只要能够获得垄断收益就不会放过，任何一个投资者都有投机的冲动，只要有暴利的机会就想进场一试。道氏理论的“最佳代言人”威廉姆·皮特·汉密尔顿（William Peter Hamilton）曾经说过，“投机行为消亡之时就是这个国家消亡之日”，投机是无法阻止的。因此，监管层没有必要管股指涨跌，没有必要区分什么投资投机，只要保证信息的公开、透明，达到资源的最佳配置，就算功德无量。

绝望的人在释放末日预言。笔者不是绝望者，虽然市场在谷底徘徊，虽然不知道何时走出熊市，但一些迹象显示改革的蛛丝马迹，可能改变未来的市场性质。IPO审核过程阳光化之后，并购重组审核迈向了阳光化。证监会是改革的先行机构，已取消和下放32个审批项目，占国务院清理项目的10.2%，数量位居首位。

永远不变的是变革。中国实体经济、体制正在发生变革，尽管历经磨难，但笔者选择与中国诚信的改革者站在一起，以几十年的时间，建立真正牛市的基础。（2012年10月17日）

A股乏力

A股即便有玫瑰色的未来，中间也有漫长的荆棘路。

A股上涨乏力，缘于两大原因，资金进入低效企业修补资产负债表，市场仍未能建立基本的效率与诚信企业识别系统。而修补资产负债表、建立高效的市场甄别体制，需要很长时间。近在咫尺的案例是，日本企业修复了20年仍未完工，而建立高效的市场甄别体制，需要在各方达成共识后力破利益集团的阻力。

A股上市公司资金饥渴症仍在发作。再融资已经超过了首次融资规模，在货币宽松期做大规模的企业，在去杠杆化阶段被资产负债表恶化所累，库存与负债增加，现金流恶化。

据Wind数据，按发行日期计，2012年前10个月，A股实施110宗增发，募集资金合计2690.947亿元；实施了5宗配股，募集资金107.645

亿元，共计再融资募资 2798.59 亿元。加上债券融资，今年以来，A 股及 B 股上市公司发行 158 只公司债，共计募集资金 1959.1 亿元；发行了 3 只可转债，募集资金 145 亿元；发行中小企业私募债的总募集资金则达到了 47.53 亿元；债券市场融资总额达到了 2151.63 亿元。两项合计 4950.22 亿元。同期 A 股共有 150 宗 IPO，计划募资 686.90 亿元，实际募资 995.05 亿元，再融资与发债是 IPO 融资的 4.975 倍左右。

除了个别券商发行的中小企业私募债之外，上述数据显示，目前市场主要满足的是已上市公司的资金需要，无暇顾及 IPO。这些再融资的上市公司重蹈日本公司覆辙，在货币泡沫期急于做大，以最美妙的经济景气周期作为预估标准，造成严重的产能过剩。目前的融资并非创造新价值，而是不合时宜的让投资者为公司以往错误的经营方略埋单。为了保持已上市公司的稳定，再融资还将是未来重头戏。

行业景气不佳、金融去杠杆化，使上市公司三季报数据显示资产负债表恶化趋势，值得关注的是，该数据并未加上隐性担保、上下游产业链关联贷款等数据，较为保守。

两市共 2470 家上市公司发布 2012 年三季报，有可比数据的 2351 家上市公司三季度实现净利润总额为 1.58 万亿元，较去年同期下滑 1.36%。虽然上述公司的平均负债率同比下降 3.26 个百分点，但仍有近六成公司的资产负债率高于去年。上市公司资产负债总额合计为 99.22 万亿元，而总资产合计 115.48 万亿元，平均负债率为 46.83%。这一数据不悲观，让人悲观的是行业前景不好，资产负债率高于 70% 的上市公司有 389 家，占比 15.75%；按照证监会行业划分，资产负债率出现上升的行业占比达到 58%；有 42 家上市公司的资产负债率超过 100%，资产负债率在 70%–100% 之间的公司总共有 347 家，占比 14.05%；负债率低于 10% 的公司有 220 家，占比 8.91%。

企业在去库存化的过程中。官方公布的 10 月采购经理人指数显示，随着新订单指数、新出口订单指数、采购量指数持续回升，预示着企业去库存活动基本结束，企业盈利由亏转正。受益于固定资产投资率上升的部分大企业已出现上升迹象，如高铁、大飞机等项目，但多数传统制造业仍在泥潭里挣扎。

中报统计显示，2450 多家上市公司存货合计高达 4.73 万亿元，同比增长 19.97%，环比增加 3.6%。4.73 万亿存货，相当于同期全部上市公司净资产 14.53 万亿元的 33%，剔除银行净资产为 9.73 万亿元，考虑到银行极少存货，因此，这 4.73 万亿相当于上市公司净资产的 48.6%。存货计提上升说明很大一部分企业资产质量恶化，而另一些公司则在计提上做文章，减少近两年的计提数量。

债务链条如一团乱麻。据英国《金融时报》报道，根据标普资本智商公司（S&P Capital IQ）数据库的数据，66% 的中国上市公司第三季度财报显示，应收账款占销售额的比例出现同比增长，而这些公司的收入在过去一年中仅增长四分之一，在上一季度中仅增长十分之一。另外，三季报有 1030 家公司的经营活动现金流量净额较去年同期出现负增长，占比达 41.7%。许多企业陷入了麻烦的债务链条中，他们有大笔存货，很难得到现金，资产质量糟糕。

建立高效的市场识别系统非一日之功，需要顶层设计者的政治清明，更需要绝大部分投资者的理智。以创业板与退市机制为例，创业板好公司属凤毛麟角，倒是在 3 年时间内造就了 735 位亿万富翁，2489 位千万富翁。创业板推出之时，在市场、信用等筛选体制上出现极大漏洞。对于建立健康市场必不可少的退市制度，雷声大雨点小。从理论上来说谁都承认退市重要，一旦管理层准备动真格，口诛笔伐者、甚至要讨个公道者，比比皆是。于是，并购重组取代退市，再次走向前台。利益集团与非理性的赌博情结都不可破，股市制度建设，看来需要几代人的努力。

唯一可以安慰投资者的是，金融去杠杆化时期，大批坏公司倒地，好公司水落石出，可惜这样的公司并不多。我们也可以安慰自己，负债率高的金融、房地产行业，破产的风险反而不大。

仰头期盼资金如汇聚到香港一样，汇聚到内地，成为救市义勇军，这是不现实的。现实是，在现阶段，盆比水多，锅比盖多。（2012 年 11 月 15 日）

A 股熊市为何不能自我修复

A 股在展示特色，以坚决的下跌逼迫拯救政策出台。

11 月 27 日收盘，上证综指下跌 26.29 点到 1991.17 点，下跌 1.3%，创下 2009 年 1 月 23 日 1990.66 点收盘以来的最低水平，近四年来首次收于重要心理关口 2000 点以下。与此同时，当天市场成交金额总计人民币 390.9 亿元，远远低于今年以来的 665.2 亿元的平均水平。

上证综合指数今年累计下跌 9.5%，道琼斯工业股票平均价格指数今年迄今为止累计上涨约 6%，伦敦富时 100 指数上涨 4.1%，恒生指数今年至今飙升了 18.5%。

投资者愤怒之余，推翻了股市与宏观经济、与企业赢利之间的联系，认为股指熊冠全球是监管层不作为不愿意救市、是大股东大规模套现贪婪无度、是上市公司大排长龙的结果。很多投资者呼吁政府救市，以暂停发行新股与大规模注资的办法给股市打强心针。

A 股市场交易有自己的特色，交易的不是股票而是不支付利息的债券。

在前几年的专栏中，笔者与周洛华先生就已指出了这一点，原因很明确，股票投资者不拥有股票投资者的权利。投资者对公司的管理层毫无发言权，成熟公司发行红利如同恩赐，如果是大中型的国企，即使再大的股东也不可能通过收购股票的方式对资产处理拥有哪怕一点点的发言权。

有朋友曾经归纳了几十家高净值企业，好资产被糟糕的管理层管得一钱不值。如果是格雷厄姆、巴菲特这样的投资者，也许会通过控股进入董事会、拍卖资产的方式获得收益，但在 A 股市场这一切都是空想，投资者只能眼睁睁地看着资产贬值，或者有一天公司的上级领导部门突然睁开慧眼，调动管理层或者重组资产，在重组的时候他们往往在二级市场上获得高额溢价。股票投资者比债券投资者更悲惨，他们像债券投资者一样无法获得基于股票上的权利，连债券应得的本息也没有。笔者之所以赞成中国大力发展债券市场，原因就在于股票市场需要比债券市场更高的信用，在中国并不具备。

正因为股票市场的类债券市场特色，导致股票估值难以琢磨，与 H 股市场相比，有时折价有时溢价，当货币泡沫盛行、经济两位数增长时，股价上升，当货币紧缩、经济处于平稳周期时，股价跳水式下跌。

主张 A 股反弹的人，主要根据是估值处于历史底部。根据证监会数据，今年 8 月 2 日，纵向分析全部 A 股动态市盈率为 12.72 倍，低于 2005 年 998 点时的 19.01 倍和 2008 年 1665 点时的 13.68 倍；横向分析，蓝筹股市盈率比境外主要股市都低。沪深 300 指数的动态市盈率为 10.23 倍，而标普 500、日经 225 指数的市盈率分别为 13.95 倍和 34.89 倍。在此，分析者忘记了上市公司的赢利水准、套现风险、市场信用，用普通的股市衡量指标很难衡量中国这一非驴非马的股票市场。

股票市场的市盈率虽低，但上市公司的赢利不高。其平均复利增长是名义国内生产总值（GDP）复利增长的 1.5 倍，而中国上市企业只有 0.73 倍，事实上，上市公司的非经常性损益如同烟幕弹，遮蔽了投资者的眼睛。对于大股东而言，他们以理财年平均 5% 以上的收益，作为股票投资收益的基准，在经济下行期，如果大股东以每年至少5%最高数倍的收益从市场抽血时，由于企业赢利难以跟进，必然出现二级市场下行。并且这样的下行是不可逆的，因为对于大股东的信用与贪婪，缺乏强有力的扼制手段。

A股市场的特色是没有自我修复能力，一旦进入下行周期就接近崩溃，管理层必须用暂停发行新股等极端手段才能恢复生机。迄今为止，新股发行曾被7次暂停，但是从这7次暂停新股发行的股指涨跌来看，上涨的次数为3次，下跌的次数为4次。救市没有用，不可能改变股票基础制度。

大股东的股市圈钱思维没有改变。据最近一个月统计数据显示，A股市场共有86家上市公司减持2.38亿股，环比上升34.62%，涉及市值20.85亿元。近期创业板和中小板等待IPO规模持续扩张，目前已通过审核正在等待发行的公司有99家，预计募集资金608.12亿，其中87家为创业板和中小板公司；截至11月22日，排队等待审核的公司共有808家。

如果监管层做到让市场预期大部分改变，上市并非一本万利，上市只是普通融资工具，不值得敲锣打鼓四处炫耀，那时中国股票市场才能恢复常态。提升股指并非监管层的任务，他们不必充当救世主。（2012年11月29日）

【创业板】

创业板退市制度针针见血

4月20日，深交所正式发布《深圳证券交易所创业板股票上市规则》

（2012 年修订）（以下简称《创业板股票上市规则》），并自 2012 年 5 月 1 日起施行。

创业板退市呼声已久，却久经波折，甚至在创业板退市制度向社会征求意见后，市场舆论又被转到主板退市制度，让投资者误解创业板退市制度难以出台——幸亏是一场虚惊，否则新任证监会主席将有信用危机。

创业板退市制度数条规则，针针见血，直指财务造假及相关利益阶层护壳要害。如果能够执行到位，将是中国证券市场继股改之后另一次有重大意义的改革。此次改革摆脱细枝末节、摆脱作秀，让人看到监管的智慧与勇气。

创业板退市制度好就好在打击做假账，看重持续赢利能力，剥离非经常性损益，通过具体的条款做实不支持借壳上市。

中国的上市公司的道德水准不出“不做假账”的范围，因此退市制度从实际出发，没有用好高骛远的理想目标掩盖不堪的现实。

第一，打击做假账。

征求意见稿中“触发净资产为负退市条件的，一旦经审计的年度财务会计报告显示公司净资产为负，则其股票暂停上市；连续两年净资产为负，则其股票终止上市”这一条，深交所采纳了相关建议，将净资产为负的退市条件修改为：触发净资产为负退市条件的，一旦经审计的年度财务会计报告显示公司净资产为负，或者因追溯调整导致年度净资产为负，则其股票暂停上市；连续两年净资产为负或者因追溯调整导致连续两年净资产为负，则其股票终止上市。对于造假者有追溯调整权，以往的造假难逃惩处，监管大棒随时都能对造假落下，提高了造假的成本与风险。

新退市规则明确因连续三年亏损或追溯调整导致连续三年亏损而暂停上市的公司，应以扣除非经常性损益前后的净利润孰低作为恢复上市的盈利判断依据，杜绝以非经常收益调节利润规避退市，这杜绝了在停牌期粉饰报表重新上市的空间。

对于财务报告明显违反会计准则又不予以纠正的公司将快速退市。为杜绝公司通过财务会计报告被出具非标准无保留审计意见来规避暂停或终止上市条件，规定非标意见涉及事项属于明显违反企业会计准则、制度及相关信息披露规范性规定的，应当在规定的期限内披露纠正后的财务会计报告和有关审计报告。在规定期限届满之日起四个月内仍未改正的，将被暂停上市；在规定期限届满之日起六个月内仍未改正的，将被终止上市。ST 公司的非标准无保留意见是常态，地球人都知道是怎么回事，“非标准”又无保留，上市公司可堂而皇之获得再次“准生证”，此次规定，明显违反企业会计准则、制度、相关信息披露规范性的，应在规定期限内改正，对于钻漏洞的机构而言，风险更大，成本更高。

第二，做实不支持借壳上市。

对于征求意见稿中“对暂停上市公司恢复上市的财务标准，参照首次公开发行和再融资的计算方法，以扣除非经常性损益前后的净利润孰低作为盈利判断标准。同时，不支持暂停上市公司通过借壳方式恢复上市”这一条，深交所决定采纳有关意见，在下一步修订《创业板股票上市规则》时，对于因连续三年亏损而暂停上市的公司，其恢复上市的条件中以扣除非经常性损益前后的净利润孰低作为盈利判断标准。

股票恢复交易的条件如果纳入非经常性损益，可以想象得到一地鸡毛的惨状，政府补贴、一次性股权投资收入满天飞，甚至在此期间改变主营业务实现变相借壳，退市就会成为一句空话。

第三，做实主业。

创业板公司上市之日往往是此生最美妙之时，上市之后业绩变脸，从高科技金身恢复传统制造业本来面目，使创业板与高科技、高成长对接往往蜕变成与高投机、无成长对接，如此下去，创业板将血肉模糊。

此次退市制度完善恢复上市的审核标准，新增“暂停上市公司申请恢复上市的条件”，要求公司在暂停上市期间主营业务没有发生重大变化，并具有可持续的盈利能力。主营业务能力的作用被突显。

好的制度重在实行，考虑到目前上市的创业板公司获得了超出所需的资金，以净资产为负等条件退市尚待时日，退市公司不可能很快出现。但这并不能成为蔑视新退市制度的理由，正确的制度保证了后来者守规，良币增多劣币减少则市场逐步恢复正轨。退市制度出台使市场风险加大，创业板投机者数量将大大减少，托市者被驱逐，好的公司在两三年后就会水落石出。

证券市场终于通过加大退市风险，有了真正的风险控制系统，让我们先为此额手称庆。在表态支持之后，喘口气，为细则与执行力挑刺，使证券市场成为中国公平市场的先导。（2012 年 4 月 21 日）

创业板不能承受之重

10 月 30 日，创业板创立三周年。相对准确的市场估值体系、培育中国创新公司、建立诚信股市文化三大任务，远未完成。为了我们曾经对创业板的期望，特写此文。

对创业板的种种诟病如潮水汹涌，理智地看待创业板，建立正确的估值体系与信用体系，是创业板的重中之重。

三周年到，投资人士对创业板减持潮心惊胆战。创业板公司延迟减持被视为识大体的举措，实际上，这是在扭曲二级市场的价格，创业板还是任其减持的好，这样才能让投资者看清哪些公司高管是套现的投机者，他们对自己的公司没有信心，潜藏于冰山之下的优质、劣质公司浮出水面。

创业板估值必然下降。三年以来，创业板从 2010 年 11 月最高的 1243.60 点，到 2011 年的 12 月下跌到最低的 612.28 点，今年 10 月 26 日报收于 697 点。创业板指数在 2010 年 11 月到达高位后，基本处于下跌通道，反复的反弹更做实了弱势时代的来临。2009 年末，创业板平均市盈率高达 127 倍左右，现在为 30 倍左右。创业板下挫并不奇怪，环顾全球的创业板市场，有几个成功、几个交易活跃的？创业板推出之前，许多投资者已经做出了先高后低的预测，再说，上市公司获得了 30 倍的市盈率还有什么好抱怨的？一些公司根据不值 30 倍的市盈率，它们的生命周期也就一两年。

创业板天生就是个高风险板块，如果本土企业创新能力不强、赢利不稳定、市场基础制度不可靠，创业板注定是个短期的财富狂欢场。创业板登场之初，28 家公司上市、稀缺资源千挑万选产生的业绩预期，恰逢经济上升期、新经济市梦率还有不少信徒，保证创业板头几期企业能获得最高的溢价。

创业板只能成功不能失败，在精心挑选的好日子里上市，这让多数创业板原始股东掘取到人生最大的一桶金。可惜，市场不像狂欢节，几天就结束，市场是个长期过程，估值体系紊乱、新经济红利、解禁股锁定期未到结合形成的红利——现在，到了该为不恰当的高溢价偿债的时候了。

创业板大规模解禁如同嘀嗒作响的定时炸弹，为了延迟炸弹爆炸的时间，9 月 26 日，深交所集中披露了创业板首批大非解禁公司追加锁定承诺的公告，这批公司集中于 2009 年 10 月 30 日、12 月 25 日上市，通常追加锁定 2–3 个月，少数公司如汉威电子、金亚科技、星辉车模追加锁定期为一年。

炸弹现在爆炸与三个月后爆炸没有什么区别，就像朝三暮四与暮四朝三没有根本区别，因为投资者的预期没有发生根本变化。除非，请注意，除非这三个月中经济环境突然转好，除非这三个月中国股票制度发生了大逆转，除非这三个月中大股东突然觉得持股比套现好，不准备减持了。但谁都知道，改革与经济转型是个长期过程，天降神兵的概率很低，大股东一夜之间改变圈钱观念的概率很低，套现是主流。根据深交所提供的数据，截至 2012 年 9 月中旬，创业板已有 236 家公司部分限售股解禁，累计解禁 97.47 亿股（含送转股），占总股本的 16.61%；累计减持 41.87 亿股，占已解禁股份总数的 42.96%，占总股本的 7.14%。

锁定解禁期三个月对于市场的影响不大。据中信建投统计，选取 2012 年以来有类似追加锁定承诺公告的公司，观察公司在公告之后的绝对收益和相对收益情况，公告之后的平均绝对收益率为 0.37%，相对收益率为 0.10%。从市场行为上来看，二级市场的投资者对于追加锁定的承诺并没有产生剧烈的反应，这种承诺性行为的短期提振效应也并非很大。这样的结果很可能是个悲剧，说明投资者对套现习以为常，视作市场常量，给创业板统一打个大大的套现折价。

投资者对以下的统计数据痛心疾首。资料显示，在 700 多个交易日当中，共计有 355 家创业板上市公司正式登陆，平均每两个交易日就有一家创业板公司上市。355 家创业板上市公司共有 3668 位原始股东，其持有原始股总市值高达 3800 亿元之巨。创业板身价前 10 名的股东平均身价约 45 亿元；身价超过 10 亿元的个人股东共有 50 位。

正常经营、正常收益无人指责，关键是创业板业绩变脸，许多大股东偷走了普通投资者的财富。Wind 数据显示，到 10 月 15 日，354 家创业板公司中，业绩预告向好的有 208 家，占比不到六成，业绩预告下滑的有 146 家。比照过往数据，2011 年三季度，创业板公司中业绩预盈的占比 68.85%，2010 年三季度占比则达到 81.82%。

笔者统计了 10 月 26 日的深交所创业板数据，355 家上市公司只有

46% 每股经营性现金流为正，其余为负，如天龙光电每股 −0.63 元，利润为 −8531 万，每股净资产 5.60 元，这样的数据是典型的资产错配；华录百纳为 −3.17 元，每股净资产高达 15 元，铁汉生态每股经营性现金流为 −1.01 元，邦讯技术为 −2 元，一些企业如光电等是全行业入冬，而当红炸子鸡公司如文化企业经营性现金流大挫，不知如何解释？资源错配，是不可救药的顽疾。

创业板上市公司借助高科技，比较容易装神弄鬼。划定市场风险边界，杜绝制度性圈钱，让创新者有生存土壤，这几项任务，是创业板不能承受之重。病入膏肓，不用重典，反而延长 3 个月解禁期，如同给重症病人化妆，不仅不起作用，还会延误治疗时间。（2012 年 10 月 31 日）

【新股发行】

暂停新股发行不是股市强心针

给股市信心，这是 1 月 6 日召开的中央金融工作会议发出的信号。

2011 年股市不堪回首。

2011 年，上证综指累计下跌 608.66 点，跌幅 21.68%，居全球跌幅榜第二位；深证成指累计下跌 3539.73 点，跌幅 28.41%；中小板指全年下跌 37.09%；创业板指下跌 35.88%。总市值缩水 6 万亿元人民币，238 家上市公司市值缩水超五成。市场信心低迷到极点，95% 的账户成为不交易的僵尸账户。

在此背景下，给股市信心的呼声此起彼伏，民间与决策者互动，形成共识。关键是，如何给股市信心？

最简单的做法是，暂停发行新股，让市场休养生息，然后恢复生机。

这是中国 A 股市场独特的“休渔期”做法，背后的隐含逻辑是，平时滥捕导致生态失衡，已经导致股市生态灭绝。

暂停发行新股是二级市场低迷情况下的倒逼机制，从来没有让中国证券市场恢复正常健康生态，一轮休渔期之后是更疯狂的滥捕，中国证券市场的基础制度没有改进。危害市场根基，投资者建立错误的预期，圈钱失信机构没有受到惩处，从制度建设而言，休渔是让股市回到原点。所谓暂停发行新股恢复供求关系是错误的。因为投资品市场不受供求关系约束，而受制于风险与收益。

给股市信心，必须降低股市的风险。一个投资品市场内幕交易横行，虚假报表横行，投资者只能假设所有的上市公司都有可能造假，因此给上市公司打上一个大大的诚信折扣。目前，严厉打击内幕交易已经开始，投资者正在观察监管者是拍苍蝇还是打老虎，这直接决定了今后投资者对于股市的信心。

不做假账，不从事内幕交易，这是最简单的目标，同时又是最艰巨的任务。只要中国证券市场逐渐恢复诚信，投资者的信心才能逐渐恢复，诚信折价才能转变为诚信溢价。

给股市信心，必须建立回报投资者的文化。成长型公司通过业绩增长，成熟型公司通过分红，以股价上升与现金分红的方式回报投资者。戴在 A 股市场头上的“圈钱市”帽子，只能通过上市公司质量改进与投资回报，才能摘除。上市公司真实业绩、主营收入越好，市场越兴旺，上市公司靠补贴、靠出售股票增收，绝不可能给投资者带来真正的信心。

市场的信心还建立在市场化的上市与退市机制上。长期以来，证券市场重融资轻回报，上市如同政府给各部门、各地方、各行业送红包，使投资者闻扩容而色变，如此的上市机制不改，市场信心必然“雨打风吹去”。另一方面，形同虚设的退市机制，让壳资源大行其道，乍一看，借壳上市炒作活跃了市场，实际上降低了市场的资源配置效率，投资者不再关注上市公司业绩，而转向了炒作重组的旁门左道，上市公司的管理水平、赢利能力没有因此好转，倒是宝贵的资金一再被耗散。

最后，市场的信心建立在正确的价值观上。当市场给诚信公司溢价，当市场以高股价奖励重回报的上市公司，中国证券市场的价值观回归正途，这样的市场才能屹立不倒。

繁荣市场，需要普世的价值观与高效的市场行为。除此之外的强心针，难以持久。（2012 年 1 月 11 日）

新股发行改革的根本是什么？

中国的 A 股市场到了转折的关键时刻，此时不能靠登高一呼的孤胆英雄，而是靠集体的改革合力。

新股发行改革的根本是建立信用机制。

拉高股指最简单的办法是暂停发行新股，引入新的资金。这是“和面”理论的重新上演，水多了加面，面多了加水。到现在为止，一些人士提出的办法主要是增加资金，如引入社保与公积金入市，如引入 RQFII，如增加 QFII 额度。但资金多寡从来不是证券市场的真问题，因为中国的上市公司总是能够成功消化所有资金，直到圈无可圈，熊市来袭。

证券市场之所以成为圈钱市，源于基本的理论错误，证券市场为解决企业的资金短缺而存在，填补的是银行信贷市场化之后留下的空白。笃信资本与货币市场供求关系理论的人们，自信地认为已经掌握了一把开启牛市的钥匙，只要市场下挫就放松货币，或者减少上市量，那些埋头交易的投资者们就会知趣地接过嗟来之食继续啃。

正因为笃信供求关系理论，因此决策者在基本的制度改革上没有多大进步。此前几年，6 次暂停新股发行短期内起到了立竿见影的效果，但长期效果不好。

引用一组数据：1994 年 7 月 21 日到 12 月 7 日暂停 IPO，大盘在 380 点的位置俯冲后迅速拉升到 1052.94 点，而后 12 月 7 日回到 650 点的中间值；1995 年 1 月 19 日到 6 月 9 日暂停新股发行，大盘从 524.43 点在 5 月涨到 926.41 点，而后回调；1995 年 7 月 5 日到 1996 年 1 月 3 日第三次基本暂停新股发行，大盘上涨而后回调，新股发行启动后展开一轮上攻行情；从 2004 年 8 月 26 日到 2005 年 1 月 23 日暂停新股发行，中间有一波短暂的反弹，从 1180 点到 1300 点，而后展开回调；2005 年 5 月 25 日到 2006 年 6 月 2 日，由于股改新股发行暂停一年，效果有目共睹，股指直窜 6000 点；在市场下行后，我们迎来了第六次暂停新股发行，从 2008 年 9 月 16 日到 2009 年 6 月 29 日，大盘持续上涨 9 个月后，俯身向下，至今没有回过神来。

即使我们承认暂停新股发行能够改变供求关系，事实上供求关系也没有得到改变，只是让暂停之后资金充裕期上市的公司赚到了便宜——2004 年推出中小板，2009 年 10 月推出创业板——我们未尝不能说，暂停新股上市正是为了日后高价推出中小板与创业板。

在量化宽松时以低息高价发行债券，对于债券投资者是沉重的打击，因为此时定价机制遭到扭曲，债券投资者不得不以高价购买本不值钱的债券；在货币宽松之时发行股票对于证券投资者同样是个沉重的打击，他们以高市盈率购买风险极高的证券产品，使价值投资无所皈依。一旦市场下行撇去泡沫，将使无数人在海滩裸泳，难道我们的股市是天体浴场？

市场发行市场化了吗？表面上是的。我们不是实行机构询价机制了吗？但在一个内幕横行、缺乏起码的信托责任的市场，询价者不必对自己的报出的价格负责，这不是纵容人情报价、利益串连又是什么？以伪市场化纵容利益结盟，说得好听，叫做天真的市场化；说得难听，有可能是揣着明白装糊涂，向内部人输送利益。

不仅在新股询价机制上，在券商直投等方面莫不如此。明知券商直投无法阻止道德风险，却允许券商直投，而后换汤不换药延长了券商直投的时间，同样是在市场的信用伤口上撒盐。

现在把板子打在基金身上。基金当然有问题，但基金代表买方利益，大股东们常常手下有投行，代表卖方利益，这两种利益天然冲突，只有理顺买方与卖方的利益关系，不让两者纠缠在一起，买方才能真正独立，现在买方是卖方的奴仆。公募基金拿着投资者的钱，或者拿着社保的钱，送着不送白不送的人情，出现超募竟成天经地义。

据说节后有望推出改良式荷兰拍卖制，这是根本性制度改革举措之一，有利于建立新股发行的信托责任机制，起码投标人必须为自己所报价格负责，一旦中标必须认购中标的股票数额。这就意味着，询价者必须为自己的人情报价支付真金白银，这是改变人情价泛滥的釜底抽薪招术。

与此相配套的是，加大机构投资者在网下的认购比例。目前 A 股市场通常由大股东绝对控股，网下询价机构配售量过低，该政策是把新股当作唐僧肉，认为新股发行必须向普通投资者倾斜，加剧了询价机构的信托责任缺失。以高价上市，大股东抛售存量股票就能够一本万利。目前大宗交易平台上的折价销售，才反映了大股东对公司股票的真实态度。

新股发行制度改革建议泥沙俱下，有人提出存量发行，理由是境外资本市场常用，与国际接轨。这一理由是荒唐可笑的，除非中国的监管、中国市场的信用与国际接轨，否则规则必须以建立本土市场信用、一视同仁地保护投资者为第一要义。一旦存量发行，相当于取消部分股票的锁定期，允许公司股东马上对外出售。现在有锁定期还哄抬股价，一旦存量发行，说好利益分成比例，普通投资者只有被鱼肉的份。

在信用缺失的市场，固本培源的首要任务是扶正信用，让投资者认可信用价格，有信用者可以获得长期溢价，无信用者必须支付巨大的折价。不惩罚失信者，最终整个市场将为失信者支付折价。（2012 年 1 月 17 日）

【小趋势】

2013 年股票市场：震荡不休

2012 年股票市场以第四季度艰难的上扬给市场信心。2013 年，中国股票市场将继续震荡，价格中枢有所抬升。

从股市的三大变量来看，第一个变量实体经济数据将有所好转。数字好转始于 2012 年第四季度，房地产市场回暖、基建投资上升、对来年投资的憧憬，使得银行股与部分周期性股票上升。

2013 年将延续投资趋势，基于经济一体化的中西部投资、基于城镇化的轨交投资、基于美丽社会的节能环保新能源等，均是投资重点。另一方面，对于制造业转型的鼓励将会提升，精密仪器、大飞机、军工等投资还将增加。这也就意味着，2013 年将以投资拉动经济，强有力的投资保障了宏观经济数据的好转。

市场并非一帆风顺，由于债务、银行不良率、利率市场化导致利润下降等综合因素的作用，银行股价高低起伏不定。与此同时，由于产能过剩顽疾未能解决，周期性股票也将时涨时落。

有媒体以外资购入中银股论证银行股逆转就此走出颓势。从 2012 年 8 月开始，QFII 的确在这一期间大举抄底包括银行股在内的 A 股蓝筹股。

中国证监会下属的投资者保护局证实，QFII 今年 8 月份以来持续大幅增仓买入蓝筹股，8 月、9 月和 10 月 QFII 账户对沪市股票的单月净买入额分别为今年前 7 个月净买入总额的 3 倍、9 倍和 10 倍。针对沪深 300 成分股中沪市股票，10 月 QFII 单月净买入额是今年前 7 个月净买入总额的 40 倍多。

这一现象可以解释为 QFII 进行价值投资，不过不要忘记，就在部分外资小规模买入中资银行股的同时，汇丰正在出售中国平安。事实上，金融危机以后，作为中国金融机构战略投资者的外资进入了密集的羊毛收割期，瑞银于 2008 年的最后一天抛售了 33.78 亿股中行 H 股，美国银行 2009 年 1 月 7 日抛售 56.2 亿股建行 H 股，同日，香港李嘉诚基金配售中行 20 亿股股份。苏格兰皇家银行、淡马锡等机构于 2007 年就减持了中行、建行，目前这些金融机构从事波段操作，不再重提战略投资的往事，并且一手做多一手做空，或者做多银行股通过指数做空，成为常见的对冲手段。在民生银行等案例上，这些手段被玩得炉火纯青，老虎亚洲基金甚至违规利用内幕交易对冲获取暴利，受到美国证监会的严厉处罚。

第二个变量是估值，估值并不处于绝对最低，静态估值低不等于动态估值低。银行股目前估值最低，但随着赢利下降或者光伏等行业的不良率上升，其市赢率将迅速上升。除去银行等蓝筹股，中小板、创业板估值优势并不明显。

根据证监会投保局的数据，截至 2012 年 11 月末，沪深两市平均市盈率为 13.25 倍，沪深 300 指数成分股的市盈率更在 10 倍左右，股息率达 3.05%，而美国标普 500 指数成分股的市盈率在 14 倍左右，股息率则为 2.19%。显然，这样的计算有失公允，如果把战略投资者、大股东的获利刨除在外，中小投资者所获得的股息率将大降。更不必提，一些上市公司给予红股、现金红利就是为了获得再融资的门槛。

A 股市场有投资释放、估值较低时候的投机价值，在基本制度改变之前大谈投资价值为时过早，除了少数上市公司外，其他公司都不配“价值”二字。至于中小投资者的利益是否得到了捍卫，看看黄光裕内幕交易案的结果就清楚了，股市是个利益场，各种力量搅成一团，绝非一家能定乾坤。

第三个变量是货币，货币是催生明年行情的主要动力。全球主要央行发放的货币无法真正带动实体经济发展，却能够催生投资热潮，2012 年债务危机下的希腊股市大涨，印证大量货币可以抬升短期股市这一真理。

明年随着中国投资热再次兴起，货币发放将维持在正常偏上的水平，即广义货币在 14% 偏上的水平。投资、股市、债市、货币、楼市，五位一体，见证着中国货币将在稳定经济中起重要的作用。另外，越传越热的地方社保基金入市如果成真，将催生一轮大行情，社保基金将成为拯救大部分投资者的上帝。

最后，不可忽视的是投资手段发生了巨大变化。目前股指期货具有对冲功能，绝大多数投资机构与成熟的个体投资者摆脱了单边多空行情，转而进行对冲，导致股指上行不远。未来如果融券能够大规模落实，投资者会拿着放大镜，检视造假、内幕交易的个股，个股将再现指数震荡的现象。

2013 年，股市在目前点位到 3000 点之间来回震荡，由于数据与信心好转，导致价格中枢上移。股市上行靠货币与投资，下行来自于周期性恐慌。要强调的是，股市公平基础制度的建设远未成功，市场略有上升并非股市公平的体现，而是为下一轮投资冲刺做好准备。（2012 年 12 月 25 日）

2013 年：经济生死劫　冰火两重天

【看时局】

退市风险来了：请记住，你不是王亚伟

退市制度成为 2013 年新年中国股票市场最值得关注的新政。

新年第一个交易日，作为落实主板退市的配套制度，《上海证券交易所风险警示板股票交易暂行办法》正式运行。与深交所只设“退市整理板”不同，上交所的“风险警示板”包括“风险警示股票”和“退市整理股票”两类，“风险警示股票”包括 23 家 ST 公司股票和 20 家 *ST 公司股票，目前暂无“退市整理股票”。

退市制度展现威力，截至 1 月 4 日收盘，风险警示板共有 13 只股票跌停，占该板可交易股票比例三分之一。这并不是第一次，去年 7 月上交所发布《风险警示股票交易实施细则（征求意见稿）》（下称意见稿），在将 ST 板块股票列入风险警示板的“噩耗”刺激下，整个 ST 板块连续两天上演“百股跌停”。

此次退市制度有两个方面的内涵，一方面禁止风险股票恶性炒作，另一方面向市场展示退市的决心。

证监会必须给习惯于炒作 ST 股的普通投资者以退出通道，同时展示决心，他们面临着巨大的难题，过度保护可能让退市制度名存实亡，严格退市可能彻底封堵并购重组之路。在叫了多年“狼来了”之后，投资者必须真正面对退市这只狼。

据中金公司研究报告透露，我国A股市场连续4年没有因连续亏损而退市的公司，历史数据估算绩差股退市概率也仅为2%——退市几乎陷于停顿，这是不正常市场的必然结果。退市与上市是股票市场的基础制度，是建立信用定价机制的基础，上市退市大进大出不一定代表有信用，任何金融制度只要让信用溢价就是好制度。

退市制度有两点值得关注：稳健退市、安全退市成为重中之重；重组溢价并不会因为退市制度而消失。

上交所规定增加了风险控制手段，虽然被诟病行政色彩过浓，但上交所不打算改变太多。按照规定，“风险警示股票”和“退市整理股票”投资者只能使用限价委托，而不能使用市价委托；同时，“风险警示股票”价格涨跌幅限制设置为 ±5%，“退市整理股票”为 ±10%。“风险警示股票”当日换手率达到30%的，属于异常波动，上交所可对其实施盘中停牌，直至当日收盘前5分钟；二是单一账户当日累计买入单只“风险警示股票”的数量不得超过50万股。上述手段显示，监管层对于退市时社会安全的考虑胜过其他因素，上交所决心杜绝资本大鳄通过市场价格操纵吸引散户的行为，避免更多的散户被卷入风险黑洞，提高退市的社会不稳定风险。以往权证价格异常的案例犹在，在退市制度上绝不应该重蹈覆辙。

证监会提出退市制度保护投资者的四部曲：一是加强退市信息披露，向投资者充分揭示退市风险；二是设立“退市整理期”制度，以利于投资者有更多的机会处理手中股票；三是建立重新上市制度，使公司“能上能下”“能下能上”；四是为退市公司投资者提供股份转让服务。

复活上市存在重组溢价，而退市后重新上市相当于台后重组上市，退市前后股票有最大的折价，重新上市则可以获得最大的溢价，复活上市与重新上市应成为重点监管的领域。

深交所去年12月推出的退市制度设计不够缜密，被投资者诟病。如深交所不设立风险警示板，只有退市整理板。按照相关规定，某只股票在被深交所作出终止上市决定后5个交易日届满的次一交易日起，将进入退市整理板进行交易，推算*ST创智和*ST炎黄两只股票最快将于1月11日“入住”退市整理板。

2只股票垂死，9只股票重生。2012年年底深交所召开的第七届上市委员会会议传出消息，*ST关铝等9家暂停上市公司恢复上市申请均获通过。此前深交所有关负责人表示，*ST关铝等公司分别通过改善经营、实施破产重整计划和重大资产重组等方式，主营业务和盈利能力获得改善，增强了持续经营能力。这也就意味着，某些重组成功的股票依然存在巨大的重组溢价，火中取栗者仍有巨大的转腾空间。

面对前门退、后门进的质疑，证监会投资者保护局称，任何一项新的法律法规实施，必须留出必要的通告和准备时间，才能保证市场参与各方的权利公平和机会公平。沪深交易所立足投资者保护和“稳中求进”的原则，专门对存量和增量暂停上市公司予以区别对待，进行新老划断，作出妥善安排。很多深套在*ST创智和*ST炎黄中的投资者大声抗议不公，认为复活的ST股不过是依仗后台。

退市不可能大面积全退，二级市场的普通投资者请记住，你不是王亚伟，赌重组要赌的东西太多，普通投资者输面极大，赔不起。

重要的是，证监会得证明自己对所有僵尸上市公司一视同仁，对于多年依靠政府补贴的公司绝不会姑息，对于明显出现价格异动的公司将一查到底，否则，退市制度将会变成一轮寻找无后台软弱者的游戏。建立公平的、严惩内幕交易者的制度，是建立严格的、有说服力的退市制度的前提。

新退市制度刚刚走步，希望监管层通过严格的退市制度，通过严厉惩处内幕交易，表现出自身对信用的尊重以及自身的监管信用。（2013年1月7日）

不要救市

不要救市，要改革。现在救市，会让可怜的投资者对丛林血腥抱有最后的幻想，这太残酷了。

前美联储主席格林斯潘继续表现出对股市的厚爱，次贷危机爆发后接连接受采访，强调股市的重要性。

在 2 月接受 CNBC 采访时，他认为美国触发自动减支的关键不是经济，而是它对股市的影响，“如果股市可以承受住自动减赤的影响，那么接下来自动减赤机制对经济的影响将小得多”。数据显示股市不仅是经济活动的先行指标，更是其重要原因，GDP 增长变动中的 6% 来自股价和房价变化，股市以及上涨中的房价目前正在提振经济；“大而不倒”是最重要的监管问题。

从 2009 年至今，格林斯潘多次说到股市，相比而言，被视为弗里德曼传人的现任美联储主席伯南克对股市冷淡得多，除了在今年 3 月 20 日为股市上涨辩解，表示美联储将继续维持宽松的货币政策立场，“并不认为有任何股市泡沫的迹象出现，股市上涨不是完全的意外，因为企业利润增加也是显著的”。而在伯南克为乔治·华盛顿大学所做的四场讲座中，阐述货币政策时，他提到了对宏观经济、金融稳定的影响，对于金融监管着墨不多，对于股票市场只字未提。

考虑到明年美国将对购房者进行更严格的资质审核，房地产金融链条缩短。可见，伯南克非常担心目前美国不断上涨的房价有可能引发房地产泡沫，而这正是伯南克在总结次贷危机时强调的次贷成因。

从 1987 年、1997 年到 2001 年，格林斯潘不断救市，以挽回金融货币市场的信心。很多人忽略了，格林斯潘之所以能够成功救市，是因为找到了美国国债的最大买家，可以低成本推高市场。此时正值全球经济大裂变，中国发展成为最大的出口国，手捏大把美钞大部分只能投资到低风险、流动性好、数量最多的美债。2007 年 6 月，已经卸任的格林斯潘表示，没有理由担心中国抛售美国国债，迫使美国利率上升，因为中国无法为持有的美国国债找到买家。但就在那时，格林斯潘指出自冷战结束以来全球流动性充裕的局面不会永远持续，中国经济增长已经失控，股价被高估，中国以及第三世界高速发展的经济不会继续。

中国与日本联袂哄抬美国国债尤其是长期国债的价格。截至去年 12 月底，据美国财政部的数据，美国第一大债权国中国当月持有美国国债 1.2028 万亿美元，高于前一个月修正后的 1.1831 万亿美元。第二大债权国日本当月持有美国国债 1.1202 万亿美元，高于前一个月修正后的 1.1177 万亿美元。截至去年 12 月底，外国主要债权人持有的美国国债总额为 5.5554 万亿美元，高于前一个月修正后的 5.5374 万亿美元，为连续第 12 个月上升。值得警惕的是，中国大规模购买美债的时代已经过去，现在，中国的国策是人民币国际化、增加进口、增加境外投资，不再在美债这一棵树上吊死。

伯南克不可能专注于股票市场，不可能利用货币泡沫搅动资本与货币市场泡沫，观察伯南克的货币政策，紧盯美国实体经济数据、消费数据与就业数据，大致可以猜测个七七八八。表面上同是货币主义者，伯南克与格林斯潘对于实体与虚拟经济的理念大相径庭，更重要的是，伯南克已经没有格林斯潘让中日埋单的好运。

A 股市场低迷不振，不是外部救市能够起死回生的。

救市有两种救法，一是让市场分享制度红利与经济发展红利，二是印钞、降息或者加长金融杠杆制造泡沫。

A 股的制度改革刚刚起步，诸如上市、退市等基本制度正在拟议过程中，八字还没一撇。投资者分享经济发展红利并不容易，由于信用低下，不仅诞生了很多铁公鸡，更有甚者，铁公鸡还把股市当作转移财富的秘密基地，通过其他隐蔽公司不断转移资产资金。于是，除了特殊人物外，大部分人只能沦为A股市场的活雷锋。现在，活雷锋越来越少，意味着埋单者越来越少。让养老金、公积金、国外资金进入A股市场，前提是，把A股市场根基扶正。

如果走第二条路，让央行继续维持印钞、降息或者加长金融杠杆的老路，货币信用将不可收拾。虽然3月CPI有所下降，但房地产价格一路走高，“堰塞湖”困境没有丝毫缓解，可以看作过去十年货币政策最严重的后遗症。如果说当初的货币政策是由于出口增长、人民币未能国际化，不得已而为之，现在大规模放松货币，则是睁眼进火坑，决策者难辞其咎。从汇率利率市场化的政策取向看，不太可能重走老路。

2008年3月，鉴于A股市场一泄千里，鉴于金融危机的严峻程度，笔者曾经建议救市，那是非常时期的非常举措。但现在，中国股市已现利益输送的常态病症，唯一的办法是尽快拔掉那些输血管道，建立正确的激励机制。

股票市场不应成为财富之墓。（2013年4月11日）

做空非阴谋，做多非爱国

做空不是阴谋，做多并非爱国。

股票市场的低迷打破了以往的交易惯例，即使暂停IPO也未能让股指上升，阴谋论弥漫市场。一些人认为，外资做空中国，意在抄底。

从信用评级机构、对冲基金到投行，形成了围剿中国市场的包围圈。三大评级机构发难：4月9日，惠誉下调中国长期本币发行人违约评级；16日，穆迪也将中国主权信用评级展望由“正面”调至“稳定”，中国政府债券评级仍为 A3；标普则警示中国不良贷款风险。而后，以大空头查诺斯为首的对冲基金再次发出中国经济危言，此时如果高盛等投行趁势发布报告，则看空中国股票的气氛十分浓烈，割羊毛的时间也就到了。

证监会发出了相反的声音。4 月 26 日下午，证监会新闻发言人指出，根据监管层掌握的情况，近期上市公司境外战略投资者和合格境外机构投资者，并未大规模卖出中国股票。可佐证的是，众多境外资金还在翘首企盼新一轮 2000 亿元 RQFII 额度的放行，以及未来将落地的 QFII2 等。

市场手段无所谓阳谋、阴谋。只有了解市场，才会摒弃可笑的阴谋论。

外资通过做空对冲风险，是铁板钉钉的事实，连阳谋也算不上。看安硕 A50 指数就可以得出结论，从长周期看，2008 年之后该指数一落千里，而从日 K 线看，该指数震荡不已，4 月 8 日以前以下行为主，之后进入震荡期。安硕 A50 中国基金追踪富时中国 A50 指数，富时 A50 指数期货是在一年中的 3、6、9、12 月以及这些月份其后的两个延展月的倒数第二个工作日为交割日期，每年的 2、3、5、6、8、9、11、12 月，每个月份的倒数第二个工作日是其交割日。说明很多资金通过波动率，尤其是交割期打压股指赚钱，至于看多还是看空，他们才不在乎，能够获利就好。

新华富时中国 A50 指数的成份股为境内 A 股最大市值的 50 家公司，因此，只要能够成功打压中国主要金融公司的股价，就能够成功沽空股指获利。由于中国大型金融机构在境内外同时上市，通过打压境外股价沽空获利成为常态。今年 4 月 23 日，A 股银行板块整体大跌 3.1%，此前，在港上市的农行、中行、民生银行、招商银行 H 股，均遭到黑石、瑞银、摩根士丹利等国际投行的密集减持。H 股对 A 股已从溢价转为折价，央行《金融时报》直指这是外资做空中资蓝筹股、为其股指做空获利造势，这是一针见血的市场观点。

在美国挂牌、成分股以 H 股为主的安硕富时中国 25 ETF，4 月 26 日公布每两星期更新一次的沽空仓位，沽空水平再创近 3 年新高。不仅股票市场，就是在外汇市场，沽空人民币获利也已成为常规手段。

查诺斯等人一直在唱空中国经济，警惕中国债务危机，这是他们的自由。查诺斯当年拼命唱空安然（Enron），也没有被认为是安然倒台的罪魁，相反，安然建立在低迷业绩上的可怕造假行为，才是安然倒台真正的凶手。查诺斯唱不空中国经济，我们自己贻误改革时机，才是真正做空中国经济的罪魁。

不同的投行处于不同的周期，面对境内外不同的投资者，他们的报告往往并不一致。今年 3 月 18 日，摩根大通唱空中国股市。次日，摩根士丹利发表报告唱多港股，预计恒指 2015 年底最多会升至 50000 点，而汇丰、花旗、美银美林等对中国股市同样抱有乐观的看法。而对境内外投资者，投行的报告也不尽一致。

目前外资还无法真正做空中国，只能在境外市场赚些小钱，因为我国资本项目未完全开放，对于资本与货币市场的资金进出有严格限制。证监会有关部门负责人指出，"RQFII 的审批跟国家的外汇收支相关"，资本市场开放、人民币国际化是整盘棋，不可能某个市场单兵突进。

要强调的是，境外资金做空股指不等于资金不愿意进入境内，一些人士对此有极大误会，以为境外资金等待境内落地就是做多中国，众多境外资金还在翘首企盼新一轮 2000 亿元 RQFII 额度的放行，以及未来将落地的 QFII2，这意味着境外资金希望有更多的市场空间，随着人民币国际化进程的深入，未来可能的赢利空间也就更大。

自从出现股指期货这一做空手段后，A 股市场风格发生天翻地覆的变化，因此，监管层对推出融券十分慎重，到现在还没有真正开展，市场影响几乎可以忽略不计。

从 2008 年至今，总体而言，外资对于中国的经济是看空的，越来越看空，他们对于中国经济的转型成本与既往泡沫的崩溃前景忧心忡忡，中国经济不再是西方人眼中的奇迹——这一事实才值得关注，当一个经济体进入多数西方投资机构的高风险期之后，还能维持多久？（2013 年 5 月 3 日）

市场不害怕

A 股市场忽上忽下，黄金市场忽上忽下，背景是整体市场平淡如水。

市场忽上忽下，显示肌体不正常，得了高血压，但 2008 年之后市场逐渐习惯了欧债危机，日元上升，中国、印度经济疲弱，今天这个消息、明天那个消息，不过是为短期做多或者做空欧元、做空日元、做空期指提供最好的借口。

从上周以来，中国“钱荒”和美联储退出 QE 的暗示，导致中国资本与货币市场出现短期雪崩，其次是亚太股市、欧美债券市场价格下跌。6 月 24 日，10 年期德债收益率上升 10 个基点，至 1.82%，为 2012 年 4 月以来最高。美国指标公债收益率触及近两年高位：10 年期公债升 1/32，收益率报 2.54%，盘中一度升至 2011 年 8 月来最高的 2.67%；30 年期长债大涨 17/32，收益率报 3.56%，盘中高见 2011 年 9 月来最高的 3.65%；通膨保值债券（TIPS）遭受重创，根据 TradeWeb 数据，5 年期 TIPS 收益率周一转平，一度在零之上交投，为 2011 年 2 月来首次。即使如此，债券收益率依然处在较低的位置。而美、日等国的股市也相应大跌。

从长期来看，市场心静如水。短期的剧烈波动从长期来看，反而构成了一根较为平滑的曲线。无数短期爆仓者的尸骨填平了市场的鸿沟。

市场是否恐慌，有“心电图”为证。来看芝加哥的 VIX 指数，这只芝加哥期权期货交易所使用的市场波动性指数，大致以期权出价反映投资者对于未来市场的明确程度，也反应一部分市场恐慌程度。

自 2008 年金融危机到达高点后，VIX 指数一路下行，由于欧债危机在 2010 年、2011 年年中出现小尖锋，基本上波澜不惊，北京时间 6 月 5 日凌晨在 16.56 点，处于正常点位。VIX 指数与标普 500 指数呈负相关关系，一旦 VIX 指数下行标普 500 指数则上行，毫不意外，标普 500 指数 2008 年之后一路上行至今。在市场短期恐慌后 VIX 指数上升，到北京时间 6 月 25 日下午，在 20.11 点，仍处于可以承受的范围。而到 6 月 26 日，则下降到 17 左右。

在此期间，市场经历了重重考验，美国的制造业数据、消费数据时好时坏，失业率看起来不错。欧债危机在希腊银行撇账时似乎就要崩溃，而日元在大幅贬值之后又不屈不挠地开始上升，与美元比价再次试探 100 日元比 1 美元的关口。穆迪、IMF 基金对中国地方债务、影子银行发布的报告，起到了火上浇油的作用。

市场本应该惊恐一片，不仅中国的许多预测专家，连债券大王比尔·格罗斯（Bill Gross）也进入胡乱预测的行列。去年 8 月，格罗斯撰写了一篇影响深远的文章，称“股市已死”，指出股市 6.6% 的真实回报掩盖了股市背后的连锁问题，这是个庞氏骗局，用货币支撑市场，将财富转移到企业与股市。从 20 世纪 70 年代以来，劳动者工资收入占 GDP 的比重逐年下降，这其中的大部分都成为了股市的回报，还有一部分进入了许多新兴市场劳动者的口袋，美国政府通过减税，将 GDP 中相当大的一部分转移至公司收入。同期的真实财富或 GDP 年均增长只有 3.5%，股市收益却翻倍。如果股市的回报始终以高于 GDP 3% 的速度增长，那么他们的优势每 24 年就会翻一番，100 年以后，他们的财富将是那些当年与他们财富相当但不投资股票的人的 16 倍。这是荒谬的。

北京时间 5 月 11 日凌晨，格罗斯在 Twitter 发布消息称：“30 年来的债券市场牛市很可能已经在 2013 年 4 月 29 日宣告终结，未来这一市场能给投资者带来的回报率很可能仅为 2%–3%，太平洋投资管理公司能帮助你们渡过难关。”他建议投资者买入美国国债。

格罗斯当然清楚，股市与债市不可能同步前行，债市牛则股市熊，股市牛则债市熊。他对市场发出质疑，实际上是对政策、经济前景、投资逻辑发出的综合质疑，他必须重新审视这个前所未有的市场。

不管专家说什么，市场心如止水，即使日经指数暴跌，芝加哥 VIX 指数也只是小幅上升到 17 左右，而后低位徘徊，市场对一切打击、一切欣喜充耳不闻，似乎已经看透未来波动。

A 股市场也是如此，中小板指数尤其是创业板指数大幅波动，从去年年底至今甚至上升了一倍左右，但上证综指却岿然不动，从去年到今年，围绕着 2300 点来来回回展开争夺战。现在围绕 1900 点左右展开争夺战。

投资者习惯了一个短期不断变化的市场，学会以不变应万变。美国投资机构做多或者做空个股，做多股指期货、抛售衍生品对冲风险。而 A 股的专业投资者刚好相反，对于大盘上行不抱希望，购入某些短期受到概念推动或者业绩良好的个股，而后抛售股指期货对冲掉大部分风险。

VIX 指数的平静背后是市场可怕的灰心，任凭大风大浪，任凭量化宽松，任凭紧缩资金，投资者对于未来的预期非常明确，他们才不会被这些消息牵着鼻子走，而是通过购入波动率产品，通过对冲手段，让自己在可怕的市场中学会坦然面对。

与以往的大萧条不同，此次经济萧条以货币对冲萧条的痛苦，但实体经济与全球转型将更加缓慢，当疯狂与过山车成为常态时，投资者只能在疯狂的市场中寻找求生之道。股指期货、做空期权、金融衍生品等充当了他们的盾牌。（2013 年 6 月 27 日）

同情证监会

中国股市圈钱市性质未变，证监会揽权发审受到批判。

证监会主席肖钢试图改变监管逻辑，在《求是》杂志发表题为《监管执法：资本市场健康发展的基石》的署名文章，提出“资本市场监管需要更加尊重市场客观规律，扭转‘重审批、轻监管’倾向。将‘主营业务’从审核审批向监管执法转型，将‘运营重心’从事前把关向事中、事后监管转移。当前我国资本市场监管转型的‘着力点’是‘宽进严管’、加强监管执法”。

这下股票市场天下太平了吧？有可能更糟糕。现在就说肖钢监管时代为时过早，不要把改革者放在火上烤，肖钢需要工具与支持者。

肖钢直言不讳地指出证监会捍卫中小投资者十分困难。违法案件越来越多，2009 年至 2012 年，案件增幅年均 14%，2012 年同比增长 21%，2013 年上半年同比又增加 40%。目前，内幕交易案件数量超过一半，欺诈发行、虚假信息披露案件在快速上升。同时要看到，一方面，还有为数不少的违法行为并没有得到查处；另一方面，随着多层次资本市场发展，市场规模将继续扩大，违法案件还会增多。违法案件增加倒不是因为监管更弱、人性更糟，而是因为曝光的更多。

巴别塔不是一天建成的，股票市场短短 23 年的历史，是内幕交易充斥的历史，是圈钱的历史，着眼于业绩与回报的基础定价体系从未建成，这就是股票市场动辄僵尸化停止发行的根本原因。与沿海的环境一样，休渔可以增加鱼的数量，但不会让海洋生态好转，也不会阻止海洋环境劣质化、生物越来越少的根本趋势。中小股民就是鱼，股市就是海洋环境，休渔就是暂停发行新股。

肖钢提供的一系列数据，可以印证市场的恶劣程度。目前资本市场的法规规则超过 1200 件，问责条款达到 200 多个，但其中无论是刑事责任还是行政、经济责任，没有启用过的条款超过三分之二。其中既有立法修法不及时、不具体的问题，也有执法体制不适应，地方保护主义依然存在的问题；既有人情世故的原因，也有不敢碰硬、不坚持原则的原因。这些因素长期存在，致使相当一部分责任追究不了。近年来证监会每年立案调查 110 件左右，能够顺利作出行政处罚的平均不超过 60 件。每年平均移送涉刑案件 30 多件，最终不了了之的超过一半。资本市场案件查实率只有 60%-70%，主要就是因为执法手段不足，调查困难。

肖钢指出了残酷的现实：在投机、权贵盛行的市场，只有失信、内幕交易才能以最低的处罚成本获得最高的收益。以境内上市公司 2400 家左右计，行政处罚比例仅 2%，而涉刑案件最终受处罚的仅 0.625%，地方政府、司法、背后真正的大鳄，伸出一只脚就能够绊倒执法者。怪不得造假与内幕交易前赴后继，直到出现前博时基金经理马乐的惊天老鼠仓大案。马乐是唯一一个吗？厨房里发现一只蟑螂，意味着背后有一窝。

增加证监会的执法权限与执法人员，可以起到一定作用，对于没背景的草根公司与从业人员，证监会目前的力量不能说太小；如果遇到有背景的“高富帅”公司与人员，或者一群撒泼耍横的流氓利益群体，恐怕证监会执法人员得从陆战队员中选取，坐在坦克上进公司所在地才行。而中国两大投资重点市场楼市和股市，证监会主席、住建部部长的级别起码不能与那些央企、金融机构的高管平起平座。

明显的违法行为毕竟还能够处置，法律允许的合法圈钱更是股票市场的毒瘤。创业板公司高管趁着机构抬轿者无暇他顾大规模套现，而再融资市场更是恐怖。根据沪深交易所公开数据统计，今年上半年，有 247 家 A 股上市公司实施了再融资方案，融资金额总计 2316 亿元，同比增加 95%。从单笔融资金额来看，上半年完成再融资的 247 家企业平均单笔融资金额近 10 亿元。完成定向增发的上市公司分布于 17 个行业。从融资规模看，能源及矿业以 355.8 亿元的融资额位居第一，金融行业以 302 亿元位列第二。再看债券，截至 7 月 26 日，包括企业债、金融债、短期融资券以及可转换债券等在内的发行数量达到 457 起，涉及金额高达 12749.49 亿元。下半年还有 189 家上市公司逾 3600 亿元的增发预案蓄势待发。

滚滚资金流入僵尸公司的口袋，普通投资者为财政埋单，为行业低迷埋单，为地方 GDP 埋单，成就了少数几个富翁以及一堆破烂的企业。证监会怎么办，不让京东方融资，正好，证监会得为中国高科技面板行业的没落负责；不让银行融资，银行的资本充足率下行又要回落银行改制前。

证监会是监管者，以前主要是大企业的管家，是改制成本的托底者。现在要改变角色，周边的环境必须随之改变。当然，在长远规划彻底改变之前，给证监会的改革者以更大的准司法权，十分必要。（2013 年 8 月 7 日）

不要神化优先股

银行再融资，吹风优先股，银行股闻风大涨，尤其是传闻中涉及试点的银行。9 月 9 日，浦发银行涨停；9 月 10 日，其再涨 8.3%。

相比起二级市场扩股、定增等办法，优先股有其优势，搬开了股票二级市场投资者最担心的融资圈钱这座大山。除了优先股之外，其他股权最终要在大宗交易或者二级市场上解禁套现，到时二级市场投资者只能成为扛住股价的大力士。而优先股类似于长期债权，偿债顺序介于债权之后股权之前，有固定收益，只能通过固定收益或者集中交易获利，没有解禁压力没有投票权，貌似不会冲击二级市场，也不会冲击现有的管理架构。

与以往银行融资方式相比，优先股是一大进步。上市银行业已形成恶性循环，以股票市场为核心进行资金循环，剥离坏账上市提高资本充足率扩张规模，利润上升资产质量下降而资本充足率要求提高，通过大规模再融资满足资本充足率，而后再次做大规模提高利润。

经过三年左右的规模扩张，银行又走到再融资关键节点。据《经济参考报》报道，近日，平安银行调整后的定向增发融资方案出炉，采取“减价增量”的方式，以 11.17 元 / 股的价格向中国平安非公开发行不超过 13.23 亿股，共募集资金 148 亿元。虽然较最初的定增目标少筹集了 74 亿元资金，给逼近监管红线的“资本池”来了场“及时雨”。除了平安银行外，9 月 11 日，招行的 29.6 亿元 A 股配股也将上市流通。今年仍有多家商业银行相继发布通过新的资本补充工具（即减记型工具）进行融资的公告，累计募集资金额逾 3000 亿元。

市场对这一模式投下反对票，中国上市银行的市盈率水平远低于国际水平，股价低迷却买者寥寥。眼看新一轮融资迫在眉睫，股票市场全然不配合，倒逼出优先股方案。优先股风声乍起，银行股股价大涨，可见市场已经被压迫到了什么程度。

优先股是从美国学来的办法，不良资产管理公司也是从美国学来的处理金融危机的办法，可惜，橘淮为枳，美国清理完债务正常关门的不良资产管理公司用到中国，不良资产管理公司成为不死鸟。优先股能否避免橘淮为枳的命运?

美国优先股快速发展始于 20 世纪 90 年代。根据标普统计，美国优先股市场规模从 1990 年的 530 亿美元增长到了 2005 年的 1930 亿美元，但不是主流，只起到补充作用。同期美国股市有 9.5 万亿美元的股市市值，有 4 万亿美元的公司债市场。

优先股大发神威是在 2008 年金融危机之后。为了拯救金融业，2008 年美国政府宣布用 1250 亿美元购入花旗银行、摩根大通等九家主要银行的优先股，稳定了当时的资本市场，也让各大型金融机构渡过一劫。此后的结果十分美妙，美国政府因为持有优先股获得了丰厚的优先股股息，金融公司仍然自主经营，没有控制权旁落之虞。现在国内津津乐道的巴菲特优先股获利，就是因为跟随美国政府步伐投入优先股的结果。通过投资高盛 50 亿优先股，每年固定派息率高达 10%，巴菲特每年获派息超过 5 亿美元，计算每天回报是 137 万美元左右。2011 年，高盛宣布赎回巴菲特的优先股，根据协议，要另外支付 10% 的溢价，也就是一共 55 亿美元。随后巴菲特又再度出手购买了 50 亿美元美国银行优先股，股息率为 6%，美国银行可以在任何时候以 5% 的溢价赎回。

优先股固定收益如果像巴菲特一样高，对于上市公司与普通股投资者都是巨大的损失。

高盛在 2011 年 3 月 19 日情况好转时马上赎回，声明本次的优先股赎回交易包括了一笔 16.4 亿美元的一次性优先股息派发，赎回交易还将包括从 4 月 1 日到赎回日为止的应付优先派息 2400 万美元，这笔款项将提前计入高盛集团当年第一季度业绩，并使得高盛每股盈利下降了 4 美分。在优先股未赎回前，高盛集团每季度提供给伯克希尔哈撒韦公司的股息是 1.25 亿美元，这部分成本使得高盛集团 2010 年普通股每股盈利业绩下降了 85 美分。不要说巴菲特，就说固定股息率基本在 5% 的美国政府购买的优先股，出售 AIG 获利 227 亿美元，2010 年 1 到 9 月出售花旗普通股与优先股获利 186.5 亿美元左右的收入。没有企业愿意承受这样的优先股负担，情况稍有好转，就纷纷赎回。美国政府的救助投资三分之二以上已经收回。

此处有两点值得格外关注：第一，优先股的股息率与赎回时的附加条款，可以直接冲击公司业绩，进而影响到公司的股价与分红；第二，优先股市场一直存在，还有优先股基金，是为了让汽车、银行等现金流不足的公司有缓冲空间，多数公司不会一直使用代价高昂的优先股，这给公司贴上了资本充足率不足的标签。

优先股主要用于应急融资手段，对股票二级市场的影响取决于公司的质量。想象一下，如果金融危机后高盛情况没有好转，而是不断融资，不停发放高价优先股，这还是一家值得信任的、有竞争力的好金融机构吗？这就像在说，嘿，我是缺钱，我拿钱了，可是换了一种方法，这下大家总该放心了。（2013 年 9 月 11 日）

并购，并购，还是并购

此次 IPO 暂停时间有可能是 A 股史上最长，投资者只能自救，股权交易、借壳、并购重组成为主要手段。

希望此次 IPO 暂停的背后，是关键因素的改革，与以往有本质区别。暂停 IPO 不应该是圈钱过度市场低迷背景下的无聊重复，如同短期禁渔，一旦休渔期结束，就开始新一轮的滥捕滥杀，此前几次暂停 IPO 没有让市场在关键制度上有所进步，哪怕一点点。

清科研究最新数据显示，截至今年 8 月我国共发生 654 起并购交易，上市公司已成并购主力，交易金额 486.96 亿美元，同比大涨约 50%。据《理财周报》统计，2012 年 7 月 1 日至 2013 年 9 月 20 日，A 股正在进行、已经完成、失败的资产重组事件共计 1183 项，涉及 863 家上市公司，超过 1/3 的公司有资产重组动作，涉及资产金额 8162.49 亿，相当于再造半个创业板。

并购重组是值得鼓励的市场行为，严守信用、坚持市场主导，大局可定。

并购重组兴起可放市场各方一条生路。A 股市场暂停 IPO，至今没有终止迹象，境外上市通道不畅，各方交易者终于绝望，并购重组在此背景下兴起。

PE、VC 通过并购的方式退出，在中国优于 IPO。并购是专业对专业的严厉审视，并购退出的溢价只有 3 倍左右，与通过 IPO 退出动辄几十倍的溢价不可以等量齐观，因 IPO 有二级市场的傻钱托盘。并购双方较为理性，交易双方秉着为自己钱财负责的认真态度进行全面尽职调查。市场反映也接近正常，绝少愤怒与谩骂，百度十几亿美元收购 91 无线，没有人会说三道四，反而对智能时代的产业路径兴趣浓厚，密切关注新一代大鳄们的产业链布局，以便寻找到投资方向。

中国企业已经通过国际并购的方式尝到了甜头。以华为、中兴、中联重科、吉利等为首的企业，开启了机械制造行业以并购方式学习国际市场经验的先河。

并购重组要警惕失信与行政拉郎配这两大顽疾。

信用已得到重视。为了促进并购重组放松管制，从今年 10 月 8 日起，并购重组项目实行分道审核制。根据证监会新闻发言人所述，豁免、快速通道的进入条件为沪、深两大证券交易所对上市公司信息披露和规范运作水平的评价为 A 类；证券业协会公布的财务顾问执业质量评价为 A 类，重组项目属于《国务院关于促进企业兼并重组的意见》和工信部等 12 部委《关于加快推进重点行业企业兼并重组的指导意见》确立的九大推进兼并重组重点行业，交易类型属于同行业或上下游并购，不构成借壳上市。

放松管制的前提是建立诚信纪录，只要公司信息披露合规，不涉嫌欺诈与内幕交易，只要有利于实体企业打通上下游产业链，监管者乐得放手，投资者有决策的权利，也有犯糊涂的权利。

并购重组的舞台不能让骗子成为主角，严厉的信用规范必不可少。证监会在信用建设方面动了真格。目前我国证券市场的非信用、非信托文化，导致退市制度迟迟难以出台，任何一家公司退市都会激起购入者最强烈的抗议，A 股市场累积的僵尸上市公司越来越多。

并购重组从理论上看是收拾残局的过程，但在国人手中已经沦为圈钱工具。在北美市场借壳的中资企业集体遭遇滑铁卢，信用失尽。上不了市的企业纷纷瞄准借壳捷径，目前的并购市场是拥有上市公司壳资源的人的盛宴，僵尸上市公司长期不腐，比白骨精变身美女还受欢迎，市场一壳难求，干净的小公司之壳更是踏破铁鞋无觅处，一个僵死的上市公司壳价就值 10 亿，三四年价格翻番。僵尸公司的壳资源越值钱，市场就越难建立起信用与回报文化。借壳上市是市场行为，但鉴于造假多如牛毛，对于借壳上市的失信者应实行一票否决制，以断觊觎。

等而下之的是利用资产重组操纵股价，进行利益输送，如果信息披露合规、没有内幕交易，对于这些油头滑脑、精明至极的投机家，还真抓不住什么把柄，这也许是初级市场必须付出的代价。

最可怕的是政府主导企业并购重组、做大而不做强，以成为世界 500 强为荣，对资本回报率不屑一顾。这种套路在做大城市、扩张大学等方面都有所反映，反正是越大越好，恨不得组成中国大学、中国有色金属行业、中国房地产行业超级托拉斯。此风盛行之下，低效的大企业并购小而美的企业，这在央企方面反映得格外明显，企业的市场效率被掏空。总有一天，我们会发现，大不等于美，大有时等同于丑，而这种丑是无法拯救的、不可逆的丑。并购重组过程中政府不应该顺从此类意志，实施逆淘汰。

作为初级证券市场，在信用方面刚找到了“北”，不能被更大的行政石头绊住脚，市场的规律不可抗拒。（2013 年 10 月 9 日）

股市为什么如此令人担忧?

11 月 13 日，股市以下跌显示自己的担心。

收盘时，沪综指跌 1.83%，报 2087.94 点，跌 38.83 点；深成指跌 2.03%，报 8111.00 点，跌 168.31 点；创业板跌 1.32%，报 1212.08 点，跌 16.27 点。全会公报着墨甚少的金融，板块大幅下挫 3.01%，资源类股不遑多让，石油行业下挫 3.89%，供水供气下挫 3.78%，电力行业下挫 3.12%。

高负债企业在时间的摧残下显示出真面目，停止 IPO 的后果之一，是让已上市企业有了更大的再融资空间。

截至 11 月 12 日，两市有 404 家上市公司发布了定向增发预案，拟募集资金高达 8072.5 亿元。其中，自 10 月 8 日实行并购重组审核分道制以来，沪深两市已有 68 家公司公布定向增发预案及进展情况，拟融资金额就达 1296.69 亿元。有 23 家上市公司实施了定向增发预案，募集资金总额为 197.81 亿元。实际募集资金总额超过 100 亿元的有三家，分别是深圳能源（103.94 亿元）、云天化（137.48 亿元）和兴业银行（236.71 亿元）。在发布定向增发预案的上市公司中，预计募集金额超过 100 亿元的有 7 家，其中融资额最大的是烧钱王京东方 A，高达 460 亿元。

暂停 IPO 的目的，一是为改革腾出空间，二是休养生息。现在改革正在进行，一群巨鳄在货币的浅池子里就能掀出惊天巨浪。地球人简直无法阻止巨鳄融资的饕餮胃口。

根据银监会 11 月 13 日公布的数据，截至 9 月末，银行业金融机构的总资产为 146.99 万亿元，同比增长 14.35%；总负债为 137.24 万亿元，同比增长 14.09%。从数据看，银行风险可控，不良率上升的同时，利润也在上升。今年前三季度，银行业净利润达到 1.1216 万亿元，较去年同期增加 1406 亿元，净利润同比增加约 14.3%。但银行的风险在上升，三季度净息差高达 2.63% 的年内最高值，但同季净利润环比减少 148 亿元，资产利润率、资本利润率也在下降。

不可忽视的是，截至前三季度末，银行不良贷款余额升至 5636 亿元，较二季度末增加了 241 亿元，不良贷款率也较二季度末微增 0.01 个百分点。如果改革放松金融管制，放开互联网金融，可以预料一些资本充足率不足、没有特色的中小商业银行日子会更加难过。一些等不及 A 股 IPO 开闸的银行赴香港上市，如近期重庆银行与徽商银行在港上市。可以预料的是，虽然金融业不会更差，但惊喜也不多。

创业板的再融资可能紧随其后。创业板共有上市公司 355 家，首发融资 2310 亿元；创业板经过几轮疯狂炒作，在批量制造出亿万富翁后，大部分公司超募的板块，居然出现了再融资需求。截至今年上半年，355 家创业板公司中，现金及现金等价物为负的已有 303 家，占比超过了 80%。另外，14 家企业的募集资金已使用完毕，64 家使用比例超过 80%。相比之下，截至今年上半年，355 家创业板公司仅有 7 家通过非公开发行公司债的方式融资 19.8 亿元。创业板走上了同样的圈钱、再圈钱之路。

另有来自大智慧的报道称，房地产上市公司再融资审批操作层面已经展开。截至目前，公司 38 家 A 股上市房企发布再融资预案，或因重大事项停牌。已公布再融资预案的房企合计再融资规模达 707.16 亿元。

周期性行业处于低谷，需要再融资，如航运、机械制造业等行业；医药、电子等高科技企业由于研发成本高，股市类似于风投，需要再融资；房地产企业由于土地等成本价格居高不下，需要再融资。而通讯行业正在向 4G 进军，几千亿的大投资，是否也需要再融资呢？

目前稳健的货币政策，对于高负债、高投资的经济体，实际上就是紧缩，借贷成本上升对高负债企业雪上加霜。资金短缺在债券市场已经有了充分反映，债券价格大跌、收益率大涨，导致一些高信用级别的债券都无法平价发行。11 月 13 日，剩余期限为 9.5260 年的“13 附息国债

11”收益率最高成交于 4.5%，刷新了自 2008 年 6 月以来的高位，今年以来，指标 10 年国债收益率已上行超过 100 个基点。同一天，财政部招标续发的 7 年国债中标收益率为 4.4515%，创下 2004 年 11 月以来的新高。连国债尚且如此，地方债、企业债等价格可想而知，惨不忍睹。

不仅内地股市，香港市场空头开始猎杀多头。11 月 13 日，恒生指数报收于 22463.83 点，跌 437.58 点，跌幅 1.91%，创下逾两个月以来的新低。分类指数几乎与内地相同，金融跌 2.94%，天然能源跌 1.82%，成份股几乎“全军覆没”。空方已经开始杀牛行动，22600 点至 22200 点之间对应恒指期货多头张为 5500 张，早盘已经杀死 22600 点的牛证对应恒指期货 1583 张。

股市的下挫，缘于方向不明下的各自解读，稳健货币下的利率提升以及企业低利润下的融资大胃口。

改革阵痛还在持续，此时如果没有定力，如果偏离市场、公平与法治的框架，则阵痛将成为沉没成本。（2013 年 11 月 14 日）

逼空，逼空，还是逼空

中国证券市场的镀金时代，重复了美国 20 世纪初的混乱和轻狂，投资者从各个角落发出对于操纵市场的指责。

12 月 20 日，A 股市场再现离奇景观。

当天银行板块大跌 3.54%，中信银行和建设银行收盘前三分钟触及跌停，中信银行收跌 8.67%，建设银行收跌 6.16%，交通银行收跌 4.46%，临近收盘一度跌到跌停价附近。三一重工、包钢稀土等一度被砸到跌停，伊利股份一度触及涨停，收盘上涨 6.06%。

22 日，上交所微博公布初步调查结果："因境外指数机构以沪深市场为取样范围所编制的指数成份股和权重分布调整，12 月 20 日个别 QFII 跟踪指数进行调仓，导致建设银行、中信银行、交通银行和伊利股份等相关股票尾盘异动。本所将对涉及本所市场的相关股票交易情况进行进一步核查。"结果是，因为 QFII 调仓，导致股市大跌。

12 月 20 日，是新华富时 A50 指数调仓日，也是沪深 300 指数 IF1312 合约的交割日。

新华富时调仓是 A 股市场异动的借口，是做空者肆无忌惮的狂欢。

截至 12 月 20 日，沪指连续 9 个交易日下跌，重演 1994 年 11 月 30 日到 12 月 12 日一幕，说明股市信心疲软至极。最近的新股发行、国有企业提高证券化率、银行间一周两周拆借利率创出年内次高，都是压在不堪重负的骆驼背上的沉重稻草。

根据大智慧通讯社报道，早在 12 月 3 日，新华富时中国 A50 指数就公告对指数成分股进行四季度调整，调入上港集团、伊利股份、苏宁云商和美的集团，调出中煤能源、包钢稀土、三一重工、洋河股份，调整将在 12 月 20 日收盘后生效。调入的 4 只股票在 12 月 20 日的涨幅分别高达 7.86%、6.06%、5.54% 与 3.79%。当天指数基金调仓，引发连锁效应，但最后一刻大砸银行股让人匪夷所思，建设银行、中信银行等并不在此次调整之列。权重也没有发生太大变化，上周五异动的主角中信银行和建设银行的权重分别是 0.86% 和 1.79%，与三季度的 0.87% 和 1.79% 相比，没有明显变化。

有 QFII 部门人士表示疑惑，QFII 部门下达交易指令一般会将总交易量根据具体算法进行分拆藏单，避免对市场造成过大冲击，正常情况下 QFII 不会在尾盘做出如此举动，除非出现异常情况。在异常情况下，疯狂的投机者以末日情绪大剪羊毛。

境内期指诞生前，屡次出现新华富时交割日魔咒，如 A 股历史上有名的 2007 年的"2・27""5・30""6・28"暴跌都与新华富时 A50 指数期货远期合约到期交割日吻合，利用政策利空的契机，在境内外同步，境内外抛股，获得期指收益。交割价格为最后两小时的算术平均价，还是收盘价作为结算价，在最后股价大挫时，无关获利大局。

境内期指诞生，可以双向获利。做空 IF1312 的投资者收获最后的羊毛，截至 12 月 20 日的一周，股指期货空头主导了整个交割周，一涨四跌，全周大跌 113.6 点，跌幅达 4.71%。到上周五交割日，做空势力摧枯拉朽，开盘交割合约 IF1312 持仓 30785 手，空头在交割合约 IF1312 上盈利近 20%。境内外同步做空者，就可以获得双倍收益。清查做空机构并不难，20 号的期指交易、现货交易明细在册，一查便知。

由于股市信心极弱、流通性极差，不多的资金就可以影响市场走向。从 8 月的光大“乌龙指”事件可见，在弱势阶段，在电脑自动交易时代，只要有 20 亿左右就可以撬动 16 只超级权重股，机构还可以获得次日交易日之前结清头寸的无息融资超级待遇。

数据显示，在集合竞价阶段，建行被一笔 900 万元出货大单瞬时砸到 3.8 元跌停板上，并瞬时成交 885.4 万元。可见，在 20 日的股市大挫中，不需要动用过多的资金，就可以获得相同的做空效果。

现在市场进入逼空时代，无论专家怎么唱多，无论政策怎么安抚，市场对做空者的奖赏，反映了市场对于上市公司赢利、诚信、政策的真实判断，而期指双向套利、跨境套利、杠杆使用，放大了做空者的奖金。（2013 年 12 月 25 日）

新国九条是逆转之基

股市疲软至极，新国九条到来。

这不是针对指数的强心针，而是从根本上改变激励机制、从根本上提振投资者信心的强心针。

国九条的第一句话就是，中小投资者是我国现阶段资本市场的主要参与群体，但处于信息弱势地位，抗风险能力和自我保护能力较弱，合法权益容易受到侵害。维护中小投资者合法权益是证券期货监管工作的重中之重，关系广大人民群众切身利益，是资本市场持续健康发展的基础。这句话与中国证监会官网首页“保护投资者利益，是我们工作的重中之重”相呼应。

保护投资者并非中国股票市场的初期共识。成立股票市场之初，扩大直接融资服务企业就是股票市场的主要任务，规则的制订不是从公平出发，而是从服务于融资者的角度出发，无论是股权分配、分红还是投票权，给予融资者无限量优惠，结果水落石出，不仅没有如愿培养出有国际竞争力的上市公司，还让这些“权贵少爷公司”在厚待中越来越不会遵守信用。

新国九条标志着新底线共识的形成，没有公平的市场，没有诚信的市场，没有统一的相对公平的游戏规则，股票市场容量再大也是纸老虎，三到五年就会露出原形，要靠停止发股挽救僵局。

有很多人担心，此次新国九条刺激市场，最终也是为了融资服务，为 2014 年的 IPO 铺路。但即使如此，决策层也认识到了公平的诚信的市场，才是有效的市场，就算是为融资服务，也必须建立保护投资者的机制。

新国九条不是纸老虎，有实质内容。

实质内容之一，中小投资者有用手投票的权利。

建立中小投资者单独计票机制。上市公司股东大会审议影响中小投资者利益的重大事项时，对中小投资者表决应当单独计票。单独计票结果应当及时公开披露，并报送证券监管部门。引导上市公司股东大会全面采用网络投票方式。积极推行累积投票制选举董事、监事。上市公司不得对征集投票权提出最低持股比例限制。完善上市公司股东大会投票表决第三方见证制度。

降低投票成本、采用网络投票体现出对股东投票权的尊重。一些上市公司为投票设置种种障碍，必须到现场投票，时间段的设置刁钻古怪，明显提升小股东投票门槛。

在涉及影响小股东权益的重大事项时，给予中小投资者表决单独计票，相当于部分恢复公众投资者类别表决机制。在股改时期，类别表决制起到了凝聚民意、加快改革的作用。2005、2006 年，许多再融资议案被中小投资者否决，中小投资者在股改过程中因为类别表决获得了应有的权益。在一股独大、资源向大股东倾斜的市场，在中小投资者散户居多的市场，类别表决制有不可取代的重要作用，是反映中小投资者意愿的高效、公平而民主的渠道。

未来可以向机构投资者倾斜，减少散户数量，但目前投资机构激励机制错位、老鼠仓频出，机构取代散户是不现实的。

实质内容之二，建立对中小投资者的赔偿机制。

督促违规或者涉案当事人主动赔偿投资者。对上市公司违法行为负有责任的控股股东及实际控制人，应当主动、依法将其持有的公司股权及其他资产用于赔偿中小投资者。因招股说明书虚假记载、误导性陈述或者重大遗漏致使投资者遭受损失的，责任主体须依法赔偿投资者，中介机构也应当承担相应责任。基金管理人、托管人等未能履行勤勉尽责义务造成基金份额持有人财产损失的，应当依法赔偿。可以想象，未来类似于万福生科的快速补偿、和解机制将成为重要的保护举措，打官司一打五年，最后分文难收的情况将有根本性改观。赔偿、补偿机制加上快速的司法救济途径，股票市场的投资者将有钢铁围墙般的保护。

实质内容之三，建立诚信制度。

宽进严管，不仅是修订公司法注册制度时的主导思想，也是股票市场改革的宗旨之一。细节证明了信用制度的重要，如对不履行分红承诺的上市公司，要记入诚信档案，未达到整改要求的不得进行再融资。上市公司信口开河影响股价，列入诚信黑名单，与再融资等挂钩，将成为治理操纵的一帖良药。

新国九条是基础建设之始，是制度逆转之基。也许不会很快让股市摆脱低迷，不可能让以往的圈钱后遗症一夜之间消失无踪，但有了新国九条，市场才能摆脱被异化的命运，成为独立的主体。尊重市场，不会落空。（2013 年 12 月 30 日）

【IPO 之痛】

IPO 打假风暴

证监会掀起史上未有的在审企业打假风暴。

具体步骤如下，首次公开发行在审企业与中介机构进行自查，而后由证监会抽查。司空见惯的财务专项检查被市场关注，人们将此视作测量证监会打假决心的试金石，证监会官员的表态与严密的步骤显示，他们不愿意此次树立信用的行为被玷污——结果如何，是既得利益派获胜还是改革派获胜，让我们拭目以待。

证监会直击核心的理念与举措值得鼓掌。

证监会显示他们基于信用上的监管理念是正确的。中国证监会发布《关于做好首次公开发行股票公司 2012 年度财务报告专项检查工作的通知》（以下简称《通知》），有关部门负责人指出，审核以信息披露为中心，其基础与核心是狠抓信息披露的真实性、客观性和准确性，要能反映企业的本来面貌。信用是金融市场的基础，财务数据造假谈不上信用二字，围绕造假公司的高定价都是欺诈。

目前一系列行动均剑指发行市场一直被诟病的财务信息失真、虚假及欺诈发行上市。严惩失信，从严惩造假上市开始。

此举可以起到一石数鸟的作用。

首先，从现实作用上说，排队等待上市的 882 家公司通过财务筛选，数量可能减少一半（如果财务检查落到实处，可能减少更多），疏通巨大的上市堰塞湖。

其次，严惩造假上市，可以减少上市新政的反对者。任何改革者都是孤单的，需要巨大的勇气。证监会所属报刊连篇累牍对造假公司开火，地方政府不仅袖手旁观，反而在力保壳资源、拒绝法律惩处方面起到了巨大的作用。一些涉嫌造假上市、业绩变脸的公司，原始限售股东早已抱着大笔套现资金逃之夭夭；而国美电器小股东维权悲剧显示，希望法律救济以巨额民事赔偿金来严惩造假，在目前还是一场梦。

第三，培养公司与机构自律，检查市场信用情况，为上市从核准制到注册制的市场化改革铺平道路。

与其他改革一样，股票市场改革受强大的既得利益阶层掣肘，举步维艰。尤其是在退市制度方面，雷声大雨点小、退市少复活多：利益链条上的人对于维持壳资源溢价有巨大的动力，在长期扭曲的市场下，无法排除某些监管者的利益动机。另一方面，仍然沉浸于重组股中的投资者，成为退市制度的巨大障碍，彻底取消重组又不现实，在种种掣肘之下，我们看到退市制度推出后，真正重拳出击的是造假上市——还未形成壳，谈不上壳资源，把风险扼杀在摇篮里，阻碍要小得多。

检查风暴是严厉而具专业力量的，业内人士无不小心警惕。首先是企业、中介机构自查，而后是监管者抽查，证监会将成立 15 个小组，选择 20 至 50 家在审企业进行重点抽查。证监会的《通知》要求首发公司及相关中介机构严把信息披露质量，坚决遏制虚假信息披露行为。检查中发现存在严重执业质量问题的，将转相关监管部门依法处理；发现财务造假、利润操纵等明确线索的，将转稽查部门做进一步调查；涉嫌犯罪的，将依法移送司法机关，追究刑事责任。发行人不配合中介机构实施核查，提供虚假财务资料的，一经初步查实，将依法移送立案稽查。

终止上市还是小事，可怕的是上了证监会的信用黑名单，专业前景毁于一旦。中国证券行业如履薄冰，如果真能树立上市信披准则，将能垂范于未来市场。A 股市场不缺规则，缺的是执行力。

此次风暴充满行政色彩，笔者不相信 15 个小组的重点抽查行为可以持续，因为人力物力均不允许。虽然打击造假总比不打击好，但是持续打击造假需要制度支撑，需要市场力量的支持，否则打击造假上市成为走过场的运动。市场价值核心不会改变，造假者在蛰伏过冬后，重新茁壮，更可怕的是，那些制度性造假、特批上市的企业，堂而皇之登堂入室。

美国如何对付造假？媒体与做空者、监管者随时监督股价异动，一旦发现内幕交易获利之机，造假者与做空者形成互相钳制的生态链；掌握信息造假或者内幕交易证据后，监管者严惩，动辄百万美元甚至数亿美元的和解费让造假者心惊；保护投资者为主的集体诉讼民事赔偿机制，天价赔偿让输得倾家荡产的造假者终生难忘。

中国台湾如何做？先上柜交易而后上市，大陆已经在学习这一做法，做大新三板市场，这个巨大的蓄水池可以容纳数万家企业，监管层鼓励企业进入新三板，符合条件的企业进行转板。新三板没有溢价、交易平淡，造假上市亟需资金的企业会脱去油彩露出真相，对此企业很不情愿，他们宁愿等待漫长的上市也不愿意入新三板——不过，也许很快，他们必须到新三板接受考验。

对做空者、大众与专业机构同时进行监督，对违规者进行严惩，保护投资者的民事赔偿制，加上新三板的考验，有这几道坎，能够上市的公司造假概率极低。（2013 年 1 月 11 日）

投资者为什么既怕 IPO，又怕再融资？

一个怪圈是，投资者既怕IPO，又怕再融资。其背后实质是，怕圈钱。

严厉的审核无法起到作用，A 股市场的 IPO 审核与再融资审核可算严厉，依然难免绿大地与万福生科这样的闹剧。

在 IPO 暂停后，巨量再融资进入投资者视野。一则广为流传的报道是，据巨丰投顾统计，截至目前，今年 4 个月 A 股市场再融资规模已经突破 2500 亿元。以去年中小企业 IPO 平均每家 5 亿的融资额来算，2500 亿的再融资相当于 500 家中小企业 IPO 的融资规模。投资者继续愤怒于已上市公司不断圈钱，加剧了 A 股的低迷。

圈钱如同接力赛。IPO 上市通过价差掘得第一桶金，通过不断再融资获得第二桶金，通过解禁、大宗交易等获得第三桶金，如此挖掘下去，普通投资者连残羹剩饭也吃不上。

由于 IPO 不景气，再融资集中爆发，暂停 IPO 给了已上市公司吃独食的机会，投资者恐怕连哭的机会都没有。2011 年，A 股市场 IPO 筹资 2825.07 亿元，当年共有 179 家上市公司完成定增，募集资金高达 4368.5 亿元，总规模超过 IPO 募资规模逾五成。2012 年，A 股市场共融资 6323.11 亿元。其中，155 家公司 IPO 融资 1060.39 亿元；273 家上市公司再融资 5262.72 亿元，后者规模将近前者的 5 倍。

3 月份，共有 168 家公司合计减持 10.91 亿股，套现 105.84 亿元，减持金额创新高。继 1 月份 221 家公司减持 11.13 亿股，套现市值 96.90 亿元后，产业资本再度疯狂套现。在第一季度，A 股市场解禁规模约为 4112 亿元，每月解禁额约 1400 亿元。据统计，2013 年 A 股市场解禁数量为 4406.25 亿股，是 2012 年 1515.96 亿股的 2.9 倍。产业资本对于市场的预期变差，开始通过大宗交易平台无溢价套现。

任何正常的市场，投资者都不会害怕上市与融资，而是视其为寻找优质资源的机会。上市、融资与否是企业根据发展现状的自主选择，有可能成功，有可能失败，由市场投资主体判断给予定价。一个股票市场居然害怕 IPO 与再融资，只有三种可能：上市公司多数不值得信任；投资者多数非理性，试图以巨量货币搅动少数上市公司收获红利；或者，两者兼而有之。

面对圈钱盛况，投资者希望监管层加强监管，如果不能给投资者带来收益，就否决再融资议案。

这是自缚手脚的做法。A 股市场 IPO 设立道道关卡，收效不大，不得不以财务大抽查这样成本极高的方式来扼制圈钱冲动。再融资同样如此，从公司资质审核，到过程审核、用途审核，把关不可谓不严，即使如此，也没有抵挡住成飞集成把 2.5 亿的闲置资金投资理财产品，还在今年 1 月抛出 1.67 亿元的再融资计划。

呼吁加强行政审批的投资者陷入巨大的悖论，一个最市场化的投资市场却在呼吁行政力量强有力的回归，对监管层顶层设计深度不满却呼吁监管者更深地介入市场——A 股市场恐怕是行政力量最强大的市场。

严厉的审批不可能阻挡造假者的步伐，相反还要付出寻租的租金上升的成本，严厉的审批也没有让资金的使用更有效率，反而使进入市场者免除了被除名的后顾之忧。

中国股票市场改革千头万绪，所有的改革必须围绕金融市场的根本，也即重塑信用体制。任何一项政策，都无法抵挡失信者的入侵，当失信者占据了市场的大半壁江山之后，所有的严厉政策都会形同虚设。你可以阻挡一个财富劫掠者，但你永远无法阻挡源源不断的财富窥伺者。在失信成风却得不到处罚的金融货币市场，投资者手中的财富不过是暂时替劫掠者保管而已。

与其暂停 IPO，还不如建立严厉的惩罚机制，对于造假上市者绝不姑息，以严刑峻法杜绝后患。与其呼吁严厉监管再融资，还不如严厉惩罚货不对板的再融资公司，取消这些公司的融资权，或者造假一次提高融资成本，直到造假的成本高到还不如不融资。

单纯依靠行政审批无法杜绝无所不在的漏洞，以及处处投机圈钱的胃口，断绝 IPO 与再融资的提案是极端的，相当于对整个股票市场投下不信任票，按此逻辑再进一步，A 股市场还有什么存在的必要？股票市场的虚无主义可以视作长期积累的负面心理大发作，但虚无主义不会让市场振作，只会让中国的金融信用陷入与邻为壑的深渊。

据说有 IPO 撤单的公司董事长，自掏腰包 2000 万上市却壮志未酬，潸然泪下。让造假者哭去吧，他们早该哭了。（2013 年 4 月 18 日）

创业板 IPO 快开闸吧

恢复 IPO 如箭在弦。

各方没有耐心等到股市真正好转的那天，拟上市公司、投行、投资者、被再融资逼得走投无路的上市公司、希望增加直接融资比例的决策者，合作为 IPO 开闸。答案是，此次 IPO 暂停的时间不可能打破历史纪录。

IPO 开闸是倒逼的结果，廉价奶被断的企业嗷嗷待哺，加上宏观经济数据不佳，改革空间有限，父母官们难以忍受，尽快开闸可以停止让人烦恼的哭泣，说不定还可以培育出新的经济增长点。

7 月 15 日，国务院副总理马凯在全国小微企业金融服务经验交流电视电话会议上明确要求，证监会适当放宽创业板对创新型、成长型企业的财务准入标准，尽快开启创业板上市小微企业再融资，推进中小企业股份转让系统试点向全国延伸，完善股权投资退出机制。以风险投资引导，从新三板到创业板，将成为未来创新型小微企业的重要融资通道。

IPO 确实应该开闸，暂停 IPO 从来没有起到过治根效果。到目前为止的 8 次 IPO 暂停，相当于股市 8 次休克，治疗休克的办法是打强心针，股市复活、货币增加后，首先上市者成为稳获高溢价的幸运儿。IPO 公平市场定价必须的信息准确、责权利边界、上市退市机制、大股东溢价与投资者折价，至今尚未理顺。虽然监管部门进行财务大抽查，虽然万福生科的投资者得到了前所未有的赔偿，虽然未尽责的券商被降级，但这些是特例，在巨大的融资压力、圈钱文化、造假链条面前，股票监管部门胳膊拧不过大腿。

既然如此，不如降低创业板门槛，让更多的企业上市，以降低租金的租值。同时增加创业板上市公司，可以减少一级市场溢价，同时真正体现创业板低门槛、高退出的特点，让创业板名符其实。

创业板逼近历史高位。7 月 16 日，创业板盘中摸高 1153.07 点，创下两年半以来的新高，离 2010 年 10 月 20 日的最高点不足百点。当天报收 1143.19 点，以阳十字星收盘，连续 6 个交易日收阳。虽然 7 月 17 日创业板指数收于 1129.48 点，但从去年年底的 500 多点起步，已经收复失地。

创业板连续上涨被认为是投资者对创新型企业的追逐，反映了中国经济的未来增长点。这当然有一定的根据，但绝不是最重要的原因。在货币去杠杆、经济周期下行的大背景下，炒小、炒新、炒概念在创业板体现到极致，而非真正的业绩支撑。

来看中报，截至 7 月 17 日，在 352 份创业板预告（剔除 3 家已发布中报或快报的公司）中，41 家公司的上半年净利润预增，133 家略增，5 家扭亏，19 家续盈，91 家略减，40 家预减，5 家续亏，18 家首亏，创最差首亏纪录。以业绩上限来计算，上半年创业板实现净利润约 133.20 亿元，较去年同期 119.02 亿元增长 11.91%；以下限计算，净利润约 113.14 亿元，同比下滑 4.94%。中小板（不包括山西证券和西部证券）整体业绩上限增速为 23.37%，下限增速为 −4.17%，两项数值均好于创业板。但相比创业板指数上涨 60.14%，中小板指数只上涨了 15.24%。

不仅如此，创业板强者愈强，财富大量集中到少数公司。据财富创业板网站数据，创业板“百亿市值俱乐部”的年内平均涨幅达到 123.27%，其中掌趣科技、东方财富、乐视网以及和佳股份 4 只个股涨幅更超过 200%；总市值低于 20 亿元的 158 只个股，平均涨幅只有 8.87%。投资者把眼光投向卡位智能、网络、文娱等公司。即使这些企业确实存在空间，也存在并购失误、核心技术依赖、版权成本上升等问题。

指数飙升、财富集中导致套现风起。据 Wind 数据，今年上半年 206 家创业板公司被重要股东净减持，占创业板比重 67.54%，155.87 亿元的净减持额同比大增 3 倍。减持王智飞生物，公司副董事長吴冠江和董秘余农等套现金额 6.96 亿元。创业板这么涨下去，财富这么聚集下去，对其他的创新企业不公平、不厚道。这些富翁衣食无忧，公司无退市之虞，还可以稳坐大股东之位，套现之后还可以再融资，还用得着去创新吗？

新三板赶紧实际运作尽快放开转板指标，创业板快开闸，否则不公平的旧疾未尽，又添上娇生惯养的新病，创业之血就被抽尽了。（2013 年 7 月 28 日）

希望这是最后一次暂停 IPO

到 11 月 2 日，A 股市场 IPO 已暂停一年。一年的暂停结果，与以往的七次暂停一样，只是暂停 IPO“休渔”，并不是恢复 A 股市场生态的治本之策。

A 股市场信心没有好转。11 月 1 日，沪综指报收于 2149.56 点，相比去年的 11 月 2 日上升 1.53%，市场处于弱势震荡格局的基本趋势没有变。如果去除通胀因素的影响，数据将更加难看。

A 股市场的套现与融资同样没有发生改变。上市公司的资金饥渴症没有缓解，一年时间，A 股上市公司计划与实际募得资金约 2.45 万亿元，其中 1.44 万亿元通过债券市场募集。

受益最大的是创业板，其次是中小板，银行间拆借利率显示资金并不宽裕，加上创业板暗含经济转型与高科技概念，使创业板与中小板成为机会丛集的市场。年初，创业板指数 717.30 点，10 月 10 日最高到 1423.96 点，上涨达到 98.52%。不仅如此，创业板的套现能力让人刮目相看，登陆 4 年，共有 284 家创业板公司遭到重要股东的减持，总计减持金额达到 482.6 亿元，近一年来的减持金额就占了 303.6 亿元，可见这一年的时间内创业板热得发烫。暂停 IPO 与利率的提升，加重了中小盘股在市场上的权重，这才会出现大盘股熊冠全球、创业板指数牛冠全球的现象。

资金在创业板的狂欢没有造就中国的纳斯达克，而是大涨大跌。10 月份创业板指数大跌 9.68%，摆脱了概念的投资者，开始关注全部 355 家创业板公司，三季报净利润同比增长约 5%，低于市场预期，无法支撑如此之高的市盈率。如果情况不发生改变，在创业板指数寻底之后，一波新的炒作将酝酿而生。

不暂停 IPO，市场的信心会更糟；但暂停 IPO，并没有解决制度性弊端。应以暂停 IPO 作为成本，尽快建立底线游戏规则，才能避免竭泽而渔，保障永远有鱼吃。

微妙的变化正在发生，这些变化是根本性变革释放出的气息。

上市公司披露信息的准确，成为重中之重。定价归市场，信息真假归监管，对造假与内幕交易的惩处将更加严厉，并购重组的重要性可能高于 IPO。万福生科快速赔偿、山西天能未能成功上市，其造假遭曝光与惩罚，这些行之有效的举措在这一年内出台。保护中小投资者逐渐不是虚言，如肖钢先生所说，建立控股股东、实际控制人背信违约民事赔偿制度，使那些在发行融资、并购重组中作出公开承诺，事后却不履行、逃避责任的控股股东付出失信成本。

造假者现形。时间是企业照妖镜，无论是做高赢利的，还是不顾费用在营销上拼命一搏的企业，有很多在三年预备期，以及一年的暂停 IPO 的时间考验中，败下阵来。暂停 IPO 与 IPO 申报企业的审核，受创最深的也是中小盘股。证监会的数据显示，截至 10 月 24 日，沪深两市今年终止审查的拟上市企业总数激增至 280 家，比去年全年的 64 家大幅上升了 216 家，增幅 338%。今年以来宣布终止上市的 280 家拟上市企业中，沪深两市（含中小企业板）和创业板家数分别为 143 家和 137 家。就占比而言，创业板终止上市企业已占据近“半壁江山”，达 49.00%。可以看出，创业板的机会与风险完全成正比，而中小公司的信披质量让人堪忧。

风投业务经历一轮大洗牌，全民风投的日子一去不复返。由于暂停 IPO，风投行业大缩水，券商投行业务大幅下降。根据 Wind 数据统计，19 家上市券商今年前三季度合计实现营业收入 580.27 亿元，同比增长 23.43%；净利润 198.42 亿元，同比增长 35.43%。在其他多项业务实现增长的同时，上市券商前三季证券承销业务净收入仅为 32.34 亿元，同比减少 42.27%。闭着眼睛进行风投、投机式的 Pre–IPO 无路可去，并购等方式成为退出的重要渠道，动辄几十倍的收入，没有了。连券商本身，都出现了惨烈的并购案例。

现在，券商紧紧盯住创新业务，债券、定向增发、撮合交易等领域成为重点区域，而融资融券业务大幅上升。Wind 统计数据显示，截至 10 月 30 日，两市的融资融券余额已经达到了 3148.25 亿元，其中融资余额为 3110.97 亿元，融券余额则为 37.28 亿元，大券商一年坐收几十亿的利润。未来融券如果获得突破，即使投行业务下行，券商也能通过为多空提供弹药，获得生存资本。股民保证金下降，而融资融券上升，全民炒股时代渐趋终结，专业投资者多空博弈时代到来。

与以往暂停 IPO 不同，这一年基础建设继续进行，经典案例层出不穷，时间没有白过。

守住底线，严惩失信，严惩内幕交易，最终过度到减少重要股东低成本套现空间。希望这是最后一次暂停 IPO，如果如此，说明市场还有回转余地。（2013 年 11 月 2 日）

【乌龙指真相】

光大证券“8·16”丑闻不可原谅

不严惩光大证券，中国证券市场的信用将从十七层地狱打入十八层地狱。

8 月 18 日下午，证监会对业已成为全球投资市场漩涡的“乌龙指”发表了调查结论，光大证券也公布了调查结果。除了说真话之外，结果并不令人满意，成为一笔光大证券关起门来进行内部整改就可解决的糊涂账。此事件之严重，可与“3·27”国债事件相提并论。

迄今得出的结论，有三大问题没有解决，每一个问题都是抽向证券市场信用的一记耳光。

第一，光大证券内部内控系统出现如此严重的失误，居然能够顺利进行信用交易。证券交易系统整体的风控系统如此滞后，未来是否会出现更加严重的错误？ 8000 万元交易额度瞬间上升，70 亿元居然能够顺利成交，此种信用交易风险之大，很容易让人联想到“3·27”国债事件，令人难以想象。

第二，允许光大证券午后继续以内幕交易的方式挽回损失，继续绞杀投资者。

“乌龙指”事件当天中午，光大证券董秘面对记者询问，信誓旦旦地表示，上述相关传闻说明这些人不了解光大证券严格的风控，不可能存在 70 亿元乌龙情况，这些传闻纯属子虚乌有。事实上，此时各方面已经介入调查，光大证券表态是内幕交易挽回损失的烟幕弹。

光大证券的报告显示，8 月 16 日上午 11 点 07 分，交易员通过系统监控模块发现成交金额异常，同时，接到上海证券交易所的问询电话，迅速批量撤单，并终止套利策略订单生成系统的运行，同时启动核查流程并报告部门领导。为了对冲股票持仓风险，开始卖出股指期货 IF1309 空头合约。截至上午 11 点 30 分收盘，股票成交金额约为 72.7 亿元，累计用于对冲而卖出的股指期货 IF1309 空头合约共 253 张。对上午发生的事件所形成的过大风险敞口，尽量申购成 ETF 直接卖出；对于因 ETF 市场流动性不足而不能通过申购 ETF 卖出的持仓部分，逐步使用股指期货卖出合约做全额对冲。全天用于对冲而新增的股指期货空头合约总计为 7130 张。

直到下午 2 点 22 分，光大证券才发布正式公告，承认套利系统出现问题。而下午 3 点 18 分上交所发布重要公告，称“本所今日交易系统运行正常，已达成的交易将进入正常清算交收环节”。

而中金所中午对媒体的回应是：沪深 300 股指期货交易一切正常，系统运行平稳，12% 的保证金比例足以抵御当前市场波动，没有出现客户爆仓等风险案例。大规模的空仓上演，光大证券利用自身的期货公司大规模抛售 IF1309 合约，下午市场跟风盘众多，金融期货交易所此后没有任何表示，让人吃惊。

可以看出，事件并不复杂，中午大致水落石出，光大证券已经着手补救。令人吃惊的是，在最关键的异常交易发生后光大证券利用内幕信息的补救阶段，没有部门向市场发出警告，没有暂停交易，没有取消光大证券的合约，而以若无其事的方式，承认光大证券的补救交易以及被"乌龙指"误导的交易。考虑到下午机构、成熟投资者疯狂做空股指期货的补救行为，可以得出结论，在股票二级市场跟进投资蓝筹股的小散菜鸟们，将成为最大的受害者。

可见，光大证券减少的损失是由市场的菜鸟们弥补的，这是一场赤裸裸的绞杀行为。如果光大证券不付出代价，对此事轻描淡写，中国证券市场的根基会被从根拔起。而涉事者与创设权证似有一定关联，权证对中小投资者的掠夺，绝不能重现于股指期货市场。

第三，对于"乌龙指"交易缺乏程序化的公平处置方式。

在高频交易与程序化交易时代（在美国，程序化交易占股市交易量的 70%），各国不乏"乌龙指"交易。最好的办法是通过风控系统把出现概率降到最低，其次是取消异常交易，最后是让"乌龙指"公司付出惨重代价。

来看美国的案例。美国最大的股票做市商之一骑士资本（Knight Capital）去年 8 月因为技术故障，导致 4.4 亿美元的交易亏损。市场有名的骑士资本如今被高频交易巨头 Getco 收购，首席执行官兼董事会主席托马斯·乔伊斯（Thomas M. Joyce）离职。

光大证券"8·16"事件之所以成为丑闻，原因不在于"乌龙指"，而在于信用特权与内幕掩护下的补救交易。"8·16"事件远未结束。8 月 18 日，证监会新闻发言人表示，上海证监局已决定先行对光大证券采取行政监管措施，暂停相关业务，责成公司整改，进行内部责任追究。同时，证监会决定对光大证券正式立案调查，根据调查结果依法作出严肃处理，及时向社会公布。

希望因光大证券而受损的投资者及时得到足额补偿，希望光大证券因此事大亏，作为骄纵失信的代价。（2013 年 8 月 19 日）

光大证券与中国市场的下一步

金融界有句笑话，称“光大，是不够”的，光大证券印证了这句话。对于金融行业而言，风险控制与赢利能力的重要性高于规模。

“8·16”事件之后，8 月 22 日，光大证券第三届董事会第十四次会议今日审议通过议案，同意接受光大证券总裁徐浩明提出的辞去公司董事、总裁职务的申请，光大证券董事长袁长清将代行公司总裁职责。8 月 23 日下午，证监会新闻发言人公布光大证券异常交易案最新进展，证监会的调查取证工作基本完成，正在移交会内相关部门审理。

徐浩明辞职是好事，希望是“引咎”，开创股票市场责任者引咎辞职的先河。

看待“8·16”事件，必须站在中国资本与货币市场发展的高度来看。光大证券此时出事是好事而不是坏事。

中国金融处于前所未有的市场化改革阶段。从银行业内部来看，银行贷款与存款利率市场化，银行资产证券化，人民币汇率市场化；从整个金融市场来看，决策者大力倡导债券与股权市场直接融资，发展金融期货等虚拟市场。股市本就因投资者信心不足而异常低迷，“8·16”事件在中国资本与货币市场的伤口上撒盐，激起的不信任根深蒂固、难以消除。这一事件将延缓直接融资进程，并且对资产证券化带来负面影响。在信用不彰的市场进行资产证券化，其后果是炸药包的互相传递，构成实质上互相欺诈的庞氏骗局。

金融市场的命脉是风险与信用，通过给风险定价、进行风险交易，找到高效配置的方法。前后两任证监会主席几乎在所有的场合都强调信息全面公开、严惩内幕交易、严惩造假行为。光大证券这两年投行业务一些项目“只荐不保”，股票市场与债券市场“乌龙指”频发，可以说是在市场与监管高压之下积弊的大爆发。此次市场是技术平台对高频程序交易支撑力的挑战，其他证券公司正可引以为戒，在新制度设立的过程中，牢牢把住风险之关。

股票市场的市场化进程，主基调是宽进严出，是取消发审委，是市场化，但在市场化之前各方必须坐下郑重协议，一旦发生造假和失误，将严惩不贷，中国境内股票市场要走的是有信用的市场化之路。“8·16”事件是一面镜子，如果与万福生科事件一样妥善解决，证明股市朝市场化之路迈进了一大步；如果“8·16”事件无法妥善解决，那劝大家放弃市场化幻想，洗洗睡吧，因为没有制约、有特权存在的市场化，是最恶劣的以市场为名的掠夺。

同样应该反省的是交易所。包括笔者在内的诸多人，包括新华网也刊文指出，公司在消息封锁未公告时，大肆建仓期指空单套保，是否涉嫌内幕交易和操纵市场？其时金融期货交易所是否尽到了监管之责？从11：07至14：20左右，市场得知真相为何需要这么久？虽上交所及时将光大证券股票进行停牌，但只是确认了事件主体，并未告知投资者发生了何事。其官方微博“上交所发布”还声明交易所系统运行正常，再度让投资者猜测股票上涨属利好消息刺激。信息披露不力，交易所是否应承担责任？而交易所在8月25日的回应显示，明显对高频交易的突发风险缺乏应对举措，对于内幕信息期的期货对冲交易没有愧疚之心。

交易所是公平的交易场所，发生严重异常必须做出处置，这是交易所的职责所在。如此允许类似于光大证券的补救交易存在，那些未得到信息的普通投资者将成为最终埋单者，而类似的“乌龙指”会恶意地层出不穷，如花几十亿拉抬蓝筹股，而后通过ETF抛售，以股指期货空单对冲风险。这时候，无论是股票现货市场还是期货市场，都会成为普通投资者的绞肉机，不超过两个月，就会让股票市场受到致命打击。“8·16”事件既让我们看清楚了证券高频交易的压力与风控的丧失，也让我们看清楚了交易所应对失措，对异常交易的默认。

高频交易、程式交易未来将成为证券市场常态，降低“乌龙指”发生的概率至关重要，否则，因为触发点位的跟风盘瞬时涌出，小灾变大灾。中国股票市场仍然需要高频交易，交易所以及上级监管者、决策者，必须正视高频交易容易火烧连营的特点，制订出关键的应对举措。

光大证券总裁辞职了，让普通投资者看到了市场的一线希望。接下来是定性与后续处理，这方面有万福生科的处理可以借鉴，以最快的速度建立赔偿基金，尽快地赔偿给受损者，并成为常态机制。希望交易所不要成为衙门，以后遇见这种“乌龙指”交易，可以学习纳斯达克的做法，立刻暂停交易，取消两秒钟的异常交易，或者让交易者付出惨重的经济代价，以免让投资者误以为交易所与“乌龙指”是一丘之貉。（2013 年 8 月 26 日）

令人满意的结果

光大证券“乌龙指”事件有了令人满意的结果，这是中国股票市场公平制度建设的关键一步。

8 月 30 日，证监会新闻发言人表示，证监会认定光大证券的异常交易构成内幕交易、信息误导、违反证券公司内控管理规定等多项违法违规行为，投资者可索赔。证监会决定对光大证券处以罚款 5.23 亿元，对徐浩明等四名相关责任人采取终身禁入证券期货市场的措施。

就高不就低的严厉处罚显示了证监会两年来一以贯之的对内幕交易零容忍的决心，对信息与交易秩序的保护才是资本货币市场的基础。光大事件的处理证明，经过二十多年的发展，决策层终于认识到了股票市场的核心，终于认识到了风险定价与信用定价的价值，中小投资者与机构投资者逐渐有了公平博弈的空间。

事件处罚是合理而适格的，上午由于程序错误造成的“乌龙指”事件没有被认定为市场操纵行为，而此后利用信息不对等的一连串内幕对冲交易，才被认定为内幕交易、信息误导。

值得首肯的是，处理坚持了公平处理的原则，不打击市场创新行为。对上午、下午的交易分别性质分别处理，对内幕信息之后的交易零容忍。对光大证券“乌龙指”的处理不会打击目前机构普遍的高频程序交易，高频程序交易是全球资本与货币市场的发展方向。

8 月 16 日上午光大证券在异常交易事件发生后，交易员根据公司《策略交易部管理制度》中关于“系统故障导致交易异常时应当进行对冲交易”的规则，开始卖空 IF1309 股指期货合约（截至中午休市卖空 235 张），并向部门总经理杨剑波汇报。此为上午对冲行为。这一短时间内的自然行为没有被认定为内幕交易。而到 8 月 16 日 13 时至 14 时 22 分光大证券又再度转换并卖出 50ETF、180ETF 基金以及卖空 IF1309、IF1312 股指期货合约，此为下午对冲行为。下午这部分对冲交易被证监会认定构成内幕交易。

上午的对冲行为没有请示过公司，是交易部门对冲风险的正常反应，并且交易所与监管部门没有相关的规定，但到了下午，请示过公司，明知会严重影响市场，光大证券不及时披露详情，反而利用信息不对称对冲风险，还获得了收益，这是令人难以忍受的内幕交易与市场操纵行为。高频交易和“乌龙指”事件没有恶意，而内幕信息交易的恶意呼之欲出。

相比此前交易所做出的模糊且不公平的回答，证监会的回答十分清楚，对日后相关问题的处理路径同样十分清楚，在光大证券“乌龙指”经典案例的基础上，现货与期货交易部门在“乌龙指”事件发生之后，可以形成明确而规范的处理程序：暂停交易→公开信息→正常交易→关注保证金→启动熔断机制。

严厉的处理加大了发生“乌龙指”事件的风险，各机构将更加重视内控风险，此后“乌龙指”的数量会减少。因为，发生“乌龙指”事件之后，发生方的代价是惨重的，他们必须及时向市场公告，一旦公告之后再进行风险对冲，成本将大幅上升，这样的代价投资机构无法承受。

如光大证券“乌龙指”事件发生后，下午继续买入期指空间对冲风险，但此时市场人士也将大量买入，一张合约的价格有可能大幅上涨 6% 到达熔断价格，此时光大证券想买也难以买入，或者以极高的成本买入。光大证券的低风险对冲成本，事实上是利用内幕交易所构成的低成本，离开内幕交易的护佑，“乌龙指”事件风险将大幅上升。以美国市场的情况，发生如此严重的“乌龙指”事件，230 多亿元的交易额与公司净资产几乎相同，最大的可能就是破产清算或者被并购。一系列公布的信息显示，事件发生后，光大证券篡改系统、推卸责任，毫无信用可言。

光大证券还将付出惨重代价。证监会明确表态，投资者可以依法提起民事诉讼要求赔偿，证监会的行政决定是投资者民事诉讼的敲门砖，几亿的赔偿在所难免。由于光大证券已经有公告，在处理方案出来之前，暂时不卖出股票。而其股指期货交易已经被限制开仓了，但未来可以妥善处理卖出，卖出对冲获益部分刚好成为赔偿基金。

光大证券遭劫，这是内部管理失控造成的。投行业务遭质疑，自营业务停止，没有生财之源，光大证券何去何从？有人认为将被并购，考虑到光大证券的大股东身份，考虑到其他证券公司也需要刮骨疗毒，重创重罚之后给予新生之路，恐怕是大势所趋。

按照法理，严惩光大证券“乌龙指”事件之后的内幕交易，为中国股票市场的上升奠定了一块最厚实的公平制度之砖。一个个的案例将成就中国股票市场的未来辉煌。（2013 年 9 月 2 日）

第五章 CHAPTER 05 | 辉煌时代（2014–2015 再造牛市）

姐姐　今夜我在德令哈
夜色笼罩
姐姐　我今夜只有戈壁

草原尽头我两手空空
悲痛时握不住一颗泪滴
姐姐　今夜我在德令哈
这是雨水中一座荒凉的城

——《日记》海子

2014 年：A 股逆袭　激荡的一年

【小趋势】

2014 年 A 股市场展望

在 2013 年经历了冰火两重天的投资者，在 2014 年还将继续同样的经历。面对如猴子一般上窜下跳的市场，监管层无法找到应对之策。

反映中国宏观经济形势的蓝筹股没有起色，上海股票市场的成交量低于深圳交易所已成常态。大盘股的市盈率、银行股破净可以为上交所成交清淡提供注脚。

国泰君安权益投资部进行了比较，去年第三季度，中国 GDP 同比增长 7.7%，领先于其他市场，法国 GDP 同比增长仅 0.5%；所选取样本公司的加权利润增长，上证为 14.3%，仅次于德国的 19.7%，亦在各个市场中表现优异。但市场表现大相径庭。上证综指 2013 年跌幅 6.75%，排名垫底；日本指数涨幅最大，高达 56.72%，道琼斯、纳斯达克、德国 DAX 指数的涨幅均在 25% 以上；估值方面，所选上证股票平均市盈率为 11.1 倍，平均市净率为 1.5 倍，均大幅低于其他市场，而其中，大市值公司尤其被低估，加权平均市盈率仅为 6.52 倍，市净率为 1.08 倍。

承担主板市场大半壁江山、利润占市场一半左右的银行股，大面积破净。1 月 17 日，银行股破净家数增至 13 家。16 家上市银行的平均市净率不到 1 倍，低于 2005 年上证综指最低的 998 点时，银行板块平均市净率 2.06 倍；2008 年 1664 点时，银行板块的平均市净率为 1.7 倍。从市净率来看，银行股卖价已经降至历史最低位，而且没有企稳迹象。

主板公司包含了主要周期性、金融类大型上市公司，煤炭、钢铁、远洋、航空等屡创新低，这说明靠投资拉动、靠周期性上升的公司已经失去动力。对于银行板块来说，确定的高利润无济于事，不确定的风险才是估值的核心，汇金的增持未能拯救银行股，投资者关心银行不良率到底是多少，还要补充多少资本金，从市场抽多少血。

上交所成交额的低迷，是中国以投资为主的周期性行业低迷的象征，2014 年这些大型上市公司利润不会有大的突破，货币方面不可能大规模注水，加上针对大盘股的股指期货，这根稻草让大盘股不堪重负。

高负债率的上市公司张大嘴嗷嗷待哺，即使有着纸面的高利润也没用：2013 年 10 家银行合计再融资 3482 亿元，2014 年再融资量不可能减少；即使在如此低迷的市况中，陕西煤业减少近六成的发行量，仍然坚持上市募资 40 亿元。信托市场有可能违约的中诚信托就是涉煤信托。唯一让人稍感安慰的是，上证综指再低也低不到哪儿去了。

能够拯救大型上市公司估值的，是着眼于提高效率的根本改革，现在购买大型公司股票的投资者比购买债券还不如，不能参与管理，投票成本高昂，不能进入董事会要求出售低效却高价的资产，甚至，还无权要求分配红利——知道为什么公司纷纷要求上市了吧，一毛不拔却日进斗金。现在，要改革了，如何改细则尚未出台，国有巨无霸资产投资公司已经跃跃欲试，这算好消息吗？看来市场并不认可。

噢，别忘了，去年 A 股市场也有赢家，起码创业板指数创业扳综指累计上涨 74.73%，今年以来继续上涨 7% 以上。市场资金热衷于中小盘股，中小板、创业板成为投资热土、炒作乐园。

这并不奇怪，在赌性浓厚的市场，小盘股就像小笔筹码一样，通常会受到青睐，尤其在市场震荡的情况下。在一些投资者看来，中小板尤其是创业板代表了中国经济的发展方向，无论是 IT 还是高端服务业，都有强劲的概念孕育其中，而需要资金少加上缺乏做空手段，更是为中小盘股加分。

中小板与创业板 2014 年将进入分化与剧烈震荡期，这一市场面临吸血鬼们的考验。

目前准备上市的公司多是中小板与创业板，这没什么不好，但一些公司信用堪忧，强劲的增长动力在上市后就消失得无影无踪，现行制度、投资者文化又无法让吸血鬼们马上退市，绿大地等公司就是最好的注脚。证监会面对的是强有力的抵抗。

信用不彰的市场，没有太好的制度性约束手段，只能靠严刑峻法，提高失信的成本，乌托邦式的市场至上行不通。一些公司在发行过程中显示出肆无忌惮的贪婪，输送利益毫无顾忌——路演过程神神秘秘，主承销商权力极大，定价过程不透明，奥赛康老股转让一次性套现 31.8 亿，大股东一股独大没有改变；《中国基金报》质疑我武生物网下发行内幕：主承销商总经理老同事 100% 中签；而有 VIP 客户一次性中签获配百万股——证监会对此“厚颜”似乎无所防备，震怒之下，派稽查队四处调查。

新华网转载了《理财周报》的报道，指出在新股开闸后短短一周内，五只新股遭遇暂缓发行，57 家机构被要求核查。证监会派出一支 200 人稽查队，调查基金打新。稽查队根据交易所提供的报价数据，查了三天，一共查了 13 个人。

听起来像是敌后武工队，说白了，200 个稽查人员在股票交易的汪洋大海中如沧海一粟。在缺乏规范没有信用的市场，最忌讳的是降低信用风险，上市时老股一次性转让放开低成本套现闸门，主承销商说了算刚好给人情输送提供方便之门，而批发式上市满足了那些造假上市并想赖在市场上不走的企业的欲望。

所以，除非能够有效地增加风险成本，证监会能够对抗如铁板一块的利益集团，否则中小板、创业板泥沙俱下，会进入剧烈震荡期，而后是长期的低迷与定价失误。

证监会意识到了市场失信造成的危害，建立规则而后进行市场博弈，但中国的经济无法等待，需要直接融资的上万高科技创业公司、天使投资人无法等待，我们会看到中小板与创业板的震荡，这是无可避免的阶段，正如主板无法避免国企的圈钱。

投资者已经深受其害，剧烈的市场会让多数人更清醒，并且意识到市场的本性，当股票市场、债券市场一起进入失信危机时，也许是金融改革到位的契机。（2014 年 1 月 20 日）

【看时局】

主板僵尸化

很难想象，美国纳斯达克的交易量会长期超过标普 500 指数。

但这就是中国的现实，主板市场边缘化，直到 1 月 14 日，上证综指低至 2009.56 点，离 2000 点底部近在咫尺。新三板交易不活跃情有可原，沪市僵尸化是经济结构失衡的反映。

即使我们承认 A 股市场是炒作市场，中小盘股有炒作价值，大盘股只有对冲价值，而无炒作价值。

新股资源中小公司一枝独秀。首批已过会的 83 家准新股中，创业板 43 家，占据半壁江山；中小板 30 家；沪市主板仅 10 家。不仅数量少，质地未见得佳，纽威阀门，发行市盈率高达 46.47 倍，是迄今已公布发行价的 4 家新股中最高的。陕西煤业发行 10 亿股，募资 98 亿元，发行市盈率 15 倍。二级市场上中煤能源 14 倍、中国神华 6.5 倍。

沪市大都是周期性行业的大公司，大而不壮，着急上市的大盘股质地就一定比已上市的前辈公司质地好吗？未必。FT 中文网 Lex 专栏的标题直言不讳，中国煤炭股前景堪忧。理由是煤价降至六年来低位，未来也看不出走好的预期。中国煤炭股市值大缩水，香港市场上兖州煤业和中煤能源成为去年中国企业中表现最差的两家，股票市值均下跌逾一半，加上市值缩水三分之一的中国神华能源，三家公司的市值共损失 470 亿美元，相当于排在它们之后的世界最大五只煤炭股票的市值总和。

从陕煤的招股数据看，两年半的现金流、净资产收益率、基本每股收益都在下降，如果 1 月不上市，要补充去年下半年的数据，恐怕业绩阴影更重，而笔者看到的一些文章使劲往神话的方向吹，上市之后谁管市场死活。

笔者曾经说过，庞大的主板上市公司股票类似于债券，投资者无法对资产处置发挥作用，也无法对管理效率施加影响，甚至高阶管理层都由官方任命。持有这些公司的股票相当于持有债券，一旦周期性下降，就相当于债券价格下降，无可奈何。

监管层呼吁这些上市公司回购股票提升市值，媒体呼吁公司向投资者分红，但这些呼吁没有强制力，不过是春风过耳。再说现在公司资金紧张（永远紧张），银行补充核心资本，以前是增发、次级债，现在衍生出了优先股和减记债。当然，减记债对投资者的保护以及对银行偿债信用的要求比以前高得多。无论多难也要上，无论多低迷也要融资，这些公司吃定了唐僧肉，哪怕只剩下一具骨架，也要啃上两口。沪市僵尸化，是因为大型国有企业无法得到市场认可。

投资国有大盘股唯一的好处是，这些上市公司没有退市风险，周期性行业已经到了股底，再跌也跌不到哪里去。大盘股真正迎来上升，需要启动实质性国资改革，进行资产并购重组，进行管理阶层的市场化大换血。

《华尔街日报》中文网引述研究机构 Reorient Research 的观点，认为现有的 GDP 总量中有“两个中国经济”，一个是以前那种制造 / 出口型经济，一个是聚焦高科技 / 消费者的新经济，建议投资者重点关注新经济。在股票市场上，高科技、消费、服务业聚集于深市。

深市也不是花好稻好，贪婪本性是一致的。沪市纽威阀门高价发行，深市也有触犯众怒暂缓发行的奥赛康，陕煤上市拟发行股本占上市后总股本的 18.18%，奥赛康欲套现 31.8 亿元，套现后还是一股独大。什么套现多会降低公司信用，什么股东移民会引发市场质疑，这些都不在考虑之列。既然能够一次性套现、可以名正言顺地钻政策漏洞，既然举家都已远走高飞，既然股票市场信用本不值钱，套现少也不会让公司信用溢价，那么，就套现吧。

即使如此，市场的活力还是在深市。小盘股的活跃度本就高于大盘股，深市的中小板与创业板未来将从新三板获得取之不竭的上市资源，而中国野蛮生长在夹缝中生存的市场力量，主要也体现在民营企业中，再加上还没有做空对冲的手段，市场一骑绝尘。如果中小盘股的质地急速变差，未来也难免落得个主板市场大盘股的下场，到那时，大家一起歇菜。

国企不改革，市场信用再不建立，拖累沪市事小，拖累中国经济事大。（2014 年 1 月 21 日）

股票市场三特点至今未变

注册制水土不服，注定不会顺利出台。

1 月 27 日，证监会主席肖钢主持召开专家学者新春茶话会，会上，证监会高层表示，推行注册制的方向不变，但还只是停留在目标阶段，目前还不具备实施注册制的条件。

中国股票市场有自己的特色，监管也必须符合特色，喊口号没有用，拉大旗做虎皮也没用。

从 IPO 重启以来，市场一片喝倒彩之声，不讲信用、无法准确惩戒失信的市场化改革沦落成为权贵的盛宴，是必然的。目前股票市场的三个特点至今未变。

第一，假借市场化之名行权贵套利之实。

以新股发行为例，有不少市场化举措，实行之始被冠以种种美名寄予种种希望。其中令人印象深刻的举措就是老股转让、主承销商自主配售机制。

老股转让是市场举措，以创业的股东释放老股的方式纠正畸高的失准定价，所谓的供需决定价格，供应量大了价格自然下降，所谓批量发行也是供需理论的延伸，这些人把卖股票等同于卖裤子。

义愤填膺的财经媒体以数据描述财富盛宴，《理财周报》表示，春节之前共有 48 家公司发行（包括春节后新发行尚未上市的 3 家公司——东易日盛、登云股份、岭南园林）。实施老股转让的公司有 39 家，老股东公开发售股份共计 3.97 亿股，套现金额合计 111.05 亿元。有 21 家公司中的 45 家 PE、VC 机构股东参与公开发售股份，合计套现 14.06 亿元。而从这批新股发行实施老股转让的公司中可以看到，几乎所有持股超过三年的 PE、VC 机构都有参与，有些公司的老股转让更是优先考虑 PE、VC 机构。

扭曲的市场化会让市场进一步扭曲。如果是健康的基本守信的市场，老股东因为市场定价畸高选择在第一时间套现获得红利无可厚非，可 A 股市场是变脸市场，一赢二平三亏四扭的情况昭示了风险尽在失信之中。

重建市场秩序首先要做的，就是让利益中人承担失信风险，以时间与民事赔偿提高失信成本才是重中之重。现在刚好相反，一次性大量套现以降低失信成本，冤大头奥赛康如果不是因为想套现 31.83 亿而撞在了枪口上，说不定已经数钱走人。话说回来，按照游戏规则，贪婪的奥赛康老股股东也没做错什么，只是不懂政治，让证监会面子上下不来。

至于主承销商操盘进行新股配售，我武生物就是案例，网下发行中，不同机构或个人获配比例相差悬殊，平均获配比例为 6.64%，公募基金和社保基金获配 3.42%，唯一 100% 中签获配的是国联安 - 吾同 - 灵活配置分级 7 号资产管理计划。此外，一位名叫柳海彬的自然人仅申购 200 万股，就获配 100 万股。这真是非市场非行政，我想给谁就给谁，玩的就是规则。

第二，上市公司企业无民主。

数年前尹中立先生的观点让人印象深刻，我国的文化与公司治理模式不适合各股东风险与利益共担共享。就笔者所看到的情况来看，一股独大是常态，公司做得好与做得不好都与一股独大相关。各股东和平共处，达成共识只是美好前景。

不要说一股独大，家族企业一人说了算才是现实，宗庆后就是典型，事无巨细，凡是超过 2000 元就要他本人签字，一度连买一把笤帚也得他签字。这种制度无所谓好还是不好，这就是草莽时代的强人文化。一旦强人出事，股东纷争，企业也就内幕频曝，难以为继。真功夫的窝里斗就是最好的例子，不斗到监狱里去不罢休。

面对这样的文化土壤，监管的重心在哪一边一望而知，小股东即使想做恶也有心无力，除非有大股东的配合。股改时期的类别表决制取得成功就是制度上对大股东利益的制衡，可惜，那样的幸福时光如闪电即逝。

第三，权力失衡，监管常成揽权，监管权力受到各利益群体挑衅。

取消发审委推行注册制是改革方向，不是现实选择，取消发审委的前提是确保证监会凌驾于地方利益、部门利益、权贵利益之上的执法权，否则，新股发行会变成造假抢钱。笔者不止一次指出过绿大地案例中地方力量的强大，超越于证监会之上。

双重的扭曲出现了，监管层设发审委有揽权之嫌，而监管权力无法落地。有资深的体制内人士告诉笔者，他认为目前中国的土壤只能实行监管权至上，至于注册制等法治落地生根再说。

三个特点是前现代市场的特点，针对这一市场要做到的是底线原则，加大信用权重原则，不出离谱的事，让失信者失去利益。不要说别的，造假上市获得 3 亿资金，查证后赔偿 6 亿，这样还有谁敢造假？

市场化，非市场化，在半空中说那么些没用，不如静下心来做一些符合 A 股市场特色的有效监管，才是对投资者负责。（2014 年 2 月 20 日）

股票市场众叛亲离

多头不死，做空不止。股票市场正在展示与宏观经济的互相匹配：下行，且剧烈震荡。

股票市场经历短期反弹后，从 2 月 24 日开始进入噩梦般的急性下挫期间，就像一个身板不结实的人又患上了急性炎症。

大趋势明确，从 6124 点开始下挫周期到达 1664 点的低位后，沪综指月 K 线走出一条长长的匍匐在地的蛇行长尾，在狭窄的区间内费力前行，与中国的经济走势出奇地吻合。股市大盘与宏观经济趋势长期来看并不背离，短期背离是因为我们逐日盯盘，导致“云深不知处”。

高负债经济模式去杠杆化、产能过剩模式走向效率模式，上述改革需要付出代价，股票市场就是支付代价的主要市场之一。无论改革能否成功，成本不可避免。

继 2 月 24 日大跌之后，25 日 A 股市场继续大幅下跌。创业板一度狂跌 5%。沪指收跌 2%，深成指跌 3.16%，创下此轮调整以来新低。两市逾百只个股跌停，24、25 日近两个交易日 A 股市值累计蒸发 3337 亿元。把时间拉长，A 股总市值从 2007 年 33 万亿左右的高位，目前回落到 25 万亿左右的位置，市值蒸发 8 万亿左右。

一连串的打击使空方占据优势。

稳健的货币政策直接打击了高负债企业，央行毫无“注水”迹象。相反，银行间拆借利率的下降使央行有了稳健的底气，所谓“央妈”，主要是银行的“央妈”，而不是其他实体企业的“央妈”。

2 月 25 日，上海银行间同业拆借利率为 1.7200，3 个月以内同业拆借利率下降，春节以来银行间的一个月内的回购利率迅速下降，2 月 25 日，7 天回购利率为 3.559，这说明银行现在日子比较好过，从银行理财产品收益率下降就可以看出，银行并不缺钱。2 月信贷未增长，但利率下行，说明经济萎缩到一定程度，该破产的已经破产，企业主不再借钱饮鸩止渴。

央行放心地进行了两步操作，第一步是正回购回笼资金。2 月 18 日，央行重启正回购操作，交易量 480 亿元，20 日增至 600 亿元，25 日在公开市场继续开展正回购操作，期限 14 天，交易规模增至 1000 亿元。同步进行的是汇率操作，虽然没有证据显示最近人民币接连五天大幅下挫与央行相关，但截至 2 月 24 日，人民币汇率中间价连续五天下挫，2 月 25 日即期早盘加速下行，盘中触及 6.1250 的 6 个月低点。

无论如何，由于银行手握重金，利率平稳可以保证银行资金成本不上升，汇率震荡足以吓退高成本套利套汇交易者。

稳健的货币政策对于已成惊弓之鸟的房地产企业不是好消息。目前中国国内又掀起一轮有关房地产市场是否已到拐点的争论。已经陷入实质性破产的温州、鄂尔多斯等房地产引发了市场对三四线城市的严重担忧，百城房价环比下跌绝大部分为三四线城市。房价下行周期特有的砸售楼处现象在杭州上演，常州某些楼盘房价大幅下降，而一向作为新区典范的苏州，政府冻结了各商业楼盘 30% 的发售量，原因是商业物业下行出现了小开发商跑路、开发商售后包租承诺无法兑现、投资者聚集抗议等事件。虽然房地产市场总体而言远未崩溃，但恐慌情绪蔓延，这对房地产打击是致命的，同时也导致了地产股不振。连万科王石都发出危言：安然度过数次调控的房地产板块龙头企业，股价自 2009 年以来转入盘整状态。

货币收缩对实体企业更是打击巨大，自重恩先生研究，企业资本回报率只有 2.7% 左右，一吨钢的利润去年只够买一只鸡蛋，利润在 3% 以下的传统实体企业难以承受平均高达 15% 左右的融资成本，传统实体企业负债率进一步上升、利润下滑是大概率事件。结论是明确的，目前看上去非常便宜的市盈率、市净率未必见得便宜。

1 月 16 日，全部 16 家上市银行仅中国银行收平，其他个股全线下挫，若算上四季度的净利润，所有上市的银行股中，除民生银行外，其他银行股全部破净，其中交通银行破净已经超 30%。

市盈率、市净率到历史最低，远低于发达国家平均水准，是看多派的“法器”。动态市场讲预期，如果银行业坏账上升利润下降每股收益下降，市净率也就立马上升。关键问题是，银行与煤炭企业不同，是一个预期逐渐变坏的过程，股价也就一直受到抑制。包括市盈率、狭义货币在内的传统指标在根本性改革的经济周期不适用。

任若恩教授表示，狭义货币 M1 对市场具有指导作用，数据显示几次 M1 低增长的时期，在 1989 年 6 月到 1990 年 5 月 M1 出现一段时期增长率低于 10% 的现象，这段时期众所周知是经济比较困难的时期。只要在 M1 同比低增长期买入，刺激经济货币超发时抛出，就能在指数上获得不菲的收益。今年 1 月 M1 同比增速仅 1.2%，低到极点，关键问题是，央行会进一步发货币刺激经济吗？如果答案是否定的，这一指标也就自动失效。

股票市场的分析框架，需要进行根本性调整，缘木求鱼、刻舟求剑，抱着市盈率不放，要出大问题。不要再看市场，发现垃圾里的个股黄金，才考验眼力。（2014 年 2 月 26 日）

中国大公司退出股票市值第一阵营

新兴市场股市资金流出已成常识，全球股票市场天平再次倾斜，一度被看好的新兴市场似成明日黄花。

据《华尔街见闻》，全球前 20 大市值公司中，来自新兴市场的只剩下中石油，它的排名从前一年的第 4 位下降到第 14 位。截至 2 月 25 日，中国工商银行昨日市值缩水 380 亿美元，跌出前二十强，降至第 22 位。曾排第 11 位的韩国最大企业三星电子已经降至第 27 位。资金还在加速流出，去年新兴市场 ETF 外流规模已创最高纪录，今年到 2 月 25 日新兴市场 ETF 资金流出逾 100 亿美元，超过去年全年 88 亿美元的规模。

等等，工商银行、中国银行、中石化呢？这些股市恐龙去了哪里？

答案是，它们去了该去的地方。

从 2007 年以来，大企业市值直线蒸发，2007 年是周期性行业的美梦顶点，此后一落千丈。当年排名 A 股市值前十大的分别是，中国石油、工商银行、中国石化、中国人寿、中国银行、中国神华、中国平安、招商银行、交通银行、中国太保。当年中国公司笑傲国际股票市场，全球排名前十大公司分别是：中国石油（7210.94 亿美元）、美孚（5118.85 亿美元）、GE、中国移动、工商银行、微软、俄罗斯天然气、荷兰壳牌、AT&T、中国石化。

2007 年 11 月中石化股价一度高达 29.31 元，而在 2013 年 6 月其股价则下探至 4.05 元的低点，6 年间，市值蒸发高达 17368.19 亿元。2007 年 11 月 5 日，中石油 A 股以 48.6 元高价位开盘登场上海证交所，到去年 6 月，蒸发 5.7 万亿元。

回顾 2007 年，这一年全球经济周期达到顶部，传统行业得到了本轮以来的高估值，而以规模取胜的中国大型恐龙公司们收获真金白银。

一场金融危机不仅使财富重新洗牌，连财富生成模式也发生了天翻地覆的变化。2 月 26 日，美国股市前五大市值排名，苹果、埃克森美孚、Google、微软、GE，有三家在纳斯达克上市，前三大市值在 4000 亿美元以上，并且全流通、不掺水。新兴互联网公司毫无疑问已成为本轮经济发展龙头，现在概念炒作延伸到了新能源特斯拉概念。传统行业经过刮骨疗毒，不再拖后腿。如富国总市值排名第 7、摩根大通第 10，说明金融业度过最困难时期已经逐渐复苏；而强生排名第 6、沃尔玛第 8、雪佛龙第 9，说明余威尤在，但沃尔玛等传统公司经营困境已经显现。

巴菲特的伯克希尔·哈撒韦公司最新公布的报告显示，其持股量最大的公司是富国银行，而其持股的其他公司如可口可乐、美国运通、IBM、埃克森美孚、沃尔玛等公司 2013 整年亏损。巴菲特钟情现金流、财富制造方法是制造业式的，对于高科技股、衍生品等交易敬而远之，这使得他错过了两轮高科技股热潮。当然，固定的投资逻辑赢面大，不妨坚持自己的投资术。

这两年 A 股市值发生了相似的变化，从大而全走向小而美，高科技、文化等概念股遭到热炒。根据中国上市公司市值管理研究中心统计，截至 2013 年 12 月 31 日，A 股总市值收盘为 23.76 万亿，较 2012 年末增长 3.98%，市值增加 9106 亿。市值结构发生显著变化：传统产业市值表现不敌新兴产业、国有企业市值表现落败于民营企业、大公司市值表现落后于中小公司、沪深主板市值增长落后于创业板与中小板。2013 年，虽然上证综指全年回落 6.75%，但有接近 70% 的上市公司市值出现增长，有 72% 的行业上市公司市值实现增长，呈现出明显的结构性牛市特征。传播与文化产业上市公司首次进入 TOP100 之列，百视通、华谊兄弟、乐视网三家公司市值均超过 300 亿，跻身大市值公司之列。电子行业的海康威视市值竟高达 923.16 亿，与千亿大关仅一步之遥。

中国高科技公司在国际上排名如何？目前腾讯已成为亚洲最大的互联网公司，在港上市的腾讯 H 股，市值排名全球第 41 位。试想，如果支付宝在国内上市，微信在国内分拆上市，新兴的民办大学、高科技公司在国内上市，股市也不至于靠传统低效央企独力支撑。

美国股市上升，很多人只看到美联储使用货币霸权拉抬美股，但仅靠阴谋是不可能造就长期市场繁荣的。看看另一组数据，2013 年，美国道琼斯工业指数的 30 家公司超过一半回购股票，花费 2110 亿美元，美国股市共有 885 起回购，金额高达 7540 亿美元，远高于 2009 年陷入衰退时的数字。

饱受指责的高盛还了美国政府的钱，以 108 亿美元进行了回购；开拓市场遇阻的沃尔玛进行了 150 亿美元的回购。而思科虽然解雇了 5% 的职员，大约 4000 人，却甘愿花费 150 亿美元回购股票，超过公司 2012 年的净利润。

据 Wind 数据统计，自沪深股市成立以来，进行过回购的上市公司仅 186 家，回购额约 700 亿元，回购的股份相比新增的可流通股份少的可以忽略不计。每次市场下挫汇金公司回购金融股，笔者称之为政治性象征性回购。

不仅如此，金融危机发生后大量公司退市，其中包括中概股，浑水摸鱼的公司被清退，也有戴尔这样的失去活力的公司主动退场。而中国的京东商城等活力公司谋求在美上市。

中国市场有内生活力，如果对活力视而不见，一心扶植阿斗般的长

子公司，诚信建设将无根本进展，套现式上市成为常态，增长点在 A 股市场被扼杀大半。（2014 年 3 月 3 日）

股市压力如泰山压顶

从 4 月 18 日到 30 日，有 156 家拟上市公司在证监会网站实行预披露。

为期 14 个月的 IPO 冻结期结束后，1 月份 43 家公司上市，2 月份 5 家上市，现在等待上市的公司是 632 家。随着第九批 IPO 预披露名单的公布，市场感受 IPO 的压力如泰山压顶。

预披露家数不等于上市家数，是 IPO 新规的体现，提前让市场了解公司信息。但市场对此相当的不买账，选择用脚投票。截至 4 月 25 日，一周以来，沪综指持续调整，累计下跌 2.92%，下破 60 日均线。以银行、地产为代表的护盘力量弱化，蓝筹股成色大降，对市场支撑力度呈现递减态势；而以创业板指数为代表的小盘股公司股价重挫，冲击市场情绪。除了那些并购重组、分红等题材小规模炒作外，其他板块风声鹤唳。4 月 28 日，新的一周开盘首个交易日，沪综指再次如断头铡刀一般狂挫，最低下探到 2000.14 点，收盘于 2003.49 点，下跌 1.62%。

密集的上市公司预披露让人如释重负。迟也来，早也来，迟来不如早来。密集预披露显示，证监会下决心不再用调控上市节奏的办法操控股市，证监会已经把信息披露与市场定价作为改革的重点，至于市场涨跌，不是管理层该操心的事。

弱市公司密集排队上市，造成投资者非理性恐惧症，牛市时上市面利好，弱市时大规模上市本能与抽血相连。

股市下跌有基本原因，炒作是短期的，长期就是基本面的反映，即使如荒草般狂长的中国股市炒作资金，也禁不住时间的考验。即使没有那么多企业预披露、排队上市，2013 年股市也没有好到哪儿去。投资者心里也清楚，预披露不等于上市，证监会将控制上市的节奏，弱市原因在市场之外。

有的基础数据完全不是股市所能掌控的，上不上市都改变不了，这才是决定中国上市公司的根本。

中国企业负债率逐级走高。

去年 4 月 18 日，国际货币基金组织（IMF）发布《全球金融稳定报告》，指出中国上市企业负债率上升，市值排在受调查前 10% 的公司上升幅度明显，这些上市公司全球资产负债率较 2003 年水平上涨 10%，是整体上涨幅度中间值的两倍，平均债务占总资产比例超过 80%。原材料、公共建设和房地产等行业为杠杆率上涨最快板块，这些企业几乎都是国有企业。

另据标普公布的数据，截至 2013 年年底，中国非金融类公司的债务总额共有 12 万亿美元，为 GDP 的 120%。预计 2014 年年底，中国非金融企业持债规模将达到 13.8 万亿美元，超过美国的 13.7 万亿美元，远远超过 OECD 企业债务比率 90% 的警戒线。

公司负债率上升而赢利能力下降，道琼斯通讯刊登瑞银证券策略研究团队的报告，指出企业所得税今年一季度累计同比增长 9%，显示整体企业盈利能力已经降至历史上的业绩低点——有企业所得税数据以来，仅少数短暂时期出现过 10% 以下的低增速。一些行业目前看来的低价未必是真的低价，价格是动态的，是高是低取决于未来公司的前景。经济下行周期勒紧裤腰带过日子，想在股市大块吃肉大碗喝汤，门也没有。大部分企业难以为继，直接融资成为重点，在直接融资中，没有比股市成本最低的融资方式了。目前大量企业上市，是负债率倒逼下的结果。

负债率高企时大公司回购股价回报投资者，同样不可思议。上市公司分红表面不错，但分红与融资额不成比例，分红与股权收益绝大部分进入了大股东的口袋。重融资轻回报的股市草莽文化，在近十年内不可能有根本性改进。

民间资金仍未得到有效配置，信用不彰与效率低下，使融资成本居高不下。除了个别政府大项目、大央企能获得平价贷款，在去年年初的第三届小额信贷联席会年会上，全国人大常委会委员、民建中央副主席辜胜阻表示，浙江 80% 的小微企业是靠民间金融，平均下来融资成本高达 30%，做实体经济的小微企业的投资回报只有 3%。

公司业绩、金融文化、货币政策、融资压力，都不支持牛市。要强调的是，经济下行周期是并购重组牛市、有实力的大资金将在一片狼藉中大快朵颐。（2014 年 5 月 5 日）

无退市就无股市

对待“退市不能认真”的言论能认真吗?

证监会六天三谈退市，市场开始骚动，面临退市风险的 *ST 长油 5 月 29 日逆市暴涨 6.67%，成交金额为 6988 万，次日上攻后后撤，拉出一根上影线。此时距离 *ST 长油正式暂停上市仅有 2 个交易日。长油在 4 月份接连跌停后，从 5 月开始在底部蠢蠢欲动。警报已经拉响，市场依然疯狂，说明市场并不相信退市誓言。

没有证据表明，此前的退市制度值得尊重。证监会所说的 78 家退市公司，在 2500 多家上市公司，只占目前全部上市公司 3%左右，78 家退市公司中还有自主退市公司。

中金所对退市制度的研究显示，美国上市公司除了因为触发退市量化标准而被强制退市外，很多公司当其股权交易的价值降低后，选择自主退市。据统计，纽交所自主退市与强制退市的比例大约为 3:1，纳斯达克的这一比例为 1:1。这也符合企业生命周期理论，成熟期的企业自主退市推动了美国股市行业结构的变迁，使股市更好地反映实体经济结构。

从数量上看，从 1995 年至 2012 年，纽交所共有 3000 家左右公司退市，纳斯达克共有 8000 家左右公司退市，数量相当可观的。从市值上看，从 2005 年至 2012 年，纽交所退市公司市值高达 3.1 万亿，而新上市公司市值仅有 1.3 万亿，退市市值是新上市公司市值的 2.5 倍！

A 股市场之所以难以退市，根源在于市场成为低成本甚至负成本的重要融资来源，上市的初期性质甚至等同于税收优惠、低息融资等政策性优惠。因此，一旦退市相当于离开了政策的红利光环，没有人愿意做这样的傻事。

另据同花顺的数据，在已经退市的 78 家公司中，无一家央企公司因业绩连续亏损被迫终止上市。《21 世纪经济报道》披露，去年被暂停上市的 *ST 锌业，2013 年凭借成功完成债务重整实现净利润 41.78 亿元。目前公司已经向深交所提交恢复上市申请，新一轮退市股神话即将拉开帷幕。中国此前的基金之神就靠精准预测重组得到大名，而私募基金经理也常常为不能坚守某只重组股而捶胸顿足。

退市制度之所以困难，还因为投资者的反对，如果因投资水平低下投资者亏损无话可说，如果因为造假等因素造成亏损，上市公司大股东转移资产，一旦退市让投资者血本无归有苦难言。

当前退市主要的规则依据是 2012 年 6 月公布的《关于完善上海证券交易所上市公司退市制度的方案》《关于改进和完善深圳证券交易所主板、中小企业板上市公司退市制度的方案》，以及在 2012 年 4 月出台的《深圳证券交易所创业板股票上市规则》（2012 年修订）。*ST 炎黄、*ST 创智成为首批退市股，后来者保壳顺利，连创业板上市公司融资制度实施都快于退市制度。但炎黄与创智退市后遗症不断，投资者质疑监管层柿子单挑软的捏，不满之声不绝于耳，甚至付之于行动。

没有多少人同情这些失利的投资者，火中取栗的代价就是有可能被火烤焦。更多的投资者难以忍受那些上市不断圈钱并且一走了之的公司股东，此次南纺股份之所以激起如此多的质疑，就是因为该案例有纵容造假之嫌，造假的害群之马有经验可以借鉴，更加难以退出市场。

在退市制度中最困难的是已被掏空的空壳公司，缺乏赔偿投资者的能力，而投资者缺乏集体诉讼制度，虚假陈述的民事诉讼启动，或者需要证监会作出的行政处罚决定，或者法院已经生效的刑事判决为前置条件，民事诉讼时间长成本高赔偿概率低。效率最高的办法是釜底抽薪，对造假上市者在任何时候发现实行一票否决制，对造假主导者实行高额连带赔偿责任，让这些造假者和掏空上市公司财富的人，承担“凶险”的经济民事赔偿责任，让中介公司也无处可逃。

有人希望以注册制源源不断发行新股，稀释旧有垃圾股的冲天臭气，是不切实际的。请问，谁知道上市的公司一定是“清水”？有谁知道那些旧的垃圾股就不会被暴炒，而会冷落成“仙股”？否认退市的必要性，让市场烂成一锅粥，是非常不负责任的。（2014 年 6 月 4 日）

中小板成立十年带来了什么？

2004 年 6 月 25 日，中小板新八股上市，距今已有十年。

中小板规模与融资功能上升迅速。截至 2014 年 4 月 30 日，中小企业板共有 719 家上市公司，是 2004 年的 19 倍，市场规模逐步扩大；融资规模达到 7305 亿元，是 2004 年全年融资额的 80 倍，其中 IPO 融资规模 4864 亿元，再融资规模 2441 亿元，资源配置功能得到发挥，努力解决中小企业融资难题；股票总市值是 2004 年股票市值的 91 倍。

大举再融资在近几年表现得非常明显。从 2006 年开始再融资，2007 年有 17 家公司再融资，到 2011 年有 80 家再融资，在暂停新股发行的 2013 年，有 115 家企业再融资。从 2011 年以后，当年再融资金额占据了 IPO 金额的一半以上，说明从此时开始，上市公司资金饥渴症加剧，经营状况开始恶化。

包括中小板在内，境内上市公司的公众性大都不够。2004 年至 2013 年的这 10 年间，中小板公司合计分红 1546.98 亿元，占累计实现净利润合计额的 32%。看上去是个很喜人的数据，其实不然。按照新修定的《证券法》，上市公司公开发行股份要达到公司总股份的 25% 以上，上市公司公众持股比例参照其他国际市场，不算太低。不过以公众持股 25% 计，公众股东 386.745 亿元红利，其他红利回到了控股股东自己手里。当然，这只是估测数据，不争的事实是，中小板是造富板，有 1127 位高管靠持股身家过亿元，A 股 10 大富豪中，有 7 位来自中小板。

中小板与创业板大股东是套现的生力军。根据 Wind 数据，2013 年两市所有的高管减持行为共有 4262 次，其中有 84% 来自中小板和创业板公司。和去年同期相比，以中小板和创业板的数据为计，今年以来的减持行为是去年的 2.26 倍，而涉及金额是去年的 3.45 倍。截至 2013 年 12 月 12 日，今年两市所有高管由本人亲自减持的减持行为共有 4262 次，这 4262 次减持金额约为 331 亿元。这些减持行为中，来自中小板和创业板公司的共有 3596 次，涉及金额约为 317 亿元。2012 年同样如此，两市由高管本人亲自完成的减持共发生 1875 次，涉及金额约为 105 亿元；而来自中小板和创业板的减持行为共有 1589 次，涉及金额约 92 亿元。

中小板与创业板某些上市公司高管套现如此肆无忌惮，一些套现理由，比如孩子教育需要用钱等等，显得荒唐可笑。就像一个流浪汉骤见大餐，另一个理由是了解上市公司内幕的高管最了解公司的准确定价。所谓中小板因为上市门槛高，所以提前透支了公司实力，这个说法讲不通，创业板上市门槛不高，套现者照样争先恐后，只能说限时供应免费午餐，不吃白不吃。

造富板如此与优良的业绩与诚实的公司文化结合，是一件大好事，问题是，中小板上市公司的业绩到底如何？似乎赢利能力很高。过去 10 年，中小板公司的平均净利润从 2004 年的 0.4 亿元增长到 2013 年的 1.47 亿元，年均增长率达 15.56%，截至 2013 年，累计实现净利润 4895.51 亿元，平均每年有 69% 的公司业绩同比增长，其中有 30% 的公司业绩同比增长 30% 以上，体现出较强的盈利能力。

但能量似乎耗尽。从净利润看，Wind 数据的统计显示，今年第一季度，全部 A 股同比增长了 7.95%，上证 A 股增长了 7.89%，创业板增长了 17.58%，而中小板反而同比降低了 0.96%。据去年年报，全部 A 股归属于母公司股东的净利润同比增长了 14.01%，上证 A 股增长了 13.51%，中小板增长了 6.27%，创业板增长了 9.94%。反映增长质量的净资产收益率，全部 A 股的净资产收益率为 13.59%，基本上与往年持平，上证 A 股为 14.57%，中小板为 9.3%，创业板的净资产收益率（整体法）仅为 8.07%。

中小板的净资产收益率、风险、创新力与主板相比，没有太大区隔。高新技术企业的大帽子并不能印证企业有创新能力，2010 年 8 月 1 日，《新世纪》杂志报道，为了税收优惠、政府补贴，通过中介运作高新技术企业者层出不穷，有科技部官员直言不讳："至少有五成已通过高新技术认定的企业不合乎条件，是靠虚假材料‘操作’上去的。”

监管层了解中小板地位尴尬，据《理财周报》报道，目前在证监会新发的10只新股名单中，联明股份等三家公司的上市地点从深交所转移到上交所。据称，目前已有92家企业从深圳中小板转至上交所主板。沪市主板出现了发行3000万股以下的拟上市公司，深市创业板则出现了发行1亿股以上的拟上市公司，愿意在中小板上市的企业越来越少。中小板很有可能最终与主板合并，事实上，目前疆界已经模糊。

未来提及股市成就，最好少说些融资规模，少说些套现，这是在投资者伤口上撒盐。只要上市公司有信用，高管与投资者利益共享风险共担，具有成长性，就是好公司。从这个角度说，中小板也培育出了不少成为行业龙头的大型企业。这才是中小板为数不多却异常醒目的亮点。（2014年6月20日）

退市制度的敌人

退市制度到来，制度到现实之间还有遥远的距离。完善制度是第一步，有目标明确、可以操作的制度总比没有好。

可以肯定的是，A股市场不会迎来退市狂潮，更不会迎来主动退市狂潮。投资者请自行脑补：阿里巴巴在香港退市，整合之后在美国重新上市，避开了互联网与中概股下行过程中在股市支付庞大的成本，同时获得了重新上市的最大红利。

完美的结局总是稀缺的，在A股上市的企业极少主动退市。我国证券市场3000家左右上市公司，尽管早在1993年《公司法》确立了我国上市公司退市制度，截至今年7月，20余年来退市的公司却只有78家，而选择主动退市的公司更是屈指可数。

进入股票市场就意味着有活路，在这一波的实体经济与房地产下行周期，成功上市的企业比非上市企业优势大得多，能够解决融资渠道难题、股权质押、增发配售、优先发债等。上市公司在融资市场上具有天然溢价，没有哪家公司会轻易退出这个市场。尤其在实体经济风雨飘摇之际，上市与否对公司而言有时是生与死的区别。

与美国比主动退市数量意义不大，中国股市有特殊性。只要壳资源还有价值，退市就是稀缺动作，卖壳才是正常行为。明明壳是重要资源可以出售，为什么要抛弃这个壳呢？所谓上市躯壳贵如金。

如果把并购重组也称为主动退市，那么 A 股市场的主动退市比例非常之高。不过这样的主动退市是注水退市，事实上是壳资源的交易行为。根据清科集团旗下私募通数据统计显示，截至 2014 年 8 月 20 日，A 股市场共有 214 只个股停牌，其中上交所停牌的有 59 只，深交所停牌的有 155 只。而这 214 只个股停牌原因多是“重大事项”，而所谓的重大事项绝大多数涉及并购、重组或借壳上市。大量的并购重组与借壳上市，使得一些公司出现了巨量井喷，今年最时髦的一个说法就是市值管理，并购重组成为股价上升的利器。

小市值公司成本低并购容易，成为香饽饽。2014 年 1 月 1 日，市值在 15 亿元以下的公司数量 191 家，到 8 月初市值在 15 亿元以下的公司仅有 46 家（其中 8 家为停牌状态）。不看基本面，只要在年初把资金平均分配到市值 15 亿元以下公司中，到 8 月 28 日收盘，收益率为 52.42%，同期的深证综指涨幅仅为 13.33%，沪深 300 指数下跌 0.8%。

市场热点所在就是并购，并且刚好与中国实体经济化解产能过剩主题重合，有很多的故事可以讲，未来在钢铁、煤炭等领域，就是大公司也会出现各种并购故事。在这样的市场中，讲放弃壳资源主动退市无异于让妖怪不要吃唐僧肉。

7 月 4 日，证监会新闻发言人邓舸表示，对于何为“主动退市”，我国资本市场始终缺乏统一认识，主动退市与强制退市混同，没有充分体现主动退市的特点，“主动退市与并购重组活动往往结合紧密，但我国市场收购、回购等并购重组制度尚不完善，缺乏余股强制挤出、杠杆收购工具等配套制度，行政管制色彩依然较重，导致主动退市的制度成本与社会成本总体偏高。近年来，虽然我国有一些主动退市案例出现，但总体而言数量不多，方式也比较单一”。

把并购重组视为主动退市方法之一，数据就不会那么难堪。目前经股东大会三分之二以上表决权通过即可退市等，可以作为未来的美丽风景借用到当下，别指望有多大的现实意义。

真正难啃的硬骨头是强制退市制度，20 种情况包括财务、交易、守法等指标。交易与财务指标相对刚性，较易执行，数据显示，沪深两市 2012 年和 2013 年连续两年出现亏损的企业（剔除已经暂停上市的企业）一共有 35 家，如果今年再次出现亏损的话，将触及连续亏损三年的“红线”而被暂停上市。

证监会作出行政处罚决定相对比较慎重，从 2004 年至 2008 年，证监会共进行行政处罚 210 件，2010 到 2012 年 159 家，2013 年全年证监会共作出 84 项行政处罚决定，即使是以这样保守的数量，对市场也是不少的冲击。未来对上市公司强制退市的威胁，将主要来自证监会与司法部门。数量将远远低于每年的行政处罚数量。

最后，最重要的是，退市要获得中小投资者的支持，集体诉讼与赔偿制度不可缺少。很遗憾，在这方面亮点不多。可以预计，将来退市与中小投资者的权益保卫战将来回拉锯，成为退市制度的痛点。（2014 年 10 月 20 日）

庄股狂欢？

证监会面对并购重组引发的内幕交易增加该怎么办？只有坚持原则，一以贯之，在市场化的同时，加强监管，不能因噎废食，否定市场化。

一篇文章再次引发对庄股的强烈关注。深圳紫金港资本管理有限公司首席研究员陈绍霞表示，市场再次进入庄股时代。

中小盘股尤其是绩差股疯狂炒作。今年 1–9 月，股价涨幅榜前 10 家公司中，年初总市值都是 100 亿元以下的小盘股，其中，4 家公司今年中期业绩亏损。今年前 9 个月，市值 20 亿元以下的 460 家上市公司平均涨幅高达 69.5%，净利润却由 2010 年的 220 亿元下降至 2013 年的 27 亿元，年均复合增长率为 −50.3%，今年上半年净利润由去年同期的 25 亿元下降至 14 亿元，同比下降 44%。从去年 10 月到今年 9 月，创业板平均换手次数高达 11.08 次，355 家创业板上市公司中，年换手率高于 10 次的有 166 家。A 股市场实行 T+1 交易制度，日换手率 40% 甚至 50%，意味着差不多有近一半的股票完成换手，庄家对倒操作成为常态。

并购重组成为今年 A 股市场热点，不出意外，内幕交易与坐庄随行而来。监管者并不讳言，8 月 27 日，在首届深港并购论坛上，深交所总经理助理王红表示，并购重组仍是内幕交易重灾区。但证监会与沪深交易所仍然全力推进并购重组，减少审批事项，鼓励并购资金。

并购重组容易触发内幕交易，因为成功后溢价高，审批链条长，中间环节多，信息水管处处漏水。靠道德教育无效，暴利效应摆在面前。

截至 2014 年前三季度，A 股市场并购重组交易金额超过 1 万亿元，较 2013 年全年的交易额还要高。数据统计显示，自 2014 年 1 月 1 日至 10 月初，A 股共发生 4747 起并购事件，其中已完成共有 2515 起，占比高达 52.98%。

鼓励新政出台，如“PE+上市公司”的并购合作模式开始在A股市场盛行，进一步丰富并购重组支付工具，为上市公司发行优先股、定向发行可转换债券、定向权证作为并购重组支付方式预留制度空间，而平安银行、华润银行成为深圳市企业并购促进会首批合作银行，其中，平安银行向并购会授信200亿元、华润银行向并购会授信50亿元。

并购重组带来交易量，带来市场人气，带来上市公司业绩提升，避免了大规模退市带来的社会震荡。为尽快清扫战场，解决债务链、僵尸公司等痼疾，实现上市公司产业转型，中国政府现在、未来都会推进并购重组进展，直到各传统制造行业出现几家代表性的大型企业，创业板与新三板成为创新公司的孵化器，这个过程将非常漫长。

因为存在内幕交易、存在庄股而取消并购重组是不理智的，相反，更应该大力推进透明市场，同时用极具针对性的方式严厉监管，并行不悖，建立法治市场。

事后严惩是办法之一，证监会10月23日发布的《上市公司重大资产重组管理办法》对此着墨不多。

证监会有杀手锏，严格贯彻举证倒置办法，目前有足够的技术手段监管到股市异动，捕捉进入股市的硕鼠，出现股价异动就严查，取消审批，这样才会有主动撤单的公司。内幕交易查证十分困难，证监会最好的低成本监管法就是观察股价异动、举证倒置，否则难以全面监管。

市场在收紧，2011年并购重组委员会共审核72家重组公司申请，否决4家；2012年审核86家，否决8家；2013年审核97家，否决7家；2014年1–8月审核96家，否决8家。在证监会公布的流程中，万方发展等公司“有关方面涉嫌违法稽查立案，暂停审核”。

严格监管中介机构，让参与造假的中介机构不仅退出股市，还承担赔偿责任，使中介机构成为诚信之源，而非失信之本。投资者愿意看到财富效应，不仅看到某某明星、某某高管潜伏三年从中获利，还应该被造假成本所震慑，这样才能形成诚信的市场氛围。

庄股狂欢不可怕，坚决杜绝猫鼠同眠现象，捕鼠者有工具，有决心，就能降低庄股狂欢的热度。（2014 年 11 月 24 日）

什么样的资金在进入股市？

A 股市场成交万亿元天量，创出历史新高，12 月 4 日，上证综指报收于 2899.46 点，自 3 月份 2030 点左右，已经上涨了 43%。在资金烘托下，今年年底 A 股市场一鸣惊人。

什么样的资金在进入股市？

首先是民间高息资金在进入股市。据《21 世纪经济报道》记者不完全统计，仅钱程无忧、金斧子增财易和赢在投资就为 5.5 万位投资人配置了 24.13 亿元资金，除了传统的配资公司，目前不少网贷公司也涉足股票配资业务，比如钱程无忧、好借好贷、赢在投资等，与投资人的资金一起投入了来势凶猛的 A 股。

配资公司是高杠杆、高利息。据报道，一般股票配资比例不超过 1:5。假如客户拿出 10 万元，配资公司最多配置 50 万元，客户炒股资金就变成了 60 万元，杠杆高达 80%；利息不低：配资公司大多收取利息和管理费，月息集中在 1.5%–3%，年化收益 18%–36%。合同一般 1–3 月，到期后可以续签。

股市实在疯狂，有的配资公司就玩起免息与利润分享的招数。如深圳某家配资公司提供免息资金，如果客户亏损分文不收，如果客户赢利，收取盈利部分的 20%。这家配资公司已经不是配资公司，而是门槛最高的私募基金，这说明现在大多数人已经闭着眼睛都能赚钱了。这家公司表示:“我们70多个大户里，仅有10来位是亏损的，其余全是盈利。”

股票市场融资融券数据也说明，资金大量进入市场。

看沪市近一周的融资数据，12月3日，沪市融资余额4885.5亿，创出新高，这一数据是如此可怕，12月5日，A股成交量过万亿，为控制风险，中信和国联两家券商已经将保证金比例提高至65%，12月4日，融券余额骤升9.62%，从9月4日到12月4日，平均融券余额增量比率为近1.28%，可见随着散户大量入市，有投资机构恐惧感上升。假设融资余额每天保持在4885.5亿的高位，均为隔夜拆借，以融资年化8.26%的利息计，光是这部分钱支付的利息就是每天1.1亿。

银行的资金很有可能也在进入股市。

据《同城票据网》12月4日报道，近日票据市场操作着实很纠结，一方面是库存票据以及10月、11月份错配回来的票据，满眼都是低利率，这说明此前银行在不断发放票据充指标；另一方面，短期滚动代持利率奇高，说明市场上的投资者不愿意代持票据，既然现在资金那么值钱，股市那么好，为什么还要代持票据赚那么一点辛苦钱呢?

事实上，就在11月底，市场还处于另一个周期。11月28日（11月最后一个工作日），银行承兑汇票贴现率大幅上涨，长三角上涨到4.4‰；珠三角上涨到4.45‰；中西部地区上涨到4.5‰；环渤海地区上涨到4.55‰，滚动代持利率也不离谱。11月底，银行对发票据较为谨慎，而代持的第三方机构也有些钱却找不到更好的投资方向，对于代持票据的利率要求并不那么高，低风险有些收益，就可以了。进入12月股市疯涨，市场发生了天翻地覆的变化，代持票据收益再也满足不了投资者的贪婪之胃了。

不仅如此，还有理财产品与社保基金。12月4日，《中国证券报》等媒体报道，银监会近日下发《商业银行理财业务监督管理办法（征求意见稿）》，拟允许商业银行以理财产品的名义独立开立资金账户和证券账户等相关账户，鼓励理财产品开展直接投资。银行破产赔偿不涉及理财产品，同时要求建立理财业务风险准备金制度，按照管理费的一定比例计提风险准备金。

虽然银监会办公厅副主任杨东宁称这是误读，并表示直接投资不是直接融资，和股市无关。华泰证券银行业分析师林博程对腾讯财经表示，征求意见稿里提到，理财产品可以投资股权项目和股权基金，而不是直接投二级市场，并且只是针对高净值客户开放。股权项目、股权基金可以参与目前推出的各类基建项目，对市场有着间接的推动作用。

未来，万亿元全国社保基金可以加大投入股市比例，地方社会保险基金可能以 401K 计划的方式进入社保——中国财富重新大分配时代到来了。（2014 年 12 月 8 日）

股市万点仍是梦

刘姝威女士说股指万点不是梦，引发一片争议，事实上这篇文章内容比较严谨，只是标题吓人。

没有时间限制谈万点，等于隔空放炮，毫无意义。刘姝威女士提出万点的五大前提条件，实现每一条都不容易，因此要在短时间内达到万点是难上加难。

从这五大前提来说：实业整体利润水平高于股票投资收益，目前传统实业净利润也就 2%左右；股票投资收益主要来自于股票分红，而不是高买低卖。这等于让庄家捡来，让多数股票成为汇丰这样的蓝筹股，谈何容易；水泥、钢铁、造纸等行业中，污染和连续亏损的上市公司必须退市，这是个漫长的过程，需要政府、执法机构、企业配合，否则中国实体经济立马崩溃；严惩黑嘴和庄家，证监会是在做，同时证监会需要清理门户，从此前股市疾速上升来看，黑嘴、庄家屡禁不绝，甚至根植于土壤之中。对于中国股市而言，要做的是守住底线，不让庄家看到其他投资者的底牌。

股市明年到万点绝非中国经济上选，这意味着现有上市公司炒上天。

首先，目前全球经济除美国外，全部低迷，美国也不能独立成仙。美国恐慌指数突破 21，一周暴涨 63%，美欧股市纷纷下挫，资金涌往避险天堂国债市场，美国十年期国债利率滑落至 2.08%，德国十年期更写下 0.63% 的历史纪录。作为资源货币的澳元受大宗商品下降拖累，12 月 11 日兑美元跌至 2010 年 6 月以来的最低点 82.15 美分。

其次，中国目前的配资公司、高利贷等进入股市，对于未上市公司进行事实上的抽血，因此，监管部门从事两个工作以遏制泡沫化趋势。

从 12 月 15 日开始，证监会正式开启对部分证券公司两融、股票质押回购等业务的现场检查。截至 12 日的一个交易周，沪市融资买入余额连续攀升超 30 天，调高两融业务费率、整体或部分提升保证金比例，成为各券商控制交易风险的主要举措。据称，券商融资保证金最高比例为 1∶0.9。但配资公司、高利贷公司等已经介入市场，杠杆率高达 80%。面对疯狂局面，抑制融资比率是必然之选，否则，一旦股市回落 10%左右，就会有很多人倾家荡产。

第三，证监会对核心的发审体制进行改革。证监会主席肖钢最新表态："积极推进股票发行注册制改革，在保持每月新股均衡发行、稳定市场预期的基础上，适时适度增加新股供给。"目前 IPO "堰塞湖" 严重，截至 12 月 11 日，证监会受理首发企业 636 家，其中，已过会 29 家，未过会 607 家。未过会企业中正常待审企业 583 家，中止审查企业 24 家。自今年 6 月以来，证监会实行了较为严格的"预期管理"机制，每月新股批文下发数量保持在 10–12 家，批文下发时间保持在月度中旬。

以这样的僵化模式，A 股市场不能反映市场生态的变迁，会是经济后视镜。境内的信息类、创新类公司在境外上市，境内市场则是传统制造企业、大而不倒企业的天下，估值不可能提升。只有注册制能够同步跟上市场的变化，而注册制的实行哪怕是受到控制的注册制，都会大幅增加上市家数，这将极大地抑制股票市场畸高现象。

目前市场虽然上升，依然是脆弱的，成交量、波动率等大幅震荡，忽而在万亿以上，忽而 7000 亿，恐慌系数上升，这依然是个让人恐慌的市场，根本没有到奋不顾身、人人杀入的阶段。

股指万点会实现，有可能在数年之后，市场改革、实体经济略有起色，到时看上市公司家数、市盈率与收益才能得到结论。以目前的市场，还做不到。（2014 年 12 月 15 日）

【新股发行】

扯掉新股发行的面纱

新股定价越来越神秘，定价公开为定价负责，才能消除新股定价毒素。

黑幕下的交易让人怀疑。

目前的定价过程从头到尾遮遮掩掩，神龙见首不见尾。《21 世纪经济报道》披露，现在路演把媒体与未预约人士阻挡在大门之外。笔者咨询过国内主要财经媒体朋友，他们遭遇闭门羹已成常态。

中国上市公司舆情中心有文章指出，1 月 1 日，奥赛康、楚天科技、我武生物等公司路演推介会举办的时间、地点在微信中传播。中国上市公司舆情中心某青年分析师闻讯赶到了路演现场，虽一度进入现场，但最终因没有承销商发放的嘉宾证而被带离现场。一位在场参与某公司路演全程的券商人士向中国上市公司舆情中心透露，与以往路演不同的是，此次路演只有主承销商圈定的具备申购权的合作机构才能进场，个人投资者与未被邀请的机构投资者均不能入场。目前路演过程的神秘化现象日趋泛滥，似乎参加路演成为被圈定者的特权。

既然新股发行过程是公开的，既然路演过程是有监管部门人士可以随时旁听，路演材料、现场录音均要求备案，以备需要时追查，为什么路演过程越来越神秘，由利益相关者独占场子？监管部门即使有三头六臂，也不可能对批发式上市的每场路演派一个“监听者”，让更多的人进入路演现场，集投资者之力减少监管成本，应该是未来的发展方向。

经报价者与上市公司多日酝酿，监管者希望报价没有猫腻是不现实的，就算不请吃、不送礼、在路演推介过程中不使用除公开信息以外的其他信息，难道在信息时代，就没有其他方式进行人际交流、利益交往了？此时，重要的是让利益的另一方进行主动监督。

各机构的报价有必要第一时间公诸于众，甚至全程以实况的方式向社会公开信息，阳光可以消灭有毒的物质。机构可以抬轿子，以高报价输送人情，机构的投资人就可以清清楚楚，自己所投资的基金是怎么丧失底线输送利益的。一些机构报价偏离中间值，投资者可以借此了解自己所投资的机构的市场判断、理财逻辑。

现在的定价要么是利益输送式的定价，反正有打新者埋单；要么是讨好式的定价，反正只要与行业平均市盈率持平，不引起公众投资者与证监会的关注就行了。

前一种现象典型的是奥赛康，而后者则是扬杰科技与众信旅游，扬杰科技剔除了申购价格为 25.5 元 / 股及以上的初步询价申购，占本次发行累计申购总量的 94.28%，使市盈率低于行业平均市盈率。而众信旅游剔除了占询价申报总量 96.33% 的报价，公司定价 23.15 元 / 股对应的 2012 年摊薄后市盈率为 22.05 倍，低于行业最近一个月平均静态市盈率 38.32 倍，仅为行业平均水平的 58%。天知道这样的定价是不是准确，一切围绕上市，先上了市再找补回来。

提示高发行市盈率的风险，不得超过行业市盈率的30%，有干涉的影子，在当下的股票市场，这样的干涉很有必要，但这些不是根本。在信用不彰的市场中，重要的是让机构为自己的报价承担责任，风险与收益自担。

此前市场探讨询价与报价制度，希望以美国式招标方式取代荷兰方式，各位机构投资者与“牛散”在报价时，他们清楚，自己的报价将在报出的瞬间被公众所知，同时自己还将以所报的价格购入股份，依靠羊群效应混水摸鱼，以高报价输送“人情票”、“关系票”，换取下回合作，成本将大幅提升。这些机构或者得罪自己的投资者，或者被公众投资者与证监会两双眼睛同时看管，一输送利益，自己的利益就要受损。

1月12日证监会下发的《关于加强新股发行监管的措施》，剑指路演，证券行业协会将对网下报价投资者的报价过程进行抽查，这些举措沿袭了小学班主任管小学生的做法，没有善用激励机制，从根本上让这些人失去输送人情的动力。

如果存量发行之后设立三年期的风险赔偿机制，按照以往套现的节奏，按照上市公司的承诺，逐步减少风险赔偿基金规模，上市公司也就无动力即时套现。

扯掉新股发行的神秘面纱，让报价者见见光，在太阳底下晒一晒，千年的黑山老妖都会现出原形。（2014年1月17日）

股市未来的转折点

4月22日晚，证监会网站再公布19家拟上市公司预披露名单，从

18 日晚 23 点半开始的“半夜鸡叫”已成大合唱之势，累计预披露总数达到 65 家。

批判“半夜鸡叫”意义不大，股票市场已经成为中国经济重要输血站，投资者要承认现实，暂停发行新股休养生息的时代一去不复返了。在外部各种力量的逼迫下，上市速度之快，市场化推进之迅速，将超过多数人的想象。

当下企业现金流紧张、负债率高企，选择股票市场“茁壮成长”成为不二之选。不是中小企业群鸡乱叫，就是银行大规模再融资的大鸡高叫，与其让规模巨大的巨无霸僵尸企业，打着为中国经济安全的旗号在股市一而再、再而三地圈钱，还不如让有些指望的中小企业上市，说不定能培养出几家新兴行业中的扛鼎企业。至于被寄予重望的债券市场，连最安全的国债都未能获得机构青睐，企业信用债又因利率过高屡屡被企业主动取消，从融资成本、续融能力等各方面比较，股票市场明显优于债券市场。

此次新股预披露真正值得关注的核心问题，不是什么“半夜鸡叫”，而是两点：一是沪市与深市边界模糊、市场重新定位；二是新股诚信机制能否落实到位。

2000 年前，沪深边界模糊，2000 年 9 月后，深交所停止主板股票发行，各板块疆域清晰，沪偏蓝筹，深偏中小，沪市国企为主，深市民企聚集。2010 年开始，为平衡双方利益，规定 8000 万股以上在上交所发行，6000 万股以下在深交所，6000 万至 8000 万股可以自由选择。现在则取消了这一限制，《发审新规》规定首发企业可以根据自身意愿，在沪深市场之间自主选择上市地。未来除了北京的新三板特色清晰外，沪深边界模糊。此次在早期 28 家预披露公司中，龙马环卫、常州腾龙、九华山旅游、上海联明、中电电机、浙江万盛、浙江诺力和广州维力 8 家企业“改嫁”上交所。

表面上看这是市场化，但从上述一步步演进历史看，是两市利益均衡分配的过程，这不是真正的市场化。真正的市场化是上市权交由交易所，制订各自的上市条件，通过服务效率、交易活跃度来吸引拟上市公司，慈爱之手“损有余以补不足”只能说是中国股市特色的利益均衡机制。

上市后公司业绩变脸怎么办？监管层强调的是信息披露的全面与准确，定价高低由市场自己选择，承认市场有炒作的权利，有定价失误的权利，只要不进行信息误导、利益输送与内幕交易，价格由市场说了算。这是尊重市场的态度，也是未来股票市场化的基础，可以相信，几百家企业上市将会出现破发与打新收益大幅下降。

一旦出现信息误导，对投资者造成损失，这种情况下，游戏规则非常明确，上市公司必须回购全部股份，以赔偿投资者。以 4 月 22 日预披露的星光农机为例，有股价破净后的高管增持条款，有公司承诺、法人承诺、中介机构承诺等。信息披露强调的就是信用，就是承诺。

公司承诺，如果有虚假记载、误导性陈述或者重大遗漏，对判断公司是否符合法律规定的发行条件构成重大、实质影响，公司将自有权机关作出相应决定之日起 30 日内依法回购公司首次公开发行的全部新股，回购价格为公司首次公开发行时的发行价（如果因派发现金红利、送股、转增股本、增发新股等原因进行除权、除息的，须按照中国证券监管管理委员会、上海证券交易所的相关规定作相应调整）。法定条件构成，有法人承诺，有投行与律师事务所的赔偿承诺。

上述基于信用的承诺在实际操作上有一定难度。考虑到市场整体诚信堪忧，监管与强迫履约，将耗费巨大的人力物力成本。

《中国经营报》披露，IPO 开闸之后首挂牌公司公布一季报，约有四成挂牌企业业绩变脸。隐藏在“变脸”背后的，则是挂牌之前诸多企业为了利润目标大秀财技，与保荐机构“合谋”制造完美利润报表的事实。在经历过“史上最严财务核查风暴”的挂牌企业，纷纷变脸，对于中国股市的诚信基础必须有足够的认知，怎么低估都不过分。

大规模变脸是对监管效率、监管成本的严峻挑战，所谓法不责众。前有万福生科保荐商设立赔偿基金，理应成为行之有效的制度规范，成为市场的底线规则。无处罚，就变脸，这是市场现实。

股票市场将进入万马奔腾、泥沙俱下的时代，此时底线游戏规则、真正的市场化格外重要，目前是决定中国股市有没有未来的转折点。（2014 年 4 月 24 日）

【沪港通】

沪港通带来厚粥行情

牛市的号角似乎吹响，但这是半夜的鸡叫，太早。

沪港通脚步声近，带来蓝筹股人气。8 月 4 日午后，房地产发力带动大盘指数上攻，券商、保险、煤炭、水泥、化工、房地产板块涨幅位居行业板块前列。上证综指收盘涨 1.74%，上涨 38.03 点，报收于 2223.33 点。从底部 1900 点左右，上证指数坚定攀升。

一切看起来都那么美妙。官方与汇丰的 PMI 制造业采购经理人到达景气区间，说明大型企业与小型企业同步复苏。从 6 月开始，景气加快复苏。今年 1 到 6 月，全国规模以上工业企业实现利润总额 28649.8 亿元，同比增长 11.4%，增速比 1–5 月提高 1.6 个百分点；实现主营活动利润 26722 亿元，同比增长 10.8%，增速比 1–5 月提高 1.7 个百分点。

根据统计局的数据，在 41 个工业大类中 35 个同比增长，纺织业增长 10%，非金属矿物制品业增长 19.3%，黑色金属冶炼和压延加工业增长 17.1%，有色金属冶炼和压延加工业增长 6.1%，通用设备制造业增长 13.5%，专用设备制造业增长 3.8%，汽车制造业增长 29.1%，电气机械和器材制造业增长 25.3%——一夜之间，仿佛产能过剩不存在了，债务又恢复到正常水准，除了两个行业在提醒经济周期下行的惨烈，其他数据耀眼无比：煤炭开采和洗选业下降 43.9%，石油和天然气开采业下降 2.3%。充满行政色彩的定向降准，被解读为货币放松的前奏曲。

如果中国经济结构转型那么容易成功，如果中国债务风险细如微风，改革派可以洗洗睡了，因为中国经济根本不需要艰难变革。笔者对短期经济绝不乐观，事实上，从负债率也好，从周期性行业赢利也好，以及东部沿海制造业基地、西部矿业基地，目前均处于困难时势。也有轻松的行业，高端投资品和离大城市较近、配套完善的养老房地产，去化率不错。

真正让这轮喝厚粥行情得以启动的是货币与投资，各地远超 4 万亿的天量投资计划不必细说，兵马未动，粮草先行，货币市场回暖。根据央行的数据，今年上半年，社会融资规模为 10.57 万亿元，比去年同期多 4146 亿元，为历史同期最高水平。截至 6 月末，广义货币（M2）余额 120.96 万亿元，同比增长 14.7%，增速分别比上月末和去年末高 1.3% 和 1.1%，创一年内新高。市场透彻理解了决策层保增速的决心。

另一拨粮草来自沪港通，2007 年转经天津的沪港直通车未能启动，而现在，沪港通不经第三地，将很快落地。

媒体披露，港交所已正式敲定沪港通市场联网演习时间，将于 8 月下旬至 9 月中旬组织首批沪港通参与机构进行一次连接测试及两次市场演习，以确认在沪港通正式推出时交易系统已准备就绪。

沪港通政策成为大盘蓝筹股的输血站。沪股通交易标的为上证 180、上证 380 以及沪市 A+H 股，共 568 只。港股通标的为恒生综合大型股指数、中型股指数，以及沪港两地上市的 A+H 股公司，共 266 只。沪港通从理论上为标的公司输送了巨额资金，沪股通和港股通的投资者都需要通过内地证券公司来实现委托和交收，沪股通总额度为 3000 亿元，每日额度为130亿元；港股通总额度为2500亿元，每日额度为105亿元，表面上看来只有区区130亿元，但每日轧差计算，如果市场景气，投资额将远超这百亿元范围。

沪港通推出之际，是一次极好的投机机会，会让很多人一夜暴富。但是，历经A股市场长期折磨还能保留元气的投资者，对沪港通的意义会有深刻的体会。事实上，沪港通不仅是股市投机机会，还是人民币国际化的一环，是吸纳境外资金入内的契机，是人民币加强与港币也即美元联系的机会。

境外投资者大概不会像当初的境内投资者一样纯朴愚昧。

2001年2月26日，曾被誉为中国证券市场上里程碑式的日子，当天是境内居民凭身份证办理B股交易手续的第一天。2月28日，对境内居民开放首日，B股全线无量涨停。从6月1日开始，境内资金入市，B股大跌，资金被套。这场试验以开放前B股投资者暴富、6月1日境内资金入市后绝大多数境内普通投资者被套终结，是一幕起承转合非常完整的悲剧。

如果上市公司基本面与股市制度没有大变化，资金的进出窗口，就是谁暴富谁被套的机会。沪港通不会重演2001年一幕，因为再也没有天真的投资者可供消遣。（2014年8月5日）

沪港通未必能带来A股牛市

沪港通以决绝的态度走向市场，无论什么事件，都不可能实质上阻碍沪港通的步伐。10月17日，中国证监会与香港证监会共同签署了《沪港通项目下中国证监会与香港证监会加强监管执法合作备忘录》。至此，内地与香港关于沪港通跨境监管合作制度安排已完成。

沪港通与人民币国际化、证券市场国际化相关，国际化是中国金融改革的方向，沪港通、深港通是其中重要步骤。

目前沪港通，未必能够推高沪综指指数。

全球经济动荡，欧美股市雪崩。全球经济增速放缓警钟再次敲响。“十一”黄金周，美股标普 500 指数和纳斯达克指数全周分别下挫 3.1% 和 4.5%，双双创下 2012 年 5 月以来的最大单周跌幅。德国 DAX 指数“十一”黄金周周五收跌 2.40%，为 2013 年 10 月以来最低水平，全周跌幅达到 4.4%；法国 CAC40 指数全周下跌 4.9%，意大利和丹麦股指跌幅更是分别高达 5% 和 7%。亚太股市如日本、韩国跟随下跌。

与内地市场相对封闭不同，香港市场深受国际市场影响，香港恒生指数 10 月 14 日收盘于 23047.97 点，下跌 95.41 点，下挫 −0.41%，香港恒生指数来回震荡。未来随着美元价格上升、利率上升，全球主要股市基本处于下行区间，通过沪港通打开一道闸门，对内地刚开始有所提升的市场信心未必有利。

沪港通开通以后，投资者购买标的受到限制，以传统大型制造企业、金融机构为主要标的，传统行业转型艰难，好不容易通过沪港通恢复了一些信心，再加上并购重组、国企混改等概念炒作，股价维持稳定。

但沪港通宣扬至今，市场已经基本消化了利好，蛋糕上的奶油被猫舌舔走，沪港通开通后见光死的概率很高。

最近一个多月，随着港股的大跌和 A 股的走强，代表 AH 股价差的恒生 AH 溢价指数持续走高，一度回到 100 以上。由于多数分析人士认为沪港通将在 10 月 27 日开闸，导致恒生 AH 股溢价指数继续上涨，15 日报收 99.8 点，A 股与 H 股差价几乎被“抹平”，剩下的一到两个点在误差范围内，不值得大加关注。红利已经提前释放，沪港通一旦正式开闸，A 股市场大盘股很有可能不涨反跌。沪市 130 亿的日投资额度，外带 3000 亿交易总额限制，几百支大象股要集体起舞并不容易。

两个市场的投资者所受的待遇是不公平的。香港市场投资者享有特殊优势，A 股市场实行 T+1 交易制度，港股市场实行 T+2 交收制度，但允许投资者在股票尚未到账的 T 日及 T+1 日卖出股票，内地投资者比香港投资者多承担一天的交易风险。香港的个股看空期权、窝轮等十分活跃，可以通过对冲获利，还可以通过低廉的融资放大资金杠杆。而内地投资者无法及时纠正投资失误，内地也没有多样的对冲手段，融券形同虚设。

香港市场交易时间较内地稍长，其下午的交易时间也比内地市场晚 1 小时。交易时间不同创造出巨大套利空间，内地市场常常在下午收市后推出重大性的政策，大资金可迅速在香港市场操作，完成相关套利。待 A 股市场开市后，资金再度返回 A 股进行套利。

一方放开手段，另一方束手束脚，让人不由捏一把冷汗。

对于香港投资者而言，沪股通最大的风险是信用风险与汇率风险，内地市场上市公司财报质量不高，而以人民币投资面临人民币汇率下行风险，就算在股票市场赢利也有可能无法弥补汇兑损失。

沪港通利好人民币与股票市场，但从短期看，未必是个股票市场的巨大利好，短期炒作的时间窗口大致已经过去。（2014 年 10 月 22 日）

2015 年：风雨飘摇　股灾之年

【小趋势】

2015 年：股市大象踩不死蚂蚁

A 股市场是否会重拾美股的走势？在经济转型阶段，股市因有货币政策托底而大牛特牛？有可能。

标普 500 指数 2009 年 3 月之后走出长牛，从 666.79 点上升到 12 月 24 日的 2081.93 点，屡创历史新高。美国股市从假牛走到真牛，一开始美联储降息、量化宽松，最后直接进入市场触发市场向好，一些科技板块获利极大，美国因此进入创新引导下的经济增长期。

中国股市试图通过提升改革概念与科技概念，为中国经济结构转型提供弹药，2014 年下半年引人注目的概念是国企改革红利，导致大象群舞。

2014 年 2 月，中石化发布公告称，率先在油品销售业务引入社会和民营资本，实现混合经营，授权董事长在社会和民营资本持有销售公司股权比例不超过 30% 的情况下，确定投资者、持股比例、参股条款和条件，组织实施该方案及办理相关程序。民资进入销售板块，未来上市可以预期。今年以来，中国石化在 A 股以缓慢趋势上涨。

受此刺激，一些券商把目光锁定在高铁、核电、军工等板块，以高铁为核心的铁路基建行业是中国走出去的代表，也是中国城镇化的抓手，今年发改委审批通过的基建项目超过万亿元，高端制造因此进入投资者视野。

2014 年两融余额猛进，到 12 月 19 日突破万亿元关口，较 8 月 25 日之前接近翻倍。而从成交量来看，融资融券在 A 股总成交额中占比也越来越高。根据统计数据，2014 年 1 月 2 日，即今年第一个交易日，两市融资融券交易占 A 股成交额比重为 9.70%；3 月 28 日以后，该比重从未低于 10%。10 月 30 日以后这一数据上升为 15%；11 月 20 日之后一直稳定在 20% 左右。融资占绝对的主角，上演了 A 股史上最大逼空行情。

大象跳舞未必踩死蚂蚁，中国最具竞争力的高科技、互联网中小企业，仍然是未来的热点，从新三板到创业板的改革，将点燃明年高科技、创新型中小企业的火焰。

在市场舞蹈的大象，多数传统周期性企业基本面已经改善了吗？没有。这些企业仍然面临着去库存、高负债的巨大压力，很多国有控股企业的效率仍然低下，但在大量资金的冲刷下，在改革的概念冲击下，这些公司开始利用股价上涨解决自身的困境，或者补充资本金，或者套现，或者引入外部股东。

市场波动剧烈，信心不稳，融资融券成为看市场信心的风向标。

在融资余额突破万亿之后，市场集体疯狂，但到 12 月 23 日、24 日，两市融资资金连续两个交易日出现净流出，融资余额已回落至万亿以下。考虑到两市融资余额基数不同，深市融资资金净流出现象更为明显。

市场疲软，总会伴随着好消息出炉，如 12 月 24 日金融股净流出，当天晚上央行宣布非同业存款不用缴纳准备金，相当于隐形降准，这使得 25 日上午金融股疯狂拉升，沪综指突破 3100 点。

再好的概念，如果没有基本面稳定配合，也得看资金的趋势，毫无疑问，目前无形之手维持货币稳定，维持股市热度，这是股市大幅上涨的初期动力。未来能不能从假牛市变成真牛市，要看改革是否成功，因为从长期来看，市场还得回到基本面。除了大象，股市中具有成长性的

蚂蚁们，有可能轮番成市场主角。（2015 年 1 月 2 日）

【看时局】

高度警惕 A 股杠杆

周末，银监会和证监会出台政策联手医治 A 股的资金高烧症。

银监会出台《商业银行委托贷款管理办法（征求意见稿）》，对银行的委托贷款的资金来源及用途做出了严格的限制，明确商业银行对委托贷款不承担信用风险，禁止将银行授信资金作为委托贷款资金来源。

证监会则对证券公司融资类业务检查中违规的公司进行了处罚，最严厉的莫过于对中信、海通和国泰君安作出暂停 3 个月融资融券业务的处罚。当事券商中信证券的第一大股东中国中信有限公司最近又对其大幅减持，套现金额超过 110 亿元，疑似涉嫌内幕交易。

周末出台的政策明确指向 A 股市场越来越疯的高杠杆。本轮牛市是资金市，指数的飙升基本靠权重股集体拉升带动。沪深两市的成交额一举突破了 7000 亿、9000 亿和 10000 亿的关口，融资融券余额也在 2014 年年末突破了万亿大关，到今年 1 月 15 日 1.1 万亿元。其中金融股数量更是占据前位。一年内，融资融券余额增长幅度达 191%，其中融券数额可以忽略不计。

从理论上说，A 股杠杆率不高，50％的保证金，常规业务杠杆不超过 2 倍。股票折算率最高不超过 70%，因此保证金比例通常要高于 0.5。引用一个案例，如果某个投资者拥有资金 100 万元，融资保证金比例为 0.5，则客户可以先普通买入股票 100 万元，再将普通买入的股票作为担保物向证券公司融资买入股票 140 万元（融资买入金额＝保

证金 ÷ 融资保证金比例＝担保物市值 × 折算率 ÷ 融资保证金比例 = 100×0.7÷0.5），即总共买入 240 万元的股票。如果该股票价格下跌 10%，则亏损 240×10%=24 万元，是普通交易亏损的 2.4 倍。

融资券商一本万利，既可以收获 8％左右的融资收益，又可以控制风险，市场下跌时可以强行平仓，目前交易所规定客户信用资金账户的维持担保比例低于 130% 且未按期补足差额时，证券公司有权启动强制平仓程序。融资者证券资产有 50 万元的门槛，担保品有不同的折扣率，两融业务还有半年的持仓限制。目前市况好转，各类资金源源不断地进入股市，突破了规则限制。少数券商杠杆率超过 2 倍，两融门槛从 50 万降低到 10 万到 20 万，甚至出现借 15 万给 30 万的现象。

融资实际操作过程中屡屡突破限制，被高收益诱惑，不仅券商，其他资金也借助伞形信托、委托贷款、银证合作等各种方式，进入股票融资资金池，分享资金高收益。

A 股市场基本面尚未好转、波动率加大，12 月 9 日上证综指收跌 5.43%，刷新了 5 年之最；1 月 8 日，A 股再次上演“逗你玩”行情，短短半小时内杀跌 4%。谁都知道波动率加剧与高杠杆同时发生，意味踩踏事件发生概率上升，意味着昌九生化、成飞集成等事件很有可能重演。但身处其中享受高收益者很难收手。

两融规模 1 万亿元是个瓶颈，两融杠杆必须得到控制，以防资金市成为高利贷狂欢，进一步打压实体经济。

深究此次两会政策，似乎有些有心无力。证监会对于三大券商暂停 3 个月的融资融券业务，对于限制券商的融资融券业务也是隔靴搔痒，据悉目前市场上几乎所有的券商基本已将两融额度用光，且两融制度实行已久，不会畏惧限制新开户的处罚。3 个月期限一过，照样可以大展拳脚。

银监会政策看似对于委托贷款严厉管制，但实则不然。委托贷款本就是银行的表外业务，游离在资产负债表之外，能够增加投资渠道、资金运用比较灵活。在实际操作中，委托贷款往往脱离了其初衷，成了规避监管和政策的法宝，将资金投向政策限制的领域。

据《证券时报》报道，2014 年 12 月新增人民币贷款仅 6973 亿元，其中新增委托贷款规模就达到 4582 亿元，超过前 3 个月的总和，成了主流贷款项目。银监会政策看似对委托贷款规模造成了巨大的影响，但只要市场有需求，难保银行、资本市场会幻化出其他形式的融资方式，对于股市资金面的长期利空影响恐怕有限。

A 股烧得有些不健康。银监会、证监会的医治手段恐怕只是暂时用冰袋降低高烧，可以稍稍缓解下已经急功近利、利益熏心的市场，让投资者更好地了解到市场的残酷性和不确定性。想让 A 股市场真正康复，需要建立振兴实体经济、优化信贷结构、注册制等基础制度。（2015 年 1 月 19 日）

A 股市场再拾升势

A 股市场再拾升势，资金入市明显，这既体现 3100 点左右是政策底，也是积极财政政策与货币宽松预期的又一个功劳。

一带一路、强军梦等政策再次被强调，使市场找到了热点板块。强烈的信号显示，未来的货币不可能比现在更紧。2 月 25 日、26 日央行主管的《金融时报》破天荒连续刊发中国城市金融学会秘书长詹向阳、马龙的文章，前者指出“通缩离我们已经很近”，后者则指出“货币政策要维持流动性的适度充裕，应在稳健基础上向宽松方向适度调整”。较为宽松的货币政策呼之欲出。

2 月 27 日，媒体报道五家上市城商行获批定向降准，如此一来，春节前后包括北京银行、南京银行、重庆银行、哈尔滨银行等 8 家在上海、香港上市的商业银行获得央行定向降准批准，执行 16.5% 的人民币存款准备金率；2 月 26 日有消息称，浙江省内包括杭州银行、温州银行、嘉兴银行、湖州银行、绍兴银行、金华银行等 23 家商业银行，下调人民币存款准备金率 0.5 个百分点。市场期盼 3 月央行全面下调基准利率，央行没有让市场失望，全国两会前，央行下调存贷款基准利率，这只是宽松货币政策的序曲，未来还将有更多的宽松政策。

虽然文章都指出货币流入实体经济的重要性，但在产能过剩、内需疲软的状态下，宽松政策的预期却直接刺激了投资股市的热情。预料将来决策层也不得不接受这一点，如同 2008 年美联储的量化宽松刺激出了大牛市一样，在化解产能过剩、债务风险的过程中，宽松货币首先流入的不是风险巨大的实体经济，而是资本货币市场。A 股市场沪综指未必会如标普 500 一样出现大牛市，但市场总体的趋势至少不会向下走熊。

市场已经反映预期。2 月 25 日是羊年的第一个交易日，两融市场迎来大额资金回流，据 Wind 数据，融资融券余额为 1.14 万亿元，较春节前的最后一个交易日 2 月 17 日增长了 301.66 亿元，创下历史新高，当天沪深两市单日融资买入额为 979.77 亿元；2 月 26 日单日融资买入额超过了 1000 亿，市场热情激发高涨。对于专业投资者而言，通过融资与 50ETF 期权可以实现套利交易。

A 股出现大牛市的条件仍不成熟，不可能重走美国货币政策带动经济复苏的成功之路。全球都在实行宽松的货币政策，中国央行并不特殊，并且，目前上市的企业以代表传统制造来与管理模式的企业居多，想象空间受到限制，股东为救急、扩大持续套现，市场热情会受到打压。靠政策提供想象空间毕竟有限，并且持续时间不会太长，上市公司的业绩，股价与红利才是吸引投资者的法宝。

英国《金融时报》“短线观点”（Short View）栏目撰文指出，去年年初的中国上市公司的股票很便宜，投资者对于房地产泡沫破灭和银行坏账的担忧，迄今都未成为现实。随着信心恢复，股价大幅飙升。去年 11 月，随着“沪港通”的开启，国际投资者更容易投资于 A 股。双重因素导致中国国内股市提前上涨，并持续至当年年底。现在，A 股的股价已经不便宜，直观的数据是，上个月 A 股对 H 股溢价率达到 33%，国际投资者可以直接买较便宜的 H 股，还省去了汇率风险。无论人们对中国政府收拾乱局的能力多么信任，经济改革都会带来极大的风险。投资 A 股不仅是对经济改革的押注，而且还是对更大的融资交易杠杆的押注。两者都具有极大的风险。

A 股市场依然是个靠“激素”刺激的市场，虽然改革拥有一定的空间，但人们并不清楚改革方向以及在改革过程中投资者究竟能够承受多大风险。事实上，目前从南到北，实体从业人员群体中弥漫着悲观的气氛，要提振企业家的信心不像操控股市那么容易。（2015 年 3 月 2 日）

A 股市场如何不再伤心

A 股市场上涨了，这是好事。但把 A 股市场上涨拔得过高，认为就此解决了中国企业融资症结，则过于理想主义。

这次股市上涨合乎各方心意，没有人会对股市上涨说三道四。但股市上涨并不必然带来实体经济的上升，资金进股市是为实体经济作贡献，有时并非如此。只有上市公司赢利并诚信经营，股市才能成为市场经济重要的融资渠道，弥补实体经济不足。如果上市公司赢利不上升，上升了之后转移财富，股市就是财富腾挪的合法渠道，对普通投资者而言是零和博弈甚至负和博弈。

A 股市场经常深陷困境，管理层每隔几年不得不暂停发行新股，以拯救休克的股市。2008 年再次深陷困境后，各方有许多反思文章，今天看来依然有理有据。

此前的股市财富效应有限，并且不公。2008 年 9 月 18 日，兴业全球基金管理有限公司辛曌在《上海证券报》撰文指出，中国股市从 1990 年底算起的 18 年间，指数增长了 20 倍，年均复合增长接近 19%；市值从微不足道到当时的 14 万亿。看起来成绩斐然，实则由既得利益者受益：企业一上市往往大股东就身价倍增，企业上市后经营得再差，大小非们都是获利丰厚，内部职工股也鲜有听说亏损的，中介机构更是在牛市中赚得盆满钵满，对国家来说，股市不仅贡献了几千亿的印花税收入，国有资产更在股市中得到了大幅保值增值。普通投资者并没有获得多少财产性收入。

2010 年 6 月 21 日，《中国证券报》发文指出，沪深 10 年以上的上市公司历年分红来看，股利收益率低于银行储蓄存款利率，相当比例的上市公司净资产收益率长期处于 5% 以下的较低水平，无法覆盖投资者的资金机会成本。

换句话说，绝大部分投资者是为股市作贡献的，只有一小部分人才是股市获利者。股市的融资功能被强调到了不可思议的高度，银行、金融机构、央企、地方国企、创新经济融资，都指望着股票市场出力。确实，股票市场融资一本万利：不像贷款需要还本付息，不需要支付债券利率。利润无法支撑的大规模增发损害的是此前持股人的利益，但一心指望股价上升换手率极高的市场，谁也不会真正拿增发当一回事，甚至包括中小投资者本身。

股市常常出现逆向淘汰。高效诚信企业无法上市，一些亟需融资的企业拿着烂资产包装之后上市。现在各地国企改革都在强调提高资产证券化率，都在进行资产的合并、分拆，市场如火烹油一律当作利好进行炒作，最好让时间恢复投资理智。

2014 年 12 月，上证报的统计结果显示，国资控股的上市公司市值合计达 25 万亿元，占 A 股总市值 71%。国企改革与证券化牵涉到 A 股市场的根本前景，起码要先看一下是否资产运作、是否符合上市公司的程序正义原则，其次要看对上市公司的管理与赢利是否有根本改观，以规则为准绳，以效果为风向，否则当年国企甩包袱的现象不是不可能重现当下。借着概念炒作进行市场逆淘汰绝不能再做，否则这次市场好不容易恢复，如果再伤元气，将伤及根本。

此次股市改革有些新意在内。从细节可以看得出某些改进，比如新股发行虽然饱受诟病，但新股发行如此迅速仍有那么多打新资金入市，事先为打新资金尤其是中小投资者预留的空间功不可没。另一方面，从 2013 年开始，通过大数据分析，精准捕捉基金等行业的老鼠仓成为可能，事实上，这两年的捕鼠是历年最多的。今年 3 月 10 日，全国人大财经委副主任委员尹中卿表示，新证券法草案将推进股票发行注册制改革；新证券法草案将强化中小投资者权益保护。一个是市场化，一个是加大保护中小投资者，这两个原则直接针对权贵市场的命门，绝不能变。

股市上升夹杂着对新经济憧憬，对国企改革的期盼，其他投资品种重要性下降，以及决策层对资本市场的坚定改革决心，几股力量促成了目前的市场，来之不易，绝不能为了烂公司、为了甩包袱、为了圈钱，再次让中小投资者伤心。（2015 年 3 月 23 日）

嗜血牛市

股票市场震荡会加剧，在上涨的过程中，很多冒险者会成为炮灰。

股市继续上升，4 月 7 日沪综指站上 3900 点，股市没有喘息，一路向上。

股市大幅上涨，因为所有的概念都在股市中，股票市场成为唯一的救命稻草。实体企业债务去杠杆要靠股市，创新企业融资要靠股市，中国经济结构转型要靠股市，目前政策对于股市的整体呵护要靠股市，投资者不再增持房地产后主要的投资标的是股票。

资金源源不断进入股市，券商来不及开户，融资配资的已经笑不拢口。据 Wind 数据显示，4 月 1 日收盘 A 股两融余额为 15183.91 亿元，环比增加 244.75 亿元。具体数据方面，沪深两市当天融资买入额达到 1786.70 亿元，占全部 A 股成交额的近 15%，当天融资偿还额为 1545.96 亿元，融券卖出量为 217304.22 万股。截至 4 月 5 日的一周，上证指数当周涨幅达 4.68%，沪市单周融资买入的规模就超 6000 亿元，创历史最高水平。

各种融资资金进入股市，证监会对违规两融券商的处理可见一斑，大户做原始股和港股，中户融资炒股，小户跟风买进。实际上，情况可能从数字显示的更严重。《21 世纪经济报道》4 月 5 日披露，今年以来通过某家银行渠道流入资本市场的资金量占到了资产投放的一半。在失去了房地产和制造业这两个强劲的赚钱机器后，股票市场成了资金流向的一个洼地。企业融资通过证券市场，或者挂板或者上市而后抵押股票或者定向增发，市场的融资渠道发生了根本变化，银行已经开始转型。

一些分析师已经在着眼于利率市场化、存款保险制度设立后的 40 万亿以上的存款、15 万亿以上的理财产品以及人民币国际化开闸、养老金入市后的数万亿资金。

股市如火烹油之际，制度改进必须跟上。到现在为止，市场化的注册制、退市制度、集体诉讼制度还没有显示出威力。

监管层触摸到市场热度，开始调节节奏。4 月 7 日，《人民日报》报道 IPO 发行速度上升。今年以来，证监会共为 98 家企业发放了新股发行批文，超过去年全年的 94 家，而且放行数量呈逐月增长的趋势。这似乎压低不了市场热度，4 月获得批文的 30 家企业预计融资规模大都在 10 亿元以下，30 家合计远远不到 200 亿元。而此前，3 月发行的 24 家新股，实际募资 215 亿元；2 月发行的 24 家新股，实际募资 146 亿元；1 月 20 家新股，实际募资 96 亿元。今年一季度，通过融资融券业务融资净买入额每天就有 100 亿元至 200 亿元。

不仅如此，由于推行让利于打新者的政策，目前新股上市价格被人为抑制，使得上市发行之后溢价抬升。中国经济网报道，东方财富网记录自 2014 年 6 月打新重启至 3 月 27 日，新股上市 20 日后平均涨幅高达 126%，而 2014 年打新基金平均收益率超 8%。对部分投资者来言，打新可谓是造富良机。据统计，2014 年，A 股市场全年共有 125 只新股发行，首日平均涨幅超过 40%，上市以来平均涨幅超过 150%。现在的打新政策是有利于烘托股票市场，有利于激发打新者的热情的。

另一方面，虽然市场化退市制度如箭在弦，拉了半天的弓射出却很慢，对市场的风险警示作用不够。自 2001 年 2 月实行《亏损公司暂停上市和终止上市实施办法》以来，年均退市家数不足 10 家。2014 年 11 月 16 日，《关于改革完善并严格实施上市公司退市制度的若干意见》正式生效，新退市制度出台后，只有 ST 博元等上市公司面临切实退市风险，ST 二重主动退市失败。而 ST 长油、ST 博元等还受到追捧。

至于保护投资者利益，看看投资者艰难的维权就可知一二，在佛山照明等案例中，维权投资者受到的待遇一言难尽。

从货币、投资方向、市场心态是走牛，但从基础制度、诚信体制却不具备走牛基础，因此这只牛是一只嗜血的剧烈震荡牛，只有训练有素的牛仔才能驾驭。如果基础制度改革不抓紧落实，恐怕就没有将来了。（2015 年 4 月 8 日）

股市的杠杆噩梦

融资爆仓是股市投资者的噩梦，目前中国股市最大的风险不是上涨过快，而是杠杆过高。以负债推动 A 股市场上涨是不合适的，相当于企业去杠杆，投资者加杠杆，是对投资者智商的嘲弄。

股票市场融资余额屡创新高，4 月 16 日，沪深两市融资融券余额达到 17461.93 亿元的历史峰值，20 日、21 日、22 日 A 股融资余额买入额分别达到 2448.31 亿元、2115.78 亿元、2483.11 亿元，其中 22 日单日融资买入额创出了年内新高，并拉动市场融资余额创出 1.75 万亿元的天量，融资借钱炒股热度空前。

官方媒体鼓吹大牛市很不合适，控制市场整体风险，发挥市场定价才是根本。中国股票市场从来没有出过大乱子，是因为从来没有大规模利用杠杆进行过股市投资。A 股市场熊长牛短，熊市到来时，普通投资者手握一把股票熬过寒冬，等待下一个股市春天的到来。他们心平气和，因为没有负债、不会破产，最多生活品质稍有下降。整体金融体系也没有因为熊市受严重侵蚀，没有高杠杆全面崩溃，不会波及到其他金融机构。

杠杆率升高、借钱炒股，一旦股市下行，就会发生可怕的踩踏事件，甚至金融危机。

A 股市场融资从无到有，发展非常疯狂。近日，麦格理银行发布报告指出，表面上，A 股杠杆率为温和的 3.3%，若只按流通盘计算，这个比例就一下子升至 8.3%。中国台湾地区股市杠杆率是 1.4%、美国 2.5%，日本 0.8%。即使在过去 30 年去时间范围中，最高也只有中国台湾创下过 6% 的杠杆率。A 股这个大赌场中的赌徒们甘冒最大的风险火中取栗。

彭博社数据显示，中国股市流通市值仅占总市值的 40%，在全球排位靠后，远远低于中国台湾股市的 65%、日本股市的 75% 以及美国股市的 94%。彭博社对流通盘的定义是：基于可公开交易的自由流通股的市值。自由流通股数通过从总股数中减去内部人员与非活跃持有人所持股份计算得出。

卷入融资的资金在增加，杠杆也在加长。根据《华尔街见闻》数据，2015 年债券回购可以放大到 5–10 倍杠杆；P2P 配资的杠杆率是 5–10 倍，极端的 15 倍；融资融券是 1.5 倍杠杆。根据国金证券分析师李立峰的估算，伞形信托、增资配股总的规模大约 4000 亿左右。民间配资和 P2P 配资的平台规模较为隐蔽，无从统计，但据网贷之家的报道，P2P 股票配资交易规模可能达 1000 亿。李大霄认为，伞形信托 5000 亿，但融资融券和伞形信托配资加起来的杠杆资金规模超过 2 万亿，已经占 A 股有效流通市值的 10% 左右。

券商谋求扩大融资规模，不断补充资本金。4 月 22 日，《证券时报》报道，国信证券上市 3 个月宣布筹划再融资事项，广发 H 股上市，海通、中信拟 H 股再融资，华泰证券及光大证券拟发行 H 股，53 家券商排队准备上市。

融资类业务已成券商增长最快业务，中国证券业协会的数据显示，截至 2014 年底，证券行业融资融券业务利息及佣金收入合计 592.74 亿元，占总营业收入比重达到 22.77%，其中利息收入 446.24 亿元，佣金收入 146.5 亿元。今年一季度不少券商的两融业务总收入占比已超过 30%，个别甚至接近 40%，超过去年上半年收入占比。向投资者拆出资金将成为主要赢利方式，银行、民间配资公司、信托等一齐狂欢。

高息拆借其实是高利贷的变种，券商融给投资者获得 8%以上的收益。此时举国若狂地把资金投入股票融资市场，融资者当然相信自己独具慧眼，投资的股票一定能上涨。目前利率还在上升，4 月 23 日《华夏时报》

报道，叫停伞形信托后，配资公司上浮融资利息。由于股市涨幅很大，配资公司降低杠杆，从5倍到3倍。另一家理财公司负责人表示，伞形信托融资成本年息在13%之上，可以寻找还在发行的伞形信托配资，年息为9%，但要收取服务费。投资者须获得更高回报才能覆盖整个链条上的成本。

杠杆牛节奏更快、波动大，一旦崩溃将全线失守。南北车让投资者活了又死、死去活来就是最好的案例，从4月7日到17日的9个交易日里，中国南车、中国北车双双收出7个涨停，累计涨幅分别达到111.18%和108.9%。而后南北车于21、22日两天暴跌，23日收阳，而后大涨，25日居然涨停。

南北车暴跌让市场出现一片惊鸿，短短两日的暴跌让融资客买入南北车的投资者如坐针毡。而涨停又让斩仓的投资者痛苦不已。

业内人士分析，中国南车和中国北车的折算比例为0.7和0.6。若投资者拥有100万元资金对南北车进行重复担保投资的话，最多可以融到116.67万元的担保资金，投资者将共计持有216.67万元的筹码，假如20日在涨停价位介入南北车当中的任意一只，没来得及出局，两个跌停板之后，216.67万元资产将缩水到175.5万元，损失的41.17万元（216.67万元－175.5万元）对应本金100万元比例为41.17%。

原来216.67万元的资产对应116.67万元债务，维持担保比例为185.71%，挨上两个跌停板后，175.5万元的资产对应116.67万元债务，维持担保比例将降为150.42%。

如果维持担保比例低于150%，投资者须追加担保品，低于130%将被券商平仓。换言之，从极限数据考虑，130%的维持担保比例对应151.67万元资产。如果被强行平仓，投资者只能拿回151.67万元，相比之前的总资产216.67万亏损了65万元，杠杆操作放大亏损额度可见一斑。两融担保比例的公式为：维持担保比例＝（现金＋信用证券账户内证券市值总和）÷（融资买入金额＋融券卖出证券数量 × 当前市价＋利息及费用总和）。

总有一条引信会点燃熊熊大火。不管是利率上升还是大型企业倒闭，导火索将引发连串事件，首先融资炒股者会破产，接下来是提供融资的资金发生风险，杠杆越高，风险越大，卷入的资金越多，风险蔓延范围越大。

资本货币市场杠杆过高是风险之始。《1929 年大崩盘》（《The Great Crash 1929》）专门提及 1929 年之前与中国伞形信托相似的投资信托崩盘，普通股价格上涨时，信托中债券和优先股的价格基本不变，使投资信托受到热捧，这与中国信托的优先劣后有异曲同工之妙。2008 年金融危机部分原因也是杠杆率失控。

中国金融业离粗放时代不远，信用体系可疑，控制能力也存疑，因此，常常出现全民炒某个行业、资金疯狂进入某个行业的情况。君子兰、楼市、股票、比特币都是标的物，背后总有融资者收取高息。

监管层试图降低过热的温度，增加上市公司数量，叫停伞形信托等，但市场热度还没有因此下降，从门口出去的虎从窗口又跳了进来，资金总会进入最热的市场收取高息。中国股票市场在尽快市场化、法治化的同时，必须尽全力控制杠杆率，否则风险蔓延至入市的上亿股民，当大多数人破产时，情形将比地方债破产还要可怕。（2015 年 4 月 27 日）

可怕的牛市，恐惧了吗？

有人之处便说股，中国股市成为时下中国经济最流行的金曲，资金与改革的想象空间被透支。

接近疯狂的 A 股市场在 6 月 5 日迎来标志性事件，上综指在 7 年后重新站上 5000 点关口，收于 5023.10 点，被视为一个牛市新时代来临的新标志。

产能过剩的实体经济无法承受巨量资金，源源不断进入股票市场，微信朋友圈里都是找资金的信息，最多的是股票市场融资需求，利率在 8%以上，报出 5%的三年利率会受到无情的嘲笑，有个朋友在微信圈里说："这样的利率！把资金全给我吧，保证三年 8%以上，全部放到融资，尽管放心。"

可以想象，不会再有"聪明钱"进入只有 3%左右利润的传统行业，投资者也不愿意进入理财产品获得 5%左右的收益，没有什么能够抑制投资者进入股市的热情，无处不在的股市财富神话点燃了暴利之心。从明星到隔壁邻居，一夜暴富的传闻四处流传。

政府的财政政策，央行进入降息降准周期，被视作股市利多。新近传闻扩大到两万亿的地方债置换，以及给滚烫的股票市场添了薪柴。《中国证券报》报道，有媒体报道称，第二批债务置换额度已下发至各个省份，总额度为 1 万亿元。分析人士认为，财政部进一步推进地方债置换在市场预期之中，全年至少将到 3 万亿元的规模。地方债首期置换在 8 月完成将为后续地方债置换提供时间，预计至少还有两批地方债进行置换。如果 3 万亿地方债被置换，银行贷款空间大大拓展，意味着货币政策再宽松。

股指上涨总有导火索，资金进入市场抱团取暖。沪综指突破 5000 点时，可以举出疯狂的资金数据。6 月 5 日新股逾 3 万亿资金解冻；5 月最后一周，两市新增 A 股开户数高达 442.80 万户再创历史新高，场外资金大举入场；多达 8390 亿的基金资金准备进入市场；今年以来，截至 6 月 5 日，保证金累计净流入 2.43 万亿，接近目前沪深两市日均总成交额。

投资者对股市下跌感觉钝化。5 月 28 日股指大跌，市场吓出一头冷汗，结果被证明只是从创业板向主板市场的轮动。此前几次下跌，被资金迅速拉起，有惊无险使多数投资者把市场下跌当作过山车游戏，就是抄底的机会。

炒作是个循环过程，也是个大悲大喜的过程。以银行板块为例，银行的坏账陆续曝光，由于实体企业状况不佳，银行找不到合适的贷款标的，倒逼着银行寻找新的赢利增长点，进行混业经营，或者通过某些管道将资金输入股市，以寻找最低 8% 左右的收益。

6 月 6 日，中国证券网消息，某知情人士表示，交通银行由交行金融研究中心研究撰写，由央行牵头协调银监会、国资委、财政部等各个部委进行研究。经央行牵头研究后的交行深化混改方案版本，将于一两个月以内递交到国务院，有望近期得到批准。这说得头头是道，似乎亲眼见到在国务院的办公桌上，不由人不信。实际上，在一年前已有类似传闻。《中国经营报》报道，方案大致分为两块内容：一部分是交行作为国有银行的混合所有制改革试点方案，涉及到股权结构改革、公司治理机制如何发挥作用、董事会权责配置、激励和约束机制等，需要由国务院批复；另一部分是交行内部治理机制上的微调和优化。

就在传出银行股收购证券公司混业经营的消息之时，银行股开始上涨，进入又一轮改革概念炒作期。

不出意外，6 月 5 日在收阴的十字星之前，交通银行在 A 股市场已经 5 个交易日走高。想象空间被进一步拓展，既然交行试点，其他大型银行的混业经营改革还会远吗？因此，其他各家银行股价也像春笋一样开始向上拱。

很多消息都被理解为政策利好，向国际投资者敞开一扇小门，被理解为国际资金进入，有利于市场。

典型的论述是：某证券首席分析师认为，5 月 26 日，英国指数公司富时集团（FTSE）启动两个新的新兴市场指数，纳入中国 A 股。本周全球最大的 ETF 管理公司先锋就据此作出调整，其新兴市场 ETF 基金跟踪的基准指数将过渡至新的富时新兴市场全盘含 A 股指数，体现了 A 股在资金全球化配置中的重要地位以及外资对于配置 A 股的高度诉求。这可能会加快国际市场上更多 ETF 基金配置 A 股的进程，进而推动 A 股纳入 MSCI 及富时全球指数的进程。进而推导出会有多少亿资金流入股市。先后被推测的资金有社保基金，有险资，有外资。

客观障碍遭到刻意忽视，到现在为止，外资 QFII 资金用足的时候不多，更别提在市场国际化过程中，存在交易制度、产权制度等一系列内外不合拍的地方需要改革。实际上，沪港通已经显示存在产权等障碍，却没有得到充分而认真的探讨。

股票市场的改革跟不上牛市的步伐，如此疯牛不加快改革，让人担心市场的前景，或者套现转移财富，或者玉石俱焚。

新退市制度推出后，到目前为止，只有 *ST 博元和 *ST 二重被动、主动暂停上市，其他退市仍然制度是一张糊在墙上的画。没有常态化的、完善的退市制度，注册制不可能健康。

套现的冲动从未停止。《证券时报》报道，本轮牛市沪指站上 4000 点以后，397 家公司股东加入减持大军，合计套现 1895 亿元，仅 4000 点以来套现额就接近去年全年的水平。

除了大股东千亿套现之外，还有各种上市计划。6 月 5 日，《21 世纪经济报道》披露，有国资专家向记者表示，此前国资委曾设定 2015 年央企资产证券化比率为 80% 的目标，若该目标实现的话，则尚有 20% 的央企资产有待证券化，若这 7 万亿资产进入证券化进程的快车道，无疑将给资本市场带来巨量冲击。这是在经济低迷周期在股市的新一轮融资，跟此前没有太大区别，混合所有制改革细则语焉不详，却被视为天大的利好。

股价上涨的央企管理水平提升，透明度未必提高。《21 世纪经济报道》披露，6 月 4 日，亏损累累的中国置业投资发布公告，将向中国中车的全资控股子公司中国南车香港公司发行 65 亿股新股，认购完成后，中国中车将持有中国置业投资 61.8% 股份。而中国中车未发布解释公告，回避记者采访。4 日当天晚上，中国中车表示并不知有该笔投资事宜。

监管层打击基金老鼠仓、抑制融资杠杆动了真格，6 月 5 日，证监会新闻发言人张晓军在例行新闻发布会上宣布，证监会集中部署了“2015 证监法网专项执法行动”的第四批案件，共涉及 16 起编造、传播虚假或误导性信息案件。但对一些可笑的造假或者钻漏洞的案例却束手无策，无论是南纺股份的造假，还是獐子岛的扇贝，都让人啼笑皆非。

市场上涨，炒作的是改革前景，可惜，改革没有能够跟得上炒作的步伐。若不加快改革，等到疯牛结束，市场将一无所有。

不能忘记，法国密西西比泡沫是逆转法国历史的重要原因之一。（2015 年 6 月 9 日）

密西西比泡沫

泡沫是相似的，起因于高负债，为了解决负债，致使没有经济基础、建立于幻想之上的资产价格上升。

与目前现状最相近的是法国密西西比泡沫。密西西比泡沫之前，法国国王积累了巨量负债，路易十四和他的大臣柯尔贝都是重商主义的信奉者，他们按这个理论在法国积蓄了许多贵金属，但参加的四次大战争——1667 年至 1668 年与西班牙争夺荷兰、1672 年至 1678 年与荷兰的战争、1688 年至 1697 年与德国皇帝之间的九年战争以及 1702 年至 1713 年的西班牙继承权战争——消耗了法国的财富，建造凡尔赛宫与奢华之风也是消耗财富的利器。

冰冷的数据证明法国财政捉襟见肘。1661 年，财政收入 2280 万里弗尔，支出 3200 万里弗尔。1715 年，财政收入 6900 万里弗尔，支出 1 亿 3200 万里弗尔，负债 28 亿里弗尔。

法国政府负债极高，已到走投无路的边缘，由于当时没有纸币，解决负债只能靠借新债、发动战争掠夺以及在国内掠夺几种办法。发展经济积累财富解决债务危机，常常成为不切实际的幻想。到处借贷信用丧失使法国难以借到钱，发动战争掠夺？战争失败居多，剥夺民财，普通人的日子已经难以为继。

货币宽松成为必然之选，法国必须解决高负债难题。著名的苏格兰人约翰·劳（John Law）恰到时机地提出纸币供应计划，他认为在就业不足的情况下，增加货币供给可以在不提高物价水平的前提下增加就业机会并增加国民产出，1716 年 5 月，经法国政府特许，约翰·劳建立了一个可以发行货币的私人银行，发行的纸币可以用来缴税。

纸币摆脱了贵金属的束缚，想怎么发就怎么发，起码可以解决眼前危机。但约翰·劳的纸币背后有硬通货，他建议以土地这种不动产为担保品发行纸币，因为土地供应与价格相对稳定。这只是约翰·劳的一厢情愿，想必他后来也意识到，在法国封建王朝这样的政体，所谓硬通货约束不过是自欺欺人。

大风刮起来了。约翰·劳试图设计装载具有想象力的资产品的容器。没有比火爆的美洲殖民地概念更好的了，1717 年 8 月约翰·劳买下密西西比公司，与密西西比河广阔流域和河西岸路易斯安那州贸易，法国政府承诺给他 25 年的垄断经营权。

密西西比是淘金地，在人们的想象中遍地是金银和兽皮。更妙的是，由于密西西比与法国远隔万里，人们可以尽情想象财富，却无法实际验证。最后当人们发现到密西西比的流浪汉们扛着工具在海边绕一圈又回来时，泡沫也接近尾声了。

不仅如此，约翰·劳还为法国公债增信。由于法国国债贬值，面值500里弗尔的国库券在市场上只能兑换160里弗尔，而股票价格在不断上涨，公司股票可以用国库券以面值购买，使得投资者以国债购买股票，国债与股票双双得到支撑，债务风险不再迫在眉睫，而资产价格也在上升。最终的原因是，投资者相信，无论是国债还是股票，都可以在密西西比广袤的土地上得到兑现。

密西西比这块土地的财富得到兑换和被大开发之后，就已经与法国没有太大的关系了，但法国人提前炒作了一把密西西比概念，这就像现在提前炒作“智造”概念一样，最终能够胜出的赢家可能只有几家公司。

在这段时间之内，密西西比公司的股票由500里弗尔涨到15000里弗尔。债务？不在话下。纸币太少？再印。

泡沫在不经意间破裂，可能是某些敏感的投机者要求兑现，可能是某个谎言被拆穿。1720年初，孔蒂亲王想用自己的定价购买股票，被约翰·劳断然拒绝，亲王一生气就装了三马车纸币找约翰·劳要求兑换成铸币。结果，保存铸币的人越来越多，纸币信用被蚕食。

与此同时，从路易斯安那传来未发现金矿的消息，公众信心动摇，股价下跌，从最高点每股20000里弗尔一路下降到9000里弗尔。约翰·劳回购大量股票，政府宣布纸币贬值，最终彻底禁止贵金属铸币流通，引发社会大恐慌。一年之内，股票价格跌回500里弗尔。

泡沫崩溃源于密西西比财富神话破灭，让纸币信用丧失。假设，当时社会已经用纸币，而不再用铸币会怎么样？可能资产价格维持在高位，债务不崩溃，泡沫得以维系，但纸币的购买力节节下降，相当于转嫁给了纸币使用者。

问题来了：在全球范围内，谁最有转嫁能力？在一国之内，谁最有转嫁能力？（2015年6月9日）

这就是痛苦的慢牛

6 月 15 日股市下挫，无论是反应大盘还是中小盘的股指期货 IH（上证 50）、IC（中证 500 股指）一路向下，几乎没有还手之力。

两点半魔咒再现，拉高权重集体下挫，沪指失守 5100 点。创业板更是大跌 5.22%，约 60 股跌停。同花顺的数据显示，沪深市资金净流出 354 亿元，创业板市场资金净流出 10.79 亿元，主力 279 亿资金出逃金融计算机股。

权重股常常代表决策层的意志，15 日午后权重股集体下挫，有可能反映监管层面以市场维稳为主，杜绝疯长行情的再度发生。

严禁股市不符合要求的投资者过度使用杠杆，以避免不可控的泡沫悲剧发生，监管方向非常明确。

6 月 12 日中国证券业协会发布《证券公司外部接入信息系统评估认证规范》，明确规定证券公司不得有以下行为：为信息技术服务机构等相关方从事或变相从事证券经纪业务提供便利；为信息技术服务机构等相关方建立账户登记体系等登记结算业务提供便利；规避监管或自律管理；充当外部接入信息系统的业务通道；其他法律法规、监管规定和自律规则禁止的行为。

“严禁增量”场外配资，对于预估万亿以上的存量配资将如何处置，市场普遍预计将遵循到期一笔清理一笔的步调。

6 月 13 日，证监会官方微博单独拎出关于场外配资的一条予以重发，“禁止证券公司为场外配资活动提供便利”的措辞较为严厉。民间配资渠道遭毁灭性武器的打击，官方的要求对于合规的要求更严，但展期的放开，显示政府并不希望看到市场波动率高到不可控。此次证监会新两融管理办法和交易所细则修订中，最低证券资产要求从此前的总资产 50 万变更为“最近 20 个交易日日均证券类资产不低于 50 万元”，对于交易频度较高者网开一面。

沪深交易所同期就修订两融交易实施细则公开征求意见。

据彭博社统计，截至 6 月 12 日收盘，A 股上市公司总市值达 10.03 万亿美元，较 2014 年底增加了 5.1 万亿美元，相当于一个日本股市的市值。股市疯涨不利于经济长期转型，因此，增加供应与清理融资一样受到重视。

从 17 日至 23 日，A 股市场将迎来最大申购规模，25 只新股募集资金将达 416.33 亿元，冻结资金预计 6.5 万亿 –7.1 万亿元，随着六月底的到来，企业结算和银行缴款等需求将集中爆发，市场资金面将受到不小影响。

企业高管的减持大潮也愈演愈烈，据路透的数据，包括高管及其亲属在内的公司内部人士，5 月一共卖出了 16.8 亿股，是 4 月的三倍。5 月 1 日至 6 月 10 日，两市重要股东合计减持 136 亿股，套现 2112 亿元。加上 5 月 26 日中金减持的 35 亿银行股，都表现出市场对于如今高企不下的股价开始担忧，在这个充满泡沫的市场里，不要沉溺于账面收益，落袋为安才是最好的投资之道。

国资系产业与金融资本的减持，显示了对市场波动的基本判断。从 6 月 4 日到 5 日，中国人寿共计减持民生银行 A 股约 2.51 亿股，减持后国寿系持股比例已降至 5% 以下，且未来 12 个月仍存在适度减持的可能性。险资也开始了减持大潮，机构开始从狂热慢慢变成谨慎，不想成为 5000 点关口调整的牺牲者。而社保基金也选择离开中车，落袋为安。

无论是对融资的清理，还是供应量的增加，都在政策调整的范围内。有关方面并不希望看到市场丧失信心，6 月 13 日，证监会主席肖钢在中央党校讲座中提出：改革牛理论成立；市场不差钱；实体经济越差股市越涨的判断没道理，牛市建立在政府有能力保 7% 的预期基础上，月底要密切关注二季度数据。

慢牛的过程是个痛苦的过程，也是一个收割韭菜的阵地，个股仍有行情，新股发行顺利，这是慢牛的表现，围绕5100点争夺战还未结束。个股分化，市场震荡，追涨的普通投资者叫苦不迭，这是慢牛常态。（2015年6月16日）

股灾真相

6月22日周一，端午节休市。

6月23日周二，涨98点，涨幅2.19%。

6月24日周三，涨113点，涨幅2.48%，收在全天最高点4690点。

6月25日周四，跌162点，跌幅3.46%，大面积暴跌。

6月26日周五，跌334点，跌幅7.4%，报收4192点，创业板跌9%，千股跌停。

6月27日周六，央行降息0.25个百分点，同时定向降准。

6月29日周一，高开低走，全天盘中震幅10.07%，报收4053点，千股跌停。

6月30日周二，小幅反弹后，一度跌破3900点，临近收盘，大盘反转，飙涨5%，最终站上4200点，创业板涨幅超6%，沪深两市近300只个股涨停。

……

7月2日周四，跌破3800点，在权重股拉升下，报收3912.77点，跌幅3.48%。千股跌停。

7月3日周五，盘中新低3629.56点，最终跌幅5.77%。千股跌停。

7 月 6 日周一，开盘：上涨 7.82%，集合竞价阶段两市超过 1500 只个股涨停；收盘：上千只股票从开盘涨停到收盘跌停，涨 88.99 点，涨幅 2.41%，报收 3775.91 点。

……

我们从历史中学到的，是人们很难吸取历史教训；我们从股市中学到的，则是人性的贪婪与恐惧永远不变。在不断滚动的股市中，每一波上涨都会以新的面目改头换面重新而来，而股市也造就了公司，造就了新经济，让人在绝望中怀抱最后的希望。

股市暴涨暴跌，救市从普通的停止 IPO 到推出隐性的平准基金，从圈钱再到圈钱，从崩溃再到崩溃，为什么股市会在同一条河里翻几次船？

2015 年 7 月 5 日，星期天。不论走到哪里都在听到人们议论股市，甚至在超市、水果店里，都可看到人们拿着手机，忧心忡忡的看着 K 线图。

这一波股市危机，前提是有毒资产加杠杆、股指期货造就了一轮不可靠的牛市，为股灾埋下伏笔。股市去杠杆蔓延到散户投资者、券商、信托，最后是银行。资产负债表中，资产大幅缩水，意味着债务的崩盘。因此，为了避免金融危机只能救市。听起来很熟悉，就像房地产市场，本质上确实有点像。

直接导火索是因为融资杠杆增加，概念包括创新、改革牛等，与以往不同的是，人们把改革成功、经济结构转型的期望寄托在股市身上，觉得只要股市上涨，改革也就成功了。中小企业融资、国企负债等等一切也就有了发芽的根基。股市被赋予直接了当的功利目的，上涨与下跌都夹杂着可怕的牛粪气息。

股灾与杠杆有关，与骗局有关，不同时代的股灾救市有不同的命门。

一百多年前，1910 年的夏天，中国正在为战争所苦，全球市场却经济结构转型，兴起新概念。

当时的产业升级、社会转变，西方成为车轮上的国家，汽车在美国开始大规模生产。这是人类历史上划时代的变化，汽车成为大众消费品后，相关的配套厂家估值蜂拥而起。

每个时代都有领头股票和炒作概念，当时的汽车概念像今天的互联网概念一样是天之骄子。加上日用领域大量使用橡胶，橡胶生产区域、生长周期受严格限制，橡胶成为暴利投资工具。

别忘记，上海是当时的亚洲金融中心。南洋的橡胶公司，总部多设在上海，可以从上海融资。据《泰晤士报》估计，从 1909 年底到 1910 年初的几个月里，南洋地区新成立的橡胶公司有 122 家，至少有 40 家总部设在上海。不管是刚买地的、种树苗的、已收获的，还是拆白党，只要有橡胶概念，都能上涨，人们托关系才能买到股票。

橡胶股票启动疯狂牛市，各路资金进入赚快钱轨道。据上海商务总会估计，华商在上海投入的资金约 2600 万两白银至 3000 万两白银，在伦敦投入的资金约 1400 万两白银，是大清国岁入的四分之一左右。

就在 1910 年的夏天，美国紧缩，伦敦股市崩溃，中国出现了债务链条传导，借钱买股的破产，钱庄向银行借款印票进入股市的破产，城市实体经济破产。最终陷入大萧条模式。并不奇怪的是，政府的钱与最贫困群体的钱也进入了股市。

危机发生后，清政府出面救市，650 万两左右白银存放在大钱庄维持市面，本来逐渐平复，但官员内讧互相弹劾，钱庄银行隶属不同派系互相催债，当钱庄、银行均无法支撑，当危机蔓延到商业城市的大街小巷时，甚至蔓延到四川贫民头上时，一切失控。从炒股失败引发“保路运动”，大清国结局注定。

1990 年之后重开的上海股市，直到 2015 年股灾之前，历次股灾都与圈钱相关。在缺乏契约精神、充满内幕交易、无法做空、杠杆不长的市场，股指上窜下跌，政策市、与民争利是主要原因。

2001 年到 2005 年，市场大熊，指数从 2245 点下挫到 998 点。直接动因是国有股按市值减持。大跌、反弹、补仓、被套、再反弹、再补仓、再被套，直至阴跌到几乎一动不动，很多人看着阴森的 K 线图呆若木鸡。经历过当时市场的人，对 2015 年的股灾不会感到陌生。

直到 2005 年 4 月 29 日证监会发布《关于上市公司股权分置改革试点有关问题的通知》，宣布启动股权分置改革试点工作，靴子真正落地，指数进入高达 6124 的大牛市。因为股改，因为股改方案让利于民，A 股投资者在历史上第一次有了真正得到上市公司利润的机会。

经济转型期的概念炒作、暴富神话、骗局以及融资进入股市，是形成股灾的要件，百年前如此，现在同样如此。而杠杆加长之后，融资盘平仓蔓延，出售流动性更高的资产品，直到整个市场失去流动性，则是主要原因。（2015 年 7 月 7 日）

股市被刀锋所伤

市场尘埃即将落定，反思杠杆与交易手段，可以让我们变得更加清醒。

管理者正在采取措施，在股市回归正常的过程中，逐步去杠杆，以清除场外看不清楚的隐患。7 月 12 日下午证监会发布了《关于清理整顿违法从事证券业务活动的意见》，要求派出机构和证券公司加强对场外配资业务的清理整顿力度。同日，国家网信办发布通知，全面清理所有配资炒股的违法宣传广告信息。

作为重权技术提供方，7 月 16 日上午，恒生电子发布公告称，关闭 HOMS 系统任何账户开立功能，关闭 HOMS 系统现有零资产账户的所有功能，通知所有客户，不得再对现有账户增资。上海铭创和同花顺采取同样操作。基本上新账户不能开，老账户不能增资，相关合同到期暂停。

场外配资、高效的技术、投资非理性三大因素加剧市场波动。表面上看，上述三个系统接入客户资产不多、平仓不多。权威统计，HOMS、铭创、同花顺三个系统接入的股市客户资产规模合计近 5000 亿，其中 HOMS 系统约 4400 亿，上海铭创约 360 亿，同花顺约 60 亿。以恒生 HOMS 系统为例，从 6 月 15 日到 7 月 10 日，沪深两市单边交易总量约为 28.86 万亿，而同一时期，HOMS 总平仓金额为 301 亿，占两市单边总交易比为 0.103%。

这样的比照不准确。资金与手段对接，可以绕过监管。港交所行政总裁李小加 6 月 16 日表示，从市场上目前已披露的资讯可见，直接催生 A 股今次大波动的，似乎是大规模的场外程式化配资，这些场外配资首先是规模巨大、来源充沛，但透明度有限；其次是扁平的互联网联结，大大降低股民获得配资的门槛与成本；再者，这些场外配资的杠杆率，有不少已经大大超出了合理风险管控边际。

股市管理严格，钱、股票放在中央结算、托管系统，一户一码，非常可靠，挪用保证金等近年少有发生。但场外资金可以通过互联网技术绕过限制，资金与人不能一一对应，直接集合民间资金通过某些账户下场交易。这是去中介化的过程，发挥了互联网的效率，也增加了金融风险。对场外配资的规模有各种估计，从 5000 亿到 2 万亿，不一而足，说明我们不了解详细情况。

A 股市场本来换手率就高，二级市场投资者跟风明显。《证券时报》统计，截至 6 月 30 日，换手超过 500% 的个股达 987 只，换手超 1000% 的有 135 只，前十强换手率是 1600%。现在还加上程序化交易与高频交易，可以套利，可以一天内多次进出市场，极大地增加了一笔资金的威力，加上保证金交易、配资交易，火力大增。

7月10日，《期货日报》发表题为《如何看待高频交易与程序化交易》，指出目前境内较为流行的三种程序化交易：第一种是中大型私募机构中流动的算法交易，将大单指令分割成众多小单指令的交易模式。第二种是从传统手工操作转向计算机自动化转型的“炒手”交易，国内炒手一天单个品种的成交量大概可以占到总体成交量的5%–20%不等，往往是500毫秒成交一次，通过频繁的挂撤单实现价差获取，且手续费相当低廉，一定程度上加速了期货市场博弈生态的恶化。第三种模式是“海归”主导的定量化交易模型。主要依据各种金融理论、统计实证或传统技术分析指标来实现自动交易。有的炒手交易等在灰色地带生存，通过挂撤单影响市场。同样100万元，一天一次交易与十次交易完全不同。

市场往往是诸多因素的联动效应，有了杠杆已经可怕，还有监管之外的杠杆，再加上天量程序化交易量，加上一波大幅上涨，市场结果可想而知。反思的结果不该是取缔市场，而是高效监管市场，让市场更加透明公平，坚定地抑制市场操纵。（2015年7月20日）

中小散做 T+0

很多深套股市中的人，痛恨期货T+0与现货的T+1，认为两者不匹配、不公平，才使自己无法合理止损，造成财富缩水。

期货、现货交易不同步，确实会使交易效率下降，不过那跟绝大多数小散无关。

中国股票市场以散户为主。按照中国证券登记结算有限公司（简称中证登）的数据，2012年3月A股98%散户持流通市值不超过50万，超过1000万的只有16061个。到2015年6月末，情况没有发生根本变化，个人投资者持有市值在 50 万元以下的中小投资者数量超过 9 成，达到 92.12%；资产在 50 万到 500 万元中户数量占比为 7.45%；资产超 500 万的大户数量仅占 0.42%，合计为 7.87%。散户以人数取胜，大户以资金取胜。

50 万是个高门槛，50 万内外的投资者，双方拥有的武器不一样。首先是是否具有融券资格，2015 年 1 月 16 日，证监会新闻发言人邓舸表示，融资融券属于杠杆的信用交易业务，风险较高，证券公司应该遵守现有规定，依法合规经营，强化投资者适当性管理，加强投资者权益保护，不得向证券资产低于 50 万的客户融资融券，下一步证监会将加强对融资类业务的监管，适时启动对其的检查，加大现场检查和处罚力度，促进券商各项业务的规范发展。

股指期货的开户条件之一，是期货保证金可用资金余额不低于 50 万元（以期货公司收取的保证金为标准）。

出台这些措施初衷是保障中小投资者安全。中小投资者在原有的投资逻辑划了一个游戏圈玩自己的游戏，在现货市场买了股票，如果下跌，起码手中还有股票，还有一定宽度的护城河，只要不是在地球顶买了某支股票，或者在低位补仓摊薄成本。以时间换空间，总有一天以时间换空间，可以解套甚至赢利，以往的牛熊市循环均是如此。

如果中小投资者进入杠杆市与期货市场，既没有操作经验，又没有资金实力，即使方向看对，也会爆仓出局。想想这一次运用了杠杆的投资者，有多少是倒在了黎明前的黑暗里，即使你看对方向手中股票即将反弹，也会遭遇毫不留情的强平，即使有了资金，也拖不过交割日魔咒。

问题在于，用于保护中小投资者的门槛真的能够保护中小投资者吗？站在大投资者的立场，可以套保，可以套利，可以投机，可以让市场投资逻辑发生根本转变。

从极端案例看出究竟。2013 年 8 月 16 日 11 点 2 分时，光大证券“乌龙指”事件导致在 11 点 5 分 08 秒之后的 2 秒内，瞬间重复生成 26082

笔预期外的市价委托订单；由于订单执行系统存在的缺陷，上述预期外的巨量市价委托订单被直接发送至交易所。据称当时每个下单指令生成为 4.6 毫秒。为了对冲风险，光大证券同日将 18.5 亿元股票转化为 ETF 卖出，并卖空 7130 手股指期货合约。只有单子足够大，就可以影响现货市场，并引发套利交易的连锁反映。

最近媒体披露的国际对冲基金已部分转化为大型金融集团的大型产业集团的程序化交易，虽然已经因异常监管被限制交易，但证监会、券商还没有披露交易细节，如果是异常交易，大概逃不掉高频交易与频繁报撤单。

如果报撤单影响市场成为常态呢？ 8 月 3 日证监会有关负责人介绍，近期，沪、深证券交易所、中金所在日常监控中发现，一些个人和机构账户存在盘中连续拉抬或打压中石油、中石化等权重股，尾盘大额集中抛售股票等异常交易行为，扰乱市场交易秩序，造成投资者误读误判，跟随交易。

在股市异常波动期间，一些具有程序化交易特征的账户参与其中，频繁报撤单，少数账户委托撤单比超过 80%，干扰正常价格信号。在市场初步企稳但情绪较敏感的情况下，一些账户的异常交易行为与程序化交易风险相叠加，严重影响市场稳定。

换句话说，有程序化交易不断报撤单引起股价震荡，获得安全收益，他们可以制造恐慌，也可以选择抛筹码或者不抛筹码，可以把保证金要求降到最低，保证金缴付的时间也与其他客户不同。

同一个市场，同一种逻辑。既然市场有鳄鱼，投资逻辑由鳄鱼决定，中小散以往的投资逻辑基本上不起作用。50 万以下不能融资融券，不能做期指，相当于中小散以小米加步枪对抗大炮。如果中小散可以做空，可以 T+0，大部分会成为炮灰，市场波动更剧烈，其中某些中小散最终上升到鳄鱼级别。（2015 年 8 月 5 日）

震荡、炒作、炒作、震荡

股灾爆发两个月之际，证监会新闻人邓舸 8 月 14 日在例行的新闻发布会上表示，随着市场逐步取向常态波动，应该更发挥市场调节作用。今后若干年，证金公司不会退出。同时，证金公司通过协议转让方式向汇金公司转让了部分股票。

证监会的表态是含糊的，所谓证金公司不会退出，很有可能指的是证金公司还会继续看护市场，而不是指证金公司不会退出具体个股。

8 月 14 日当天，沪深两市双双高开，沪指一度冲破 4000 点，报 4000.68 点，为 8 月首次站上 4000 点。随后迅速下落，尾盘再次拉升，最终红盘报收。两市共成交 12214.66 亿元，活跃度比以前有所提升。8 月 17 日市场依然保持稳定，国企改革概念股接力护盘。国家队救市以来，虽然十分辛苦，但价格中枢在节节上升，这是政府付出上万亿真金白银救市的结果。

政府大体上仍希望股价上升，解决国资改革缺乏资金的燃眉之急。近期，不仅个别“妖股”炒作厉害，国资改革概念更是被一炒再炒，甚至连地方国资证券化、提高上市比例这样明显的利空，都被作为利好炒作。

救市告一段落，投资回到救市前原有逻辑，个别中小盘，国企概念股炒作。

预计救市规模不会继续扩张。8 月 6 日，高盛分析师发布报告，估计为券商融资融券业务提供配套服务的证金公司可动用的资金约为 2 万亿元人民币（合 3220 亿美元），大型商业银行提供 1.3 万亿元人民币贷款，7 月初发行 800 亿元人民币债券，加上 1000 亿元人民币的股本。中国央行表示，已通过再贷款和其他渠道向证金公司提供流动性。估计“国家队”花掉的资金在 8600 亿至 9000 亿元人民币之间：向券商发放了 2600

亿元人民币贷款，直接购买 4000 亿元人民币股票，买入 2000 亿元人民币共同基金。

此后，彭博社援引不愿具名的知情人士称，中国证券金融股份有限公司（简称中证金）目前支持股市的资金储备总量目标高达 5 万亿元，是去年一般性财政收入的三分之一，可能性不大。不管是哪一个数据，央行与证监会既未否认，也未承认，他们想让救市保持神秘，同时始终维系市场信心。

政府救市部队到了逐渐退出的时候。

救市给了央行极大的压力，7 月末，广义货币（M2）余额 135.32 万亿元，同比增长 13.3%，增速比上月末高 1.5 个百分点，比去年同期低 0.2 个百分点。同期，人民币贷款余额 90.27 万亿，同比增长 15.5%，增速分别比上月末和去年同期高 2.1 个和 2.2 个百分点。这与贷款迅速上升有关，也与救市有关，央行承认，为了稳定市场预期、防范金融风险、支持资本市场平稳健康发展，7 月货币政策和银行体系采取了一些临时性措施，相关操作对货币信贷增长也会产生影响。

证金公司把股票转给汇金公司、券商、基金等，这些都是市场参与者，不可能锁定股票不动。汇金作为稳定金融市场的国有公司，作为中国国有金融资本持有与运作的平台，自成立以来多次持有、减持金融股，今年 5 月份的减持披露后，一度被认为是助推股市下行的幕后推手。无论如何，汇金公司主要持有金融股，保证国有金融资产的保值增值。

救市部队继续救市，会引发道德风险与市场风险，目前一些股票已经创出新高，业绩不好的个股乘上救市与改革种种快车，AH 股溢价指数超过危险的 130，说明内地股价并没有低估。8 月 14 日，恒生 AH 股溢价指数收报 137.03 点，当周累计涨 1.14 点或 0.84%。指数显示，A 股股价整体较 H 股溢价 37.03%。如果内地股价继续上升，做空者将聚集于境外。

两市成交量不低，有配资卷土重来进入市场，个股炒作如火如荼，此时大规模救市，无异于为炒作者托盘。

政府的手放下了，市场会回到炒作市与资金市，原有的逻辑没有发生太大的变化，价值投资者还是不要随着震荡市场狼奔豕突比较好。（2015 年 8 月 18 日）

股市爆炸

8 月 18 日，A 股 1500 只左右股票暴跌，离 8 月 14 日证监会 21 号公告仅 4 天。

没有征兆。14 日证监会公告含有维稳性质，证金和汇金两公司将维稳市场，证金数年内不会退出。8 月 17 日沪指上扬，一切看起来波澜不惊。8 月 18 日市场掉头向下放量大跌，截至收盘，沪指报 3748.16 点，跌 245.51 点，跌幅 6.15%；深成指报 12683.86 点，跌 890.04 点，跌幅 6.56%；创业板报 2504.17 点，跌 162.12 点，跌幅 6.08%。可怕的是放量下跌，沪深两市共成交 13897.4 亿元，除了受扶持的石化板块，其余板块均下挫。

期指方面，IC1508 下跌 9.63%，IF 主力合约最大跌幅达 8.2%，振幅超 10%；IH 合约相对抗跌，跌幅收窄，单日振幅达 9.57%。

航空界有个关于飞行安全的“海恩法则”：每一起严重事故的背后，必然有 29 次轻微事故、300 起未遂先兆及 1000 个事故隐患。中国股市乃至全球市场都存在“海恩法则”。

影响股市的是公司业绩前景、资金与政策。政策中性，资金中性偏紧，公司业绩无法单纯靠国企改革预期提升，国企改革的具体方案尚未出台。

从外围数据看，中国宏观经济数据不佳，外汇占款下降，近期短期拆借利率上升，而广义货币发行量没有下降，上述数据堆积在一起说明中国内地经济压力上升，人民币汇率兑美元一次性下行没有释放多少压力。

央行不得不释放货币、继续维稳人民币汇率。18 日央行进行 1200 亿元 7 天期逆回购操作，创 2014 年 1 月以来单日最大。公开市场今日有 500 亿元逆 7 天回购到期，8 月 20 日将有 400 亿元 7 天期逆回购到期，央行最少有 300 亿元人民币的净投放。此举是为了降低银行间拆借利率，中国银行间市场七天期质押式回购利率开盘报 2.5%，较上一交易日下跌 10 个基点。

人民币汇率预期还在下降，彭博社调查显示，在央行大幅下调人民币中间价后，28 位接受调查的分析师和交易商预计，中国外汇储备将从 7 月底的 3.65 万亿美元下降至年底的 3.45 万亿美元，每月减少 400 亿美元。今天，香港人民币兑美元离岸价格 6.4445，这还是中资大行在尾盘买入的结果。

A 股暴跌反映的是全球紧缩危机。

8 月 18 日亚洲市场除了马来西亚、越南、斯里兰卡之外全面下跌，欧洲市场开盘除了北欧等国之外，其他市场有所下挫。韩元、林吉特等货币兑美元大幅下降，新兴市场危机阴影初露端倪。

截至 8 月 17 日，美元对马来西亚林吉特汇率收盘上涨 0.75%，报 4.1120，达到 17 年以来最高水平，林吉特对美元已经连跌 8 周。年初至 7 月底，马来西亚外汇储备下滑 17% 至 967 亿美元。截至 8 月 14 日的一周，马来西亚股市重挫 5%，为 2008 年 10 月以来最大周跌幅，股指也已经跌至 2012 年以来最低。过去一年林吉特累计下跌 22%。1998 年 9 月，马来西亚宣布实施资本管制之前的 12 个月内，林吉特汇率曾暴跌 30%，让人不得不联想到危机的可能性。

目前风险已蔓延到韩国。彭博社数据显示，18 日韩元对美元一度跌

0.3 个百分点至一美元兑换 1185.95 韩元，上周韩元一度刷新 2011 年 1 月以来新低 1196.40，本季度韩元合计下跌 6%，在亚洲国家货币中表现仅好于马拉西亚林吉特。全球基金在减持韩债、韩股。

彭博社分析，目前全球危机的导火索在中国，不在希腊。与中国经济关联度较高的经济体，从澳大利亚到韩国均情况不佳，为了拯救经济，韩国政府宣布从明年 4 月开始，在韩国整容手术退税 10%。

做空指数是符合逻辑的。据易宪容先生的文章，8 月 18 日新加坡新华富时指数 lA50 指数期货未平仓合约 51.8 万张，合约值为 350.7 亿元人民币；美国上市的德银嘉宝沪深 300ETF（交易所买卖基金）相关的期权，未平仓合约共 68.8 万张，创 1 个月高位，合约总值达 179.5 亿元人民币，未平仓合约中以做空为主。

对此波经济危机要做好长期作战的准备，央行继续动用美元维稳，意味着中国美元储备还将继续下降，是否会如林吉特一样长期下降，仍在未定之天。高盛驻伦敦分析师对人民币汇率已经改口从唱多到唱空。

对于投资者而言，在不安全的环境中，能做的就是维护自身的安全，进行资本对冲式配置，投资最熟悉的领域在安全岛上生存，不要追求财富的暴涨。如果市场即将爆炸，不妨先离开现场让专业人士排雷。（2015 年 8 月 19 日）

市场必须刮骨疗毒

这次救市是制度层面刮骨疗毒的过程。从目前暴露的严重性来看，中国股票市场内忧外患，必须下重手整治。

监管层 5、6 月清查配资没有错，等到泡沫再大、情况更严峻，烂摊子更不可收拾。但从事后的多米诺骨牌效应产生的恐慌情绪来看，对于市场的杠杆规模、对于去杠杆带来的风险，监管者估计并不充分。

巨量资金居然在监管视野之外，而且谁也不必为此负责，一个初级金融市场可以玩到这种程度，实在是可怕。

8 月 28 日，海通证券董秘黄正红在业绩说明会上对记者表示，公司这次被调查，与接入外部交易系统的部分客户账号进行场外配资等有关。日前海通、广发、华泰以及方正 4 家券商公告均因涉嫌未按规定审查、了解客户身份等被证监会立案调查，海通首家给出回应。

到现在为止，原因仍然不清晰，黄正红介绍，此前客户接入外部交易信息系统，公司对于开户的真实性、手续以及其系统是否正常、会否干扰券商自身系统都会审查，但由于客户标准此前没有明确，所以少部分客户利用这个通道做场外配资。而提供分仓工具的互联网金融一开始以平仓等数据表示，不是他们的责任，事实上，平仓与抛盘是两个不同的概念，阅后即焚，消灭了踪迹。直到今年 6 月底，券商才迫于压力停止了 HOMS 配资端口，此时救市如火如荼。

一旦市场雪崩，开始救市时各部门之间协同不够，证监会说救市，却没有子弹，有子弹的人暂时不说话，传言盛行，东一榔头西一棒槌，救市效果有限，市场波动剧烈。中国财政部副部长朱光耀接受采访时表示："如果金融体系存在系统性风险，我们就必须采取行动。"是的，现在终于达成共识，在发生系统性风险时必须救市。代价有点高。

出现系统性风险，各部门只能协同救市，内耗不如不救，因为会耗费有限的子弹。

不协同还表现在对于市场的理解上，金融需要市场化，但金融的本质是对风险的定价，不能准确定价一定会产生极大风险，不管这个市场的工具表面上多么完备应有尽有。

千股跌停、千股涨停是救市时期的特殊现象，但市场动辄暴涨暴跌，说明某些方面出了大问题。期指被推上风口浪尖，一轮新的争议也如火如荼，中金所数据显示，可对比的沪深 300 合约 IF 最近 3 个月的成交量同比去年增长了近 3 倍，成交额增长了 5 倍多。成交量远大于现货，持仓量却不大，与套期保值关系不大，甚至套期保值也成为频繁抛售的通道。在控制交易手数的同时，有必要深入研究套保、金融期货特性，监管者不仅了解市场，还能够公平地监管市场。

期指低端可以低到什么程度？一些没有任何股指期货投资经验的投资者，只需要按下“拍拍机”的设备，就可以完成股指期货的交易，可以多人共用一个账户同时交易而不受干扰，期指深入到田间地头。高端可以高到什么程度？境外知名对冲基金可以频繁交易，国际知名对冲基金 Citadel 直到今年 8 月 2 日才发出声明，确认账户被限制。并且，有的期货公司仍在给客户高杠杆配资。

可怕的是，这家披着“贸易”外衣的公司与国内龙头券商有着千丝万缕的联系，中信证券 8 名高管被带走调查，让我们静等调查结果。这些资金做期指、资金进出似乎都不是问题。因此，政府清理地下钱庄也就成了题中应有之义。

市场被扭曲成麻花，增加保证金、减少非套保交易手数仍然惹起非议，认为政府如此举措太不市场（化），这到底是不是天真呢？如果瑞士央行干预市场让瑞郎大幅下挫时他们恰好持有瑞郎，是不是该仰望苍天了，市场化的欧洲都不市场（化）了。

实际上，再成熟的金融市场都不会忽视风险的控制，每个成熟市场控制风险都不会含糊，这是定价的基础。

救市至此，应该看到，在越来越混业经营的时代，监管的合力极端重要，各管一摊仍然会发生系统性风险。同时，我们应该坦诚地承认，中国市场诚信不彰，内幕交易仍然盛行，此时风险控制系统、信息的真实性是第一位的，而不是无法控制、漏洞极大的创新。最后，对于内幕交易要有底线思维，确保大公司市场运作基本是清白的，否则，这个市场只剩下相反的投机风向标。（2015 年 8 月 31 日）

A 股“捉妖记”

2015 年股票市场有“妖股”。

数据可见一斑。《21 世纪经济报道》披露，2014 年证监会全年罚没款 4.68 亿元，今年 9 月以来证监会已向违法违规的法人或自然人开出总计近 50 亿元人民币的罚单，是 2014 年全年罚没规模的近 10 倍。“证监法网”行动集中打击七批共 106 起重大案件，证监会平均每 3 天就会立案 2 起。覆盖面广，已公布的案件涉及主板、中小板、创业板、新三板等多个板块市场，既有证券市场的案件，也有期货市场的案件；案件涉嫌违法行为类型广泛，从违反信披要求的信息欺诈行为到内幕交易、操纵市场等，无所不包。

A 股市场捉妖是件好事，否则 A 股市场投资就会变成《西游记》里的妖怪人肉盛宴。因为以前捉妖不力，认为现在不该捉妖的论调很古怪，正因为以前捉妖不力，所以现在才更应该捉妖。正因为以前有背景、有本领的妖怪难以捉到，所以现在才更需要捉妖。妖怪捉不干净，但能够颠覆市场的妖怪、数量众多盘踞各个山洞的成精作怪者，数量必须要减少到市场能够承受的地步。

以前打击内幕交易、抑制造假不力，使得 A 股市场荆棘丛生，交易成本高上天。

交易成本分为宏观成本与微观成本，宏观成本包括几年就来一次的市场昏厥状态，政府不得不停止 IPO、不得不百般呵护，一旦市场苏醒过来，就会回到如同嗑药一般的兴奋状态，在这样的市场上形成的投资逻辑就是跟庄、短炒。炒得兴起的时候，谁如果捅破那层窗户纸，还会遭遇强烈的反弹，似乎坐庄与内幕交易成为救民于水火的义举。

就在特力 A 被查处后，股吧里就有股民骂骂咧咧。实际上，寻找法律的漏洞，认为证监会不该清查，或者不该罚款，说到底不过个人利益的微弱呐喊罢了。这些人跟庄面临被套的风险，所以用卫道士的面貌、法律的捍卫者的身份出现，回到本源上，不过是个跟庄失败的被套者。

交易成本高还体现在微观领域，假设如高盛所说，中国在 8 月初救市花去 1440 亿美元资金，如果在救市过程中还出现了内外勾连、内部人做空牟利、其中一部分成了机构与个人的利益，中国的股票市场的根基就被挖空了。

内幕交易最大的硕果就是资源错配，培育出了一批造假账可以造到小数点后面的专业人士，培育出了一批坐庄可以把 K 线图拉到让普通投资者心痒难熬的专业人士，还培育了一批道貌岸然、技术纯熟、用国际惯例的虎皮掩盖自身庞大利益的专业人士。资金源源不断地流入到业绩可疑的造假公司中，利益源源不断地进入到违背规则的人手里，精英阶层成为资源错配的原凶，这是最大的浪费，是对资源的犯罪，不进行及时清理的话，最终我们看每个人似乎都行迹可疑，不可能形成专业信仰、业绩信仰与法律信仰。

错配一定会影响到创新。

“3·27”国债事件导致一批金融精英倒下，余波至今未绝，此次股指期货事件，虽然并没有像国债期货一样被拉上断头台，但人们对于股指期货多了一重警惕。如果境外资金可以通过特殊通道进入 A 股市场，如入无人之境；如果救市军本身挟强大的信息优势与体量、体制优势成为最大的获利者，普通投资者就有理由质疑，这些创新背后的动机究竟是什么？

经过几次市场震荡，质疑汇成汹涌之潮，以后的创新之路将举步维艰。对于不成熟、不规范的 A 股市场而言，创新固然重要，比创新更重要的是堵住创新工具可能产生的致命的诚信漏洞，否则，黑山老妖就会现形。

如果捉妖记持续下去，妖股未来前景不会好。此次对特力 A 的惩罚让有些妖怪亏到肉里，10 月 26 日开盘妖股包括海欣食品、上海普天等跌停或者接近跌停，这只是开始，既然操纵的风险在上升，未来妖股的平均溢价也会下降，如没头苍蝇一般追逐妖股的鼓噪者也会减少。前提是，继续狠抓、继续严惩。

妖怪不可能一扫而空，连孙悟空也做不到，还有妖股会出现，还有人会通过妖股赚大钱，但只要数量下降、风险上升，A 股酸柠檬市场的本质就会一点点改变。（2015 年 10 月 26 日）

炮灰投资者

目前中国政府在股票市场的改革是双向的，决策制订者在同时打磨硬币的两面，希望既实现市场化，又能建立法治规范。

这不容易。

目前为止，A 股市场具有鲜明市场特色的改革是注册制，与发行定价的非行政化。

11 月 6 日，证监会在新闻发布会上宣布，重启暂停 4 个月的 IPO，此前暂缓发行的 28 家公司将按现行制度恢复发行。公开发行 2000 万股以下的小盘股发行，取消询价环节，由发行人和中介机构定价。加强对中小投资者合法权益的保护，建立摊薄回报机制。而发行规模在 2000 万股以上的 IPO 发行仍采用询价机制。

11 月 13 日，证监会官网一次预披露 85 家公司招股说明书，是年内单日预披露最多的一次。11 月 27 日，中国证监会新闻发言人张晓军表示，推进股票发行注册制改革是国务院的重大部署，注册制改革将坚持市场化、法治化取向，建立健全市场主体各负其责的体系，保护投资，便利融资，把握好改革的节奏、力度和市场可承受度的关系，统筹兼顾、循序渐进，确保市场稳定运行。

注册制意味着不断左右摇摆的发行定价走上市场化轨道。公司信息披露的充分与真实性，是准确定价的基础。这次 A 股定价机制改革，要求披露的信息全面、真实，证监会与发审委不再提供隐性信用背书，价格高低与证监会无关，买卖双方责任自担。

审核仍然存在，拟上市公司申请发行股票，提供相关财报，证监会审核文件的全面性、准确性、真实性和及时性，不对发行人的资质进行实质性审核和价值判断，只要证券发行人提供的材料不存在虚假、误导或者遗漏，公司的股价由市场说了算。

市场交易者根据真实的财务数据定价，取消所有在《证券法》之外的考核指标。此前为了保护新股投资者，IPO 发行市盈率基本低于已上市板块的行业市盈率，确保发行成功、确保投资者的打新收益，这将成为乌托邦社会的美梦，打新不一定能够保证收益率。如果数据没有造假，能够高价发行是投行能力的体现，发行价格高低与监管无关，而是市场的选择。

很好，表面上这的确是地道的市场化改革，我们应该为此鼓掌。但我们不能忘记，成功实行市场化改革必须有前提，即有执行力的法律，这是中国市场上的珍稀之物。以往中国 A 股有一些举措假借市场化改革之名，结果却形似“抢劫”，比如让内地投资者投资 B 股，一些悲惨的内地投资者花了美元购买 B 股到现在还没有解套，而部分提前埋伏者获得暴利。今年上半年股指期货交易，这是市场的常规交易之一，但此后公安部门曝光的伊世顿贸易公司以 360 万元人民币初始资金获得 20 亿元人民币以上收益，买通某期货公司技术总监、境外物理学家与金融专家，使得交易看上去像一场定向屠杀。

建立市场化必须有市场信托责任，现在决策者意识到了这一点。朱镕基提出的“不做假账”，对很多公司而言仍是奢侈品。喊口号无用，实现信托责任的前提是，找到埋单者。A 股市场必须找到假账埋单者，和内幕交易埋单者。如果让弱势投资者埋单，做假账就是必然趋势。

这一次找到的埋单者是保荐中介机构，新政强调，发行人是信息披露的第一责任人；保荐机构、会计师事务所等中介机构承担核查把关责任；投资者自主判断发行人投资价值；审核工作则重点关注信息披露的齐备性、一致性和可理解性。

如果出现数据造假行为并且被证实，“苦主”可以找到保荐中介机构，中介机构必须以赔偿的方式为自己的不诚信、不专业负责。中介机构必须公开承诺若信息披露有虚假记载、误导性陈述、重大遗漏造成投资者重大损失的，将先行对投资者进行赔付。

这是 A 股市场的一项“德政”，是由一桩“造假事件”引发——2013 年，平安证券出资 3 亿元设立“万福生科虚假陈述事件投资者利益补偿专项基金”，用于先行赔偿在万福生科虚假陈述案件中受害的投资者。这是中国投资者受到的难得的补偿，切实地保护了投资者利益，新政策是对这项试验的延伸。与当初的绿大地造假一样，万福生科造假已经造到让人匪夷所思的地步，营业收入虚增几十倍。

有了赔偿机制，并不必然让 A 股市场树立诚信与法治，中介机构赔偿到现在为止只有一例，如果造假辨识与处罚很少，收益远大于风险，对于造假方不会有太大震慑。

以往 A 股市场也有严格的法律，违规披露与不披露信息，造假都是违法行为，并且借鉴了美国与日本等国的经验，根据新《公司法》第208条第三款规定：承担资产评估、验资或者验证的机构因其出具的评估结果、验资或者验证证明不实，给公司债权人造成损失的，除能够证明自己没有过错的外，在其评估或者证明不实的金额范围内承担赔偿责任。迄今为止有什么太大的用处吗？对权力没有执行力的疲软无力的法律，哪怕条文再完善，都是“纸老虎”法律。

A股市场建立责任机制，还缺乏关键制度的集体诉讼制度。投资者的维权成本过高，证券民事诉讼有行政前置程序，时间漫长，再加上律师费等种种费用，相当于对投资者维权人为设置高门槛，表面上看是维持了企业利益，降低社会成本，实际上投资者可能失去法律救济的最后机会，使A股投资者的最终防线失守。既然要实行注册制，实行市场化定价，允许投资者提起集体诉讼，以降低维权成本，增加公益特色，加大对造假者、不法交易者的威慑力度，就是法治市场与准确定价的前提。

中国实行市场化能否成功，关键看两点，能不能找到信托责任的责任人与埋单者，能不能建立简洁却高效的公平法治维权体系，使弱势群体大体上可以得到最后救济，否则，我们可以把大部分普通投资者称为炮灰投资者。

没有法律，不可能有市场的拥趸；没有市场，权力的租金就不可能下降。（2015年12月2日）

【救市之道】

救市套路改变

猜得到跌多了会反弹，但猜不到扶起国家牛的力度有多大。

6 月 30 日重拳出击提升市场预期。

第一是资金入市。6 月 30 日一早，上交所公布信息，6 月 29 日沪市四大蓝筹 ETF 一起出现大幅净申购，合计资金流入规模高达 100 亿元，ETF 单日出现如此大的申购规模，实属罕见。市场纷纷推测是神秘资金抄底股市。

在 6 月 26 日暴跌过程中，华夏上证 50ETF 出现 10.6 亿份净申购，单日资金流入规模约达 30 亿元。另一只蓝筹 ETF 华泰柏瑞沪深 300ETF 净申购 2.52 亿份，超过 10 亿元资金流入。从 26 日到 30 日，四大蓝筹 ETF 约新增资金规模达 140 亿元。市场人士指出，这四大蓝筹 ETF 曾经均被汇金增持，如此步调一致的申购行动应该为单一机构所为。

6 月 30 日，新华视点发布消息，人社部和财政部会同有关部门起草了《基本养老保险基金投资管理办法》，从即日起向社会公开征求意见。征求意见的截止日期为 2015 年 7 月 13 日。这在暗示社保基金入市有望。另据路透社消息，地方社保金划拨给全国社保基金统筹管理的方案已获得中国国务院通过，方案最快将在年底之前落实，传说金额在数千亿元到两万亿元之间。

第二是证监会与证券业协会表示融资盘风险不大，在有序监管的情况下场外配资还可以继续做。

今天证券业协会有关负责人在接受采访时表示，目前场外配资活动主要通过恒生公司 HOMS 系统、上海铭创和同花顺系统接入证券公司进行。三个系统接入的客户资产规模合计近 5000 亿元，其中 HOMS 系统约 4400 亿元，上海铭创约 360 亿元，同花顺约 60 亿元。以恒生公司 HOMS 系统为例，近两周以来强制平仓金额合计约 150 亿元，占市场交易量的比例很小。

150 亿平仓风险不大，但市场继续下挫触发连续平仓，大资金纷纷做空期指，风险就大了。阻隔爆仓风险蔓延的唯一办法，是拉动市场点位到大规模平仓线以上。今天就是这么做的，相当于挖了一道防火带。

在监管的情况下，还会允许场外配资，但由券商负责。中证协连时间都说了，将按照证监会提出的“摸清底数、突出重点、疏堵结合、稳妥处理”的原则，推进证券公司信息系统外部接入的评估认证工作。

各证券公司已向住所地证监局报送了自查报告，各证监局的核实预计 7 月底前后可完成。证券业协会将从 8 月份开始接受证券公司外部接入信息系统评估认证申请，券商向符合三个条件的第三方运营的客户端提供网上证券服务端与证券交易相关的接口。未来资金可控，并且券商掌握大权，翻覆之间，市场主导权就变了。

第三是各方表态。以往遭遇恐慌性暴跌，大都是人民日报、新华社发文，而此次则是专业自律机构倡议。

6 月 30 日，中国基金业协会发表倡议书，表示机会往往是跌出来的。市场经过近期大幅调整，风险收益比得以改善，估值回归投资区间，新的结构性行情正在酝酿，为成熟理性投资者蕴藏了难得的投资良机。同时，有十几家私募基金出来喊话，表示股市大跌提供难得入市机会。而国泰君安网站则公告，市场近期出现大幅回调，蓝筹板块的投资价值已逐渐显现。公司经研究决定，上调沪深 300 部分成分股折算率，并相应下调融资保证金比例：此次调整涉及 160 只沪深 300 成分股。调整后的折算率及保证金比例于 7 月 1 日起生效。

如此步调一致唱多，绝不是个别机构能够做到的。让人联想到银行业出现的窗口指导。

从盘面看，29 日无论是现货期货非常低迷，三大期指跌水，说明各机构做空自保。这一情况在 30 日上午 10 点 40 分以后得到扭转，资金进入，期指翻好。IF、IH 涨幅稳定，IC 更是收跌回涨，涨幅逾 6%，尾盘买入量有所下降。市场信心有所企稳，多杀多的惨状结束，但市场震荡难免。

这是政策主导下经济走偏的市场市。政策让市场资金、市场人士说

话，他们说了，看来还有一定的成效。用多了，就未必。（2015年7月1日）

救市救个明白彻底

金融市场本质上就是一句话，拯救流动性，拯救因挤兑出现的信心危机。

根据风险传染烈度的不同，救市招术不一样，如果准备金充分，后援团足够，虚晃一枪，晃晃钱包，市场自然平复。

时间追溯到 1916 年 5 月，中国银行抗拒北洋政府停兑令，度过金融危机。

北洋政府财政油尽灯枯，袁世凯称帝失败，南方各省纷纷独立。当年 5 月 11 日起，国务院下令中国、交通两行总行发行的纸币停止兑现，存款止付，现金准备封存。这是北洋政府的最后一搏，如果失败，还能留一些准备金。

中国银行上海分行在经理宋汉章、副经理张嘉璈的领导下拒绝北洋政府命令，正常兑现。原因一是看准大方向，在政治上拒绝北洋政府。二是获得江浙财阀与国外银团支持。宋汉章曾拜访汇丰、麦加利等银行，商议以上海分行的部分固定资产作抵押借款来维持兑现，外国银行一致同意借款。三是中国银行成立之初就实行分区发行、兑现以及准备金分区存放等制度，使北洋政府鞭长莫及。

据张嘉璈回忆，5 月 12 日那天，中国银行营业时间未到，门口等候兑换现洋的市民已是人山人海，挤兑者“手中所持者不过一元或五元钞票数张，或两三百元存单一纸”。银行开门照常收兑，第二天周六还延长了营业时间，周日破例营业半天，市场恢复平静。此时中国银行已兑出

150 万元。

上海分行实力雄厚渡过难关，北京并未成功。中、交两行京钞停兑期间，中国银行总裁徐恩元一度试图部分恢复兑现，但因方法拙劣、现金准备短缺和派系内部斗争等问题而失败。

因此，给市场足够的信心，有足够多的资金支持，至关重要。救市切忌三心二意，救一步退一步，火烧连营将不可收拾。

时间追溯到 2008 年，美国陷入金融危机，一开始情况似乎并不严重，只是银行利润下降，只是次贷机构出事，只是某些对冲基金有些问题，甚至有人幸灾乐祸，乐见肥猫出事，但危机很快蔓延开来，如同烈性传染病，必须集全社会之力恢复信心。

危机发生时，美国财长保尔森主导推出 7000 亿美元救市计划，帮助金融机构剥离地产和商业等不良资产，为华尔街“止血”。不管当时有多少人抨击，此举是必须的。美联储主席伯南克共同作战，直截了当地表示，如果 7000 亿美元计划不能获得通过，美国经济将陷入衰退。

救市要成功，首先要有最终的“接盘侠”。当人们相信资产有毒时，无论是有毒、无毒的资产都无人购买，美国政府与美联储大量购买有毒资产，2008 年 3 月美联储为贝尔斯登提供紧急资金、联邦政府接管两房、援助 AIG 等；当年 10 月 3 日，国会通过救助计划，财政部和联储根据这一法案相继救助花旗、通用和克莱斯莱等巨头。也就是说，无论多少资产，都有最终的购买者，这就从根本上斩断了流动性危机的蔓延链条，因为人们相信，有最终的兑现者，有最终的“接盘侠”，挤兑抛售也就失去了意义。

其次有源源不断的量化宽松。美联储推出四轮量化宽松货币政策，向市场暗示可以无限制发放货币。每轮 QE（量化宽松政策）目的不同，通过 QE1 创造了 1.75 万亿美元的货币供应，把华尔街金融公司从破产边缘拯救了出来。2010 年 11 月 12 日启动 QE2，购入总计为 1050 亿美元的金融资产，其中 750 亿美元用于购入存续期为 7 年的国债，300 亿美元用于购买金融机构债、机构债券和机构按揭抵押债券，释放货币，购入资产，让资金可以推高资本与货币市场价格。QE3 扭曲操作，长债取代短债，让美联储资产负债表规模扩大了 1.66 万亿美元，经历 11 个月的逐步缩减后结束。QE4 则让美联储每月资产采购额达到 850 亿美元。

流动性的最后释放者，与“接盘侠”联手托起了市场。当 2014 年 11 月 QE4 结束时，美国股市进入牛市，受投资者青睐的企业现金充足，创新动力恢复。最困难的就业也有所好转。

目前中国救市有三个办法：第一种是暂停股市期货与现货市场，关联账户冻结，等待市场平复；第二种是组成超级机构，在指定的点位誓当“接盘侠”，停止平仓荒，并且央行政策配套提供流动性；第三种是暗示其他公司全部停牌，留下 300 家企业，在期货上直接让做空者爆仓。（2015 年 7 月 8 日）

中国为什么必须救市

《经济学人》杂志 8 月底的文章把中国的救市行为形容为“糟糕透顶、断断续续”。而在 7 月份的文章中，明确“尽管 A 股近期大幅震荡，但主要金融机构，特别是银行仍安然无虞”，“受损最大的人往往叫得最凶，不幸的是，监管机构再次屈服于压力，并采取了不适当的救市措施”。

不止《经济学人》，包括国内外很多机构与学者都对救市提出了质疑。瑞银新兴市场首席投资官马里斯卡尔 8 月 28 日表示，中国政府和监管机构很可能没有必要采取太强烈的手段来支撑股市和刺激经济，因为两者情况其实并不是特别差。7 月底，彭博社援引一位知情人士消息透露，IMF（国际货币基金组织）敦促中国最终退出为遏制股市市值被抹掉的跌势而采取的救市措施。

中国有必要在市场极端恐惧时，让市场恢复正常。

持中国没必要救市观点的人，认为股市下跌对于中国经济与全球经济没大影响，他们以成熟市场的心态面对中国市场，不是对中国的实际情况一知半解，就是隔岸观火，因为中国风险并没有从肌体上传导给全球。

乐观者认为，持末日理论的人们担心过头了，远比股市重要的楼市，在过去几个月里，房价和交易量都很健康。如果最坏的情况发生了，央行有足够的政策宽松空间。在 7 月底，央行下调利率后，一年期利率仍旧保持在 4.6%。经济增速放缓，但即使按最保守估计，今年只增长 5%，中国带给世界总产出的增长，也会比 2007 年中国公布的 14% 要多。

并且，A 股市场并未危及中国的金融稳定，它尚未给主要金融机构带来大麻烦。券商仍然安然无虞，尽管他们通过融资交易和卖空机制向投资者释放 2 万亿元资金。

还有人担心，中国政府救市会损伤市场的自由度，好不容易取得的市场化成果由于救市而回到老路。

这样的担心并非毫无根据，但对中国经济与房地产的乐观，对中国金融体系的乐观，恐怕是不太了解中国国情所致，他们有必要跟制造业主和民间金融业者多交流。

6 月 19 日，我在电视台做节目直播，外面一个券商朋友在开电话会议，电话里声嘶力竭、紧张万分："对！必须要救市！已经影响到融资保证金了，接下去就是银行，非常时刻，必须要救！"

这就是当时的真实情况，股票市场下挫影响配资融资盘平仓，风险传导到券商、基金、银行，不救市大家一起溺亡。

数据统计，从 6 月 15 日至 7 月 6 日，沪深两市共有 878 只股票跌幅超过 50%，其中 52 只股票跌幅超过 60%，融资盘面临非常大的平仓压力，一旦大面积平仓将形成负面反馈效应。根据测算，截至 8 月 25 日收盘，共有221.99亿股跌破理论警戒线，参考市值达4928.46亿元，涉及上市公司395家。其中，有142.34亿股已跌破理论平仓线，参考市值达3224.3亿元。这是火烧连营的过程。

A股市场比较极端，内部传导极为迅速，虽然管制严厉，但管制效率不高，境内的企业家很少会否认，事实上，他们更害怕诸如美国市场这样的监管，平时靠个人信用维系，一旦违规绝不轻饶。

局部市场出现风险，迅速传遍金融全身。股市上升时，不仅基金、券商、银行想方设法增加股市的资产配比，民间资金也疯狂进入股市，通过场外市场等各种方式进行，本质上跟民间资金追逐高利贷没有太大区别，造成整体杠杆高企，很大一部分在监管之外。一旦市场下跌，会迅速出现多米诺骨牌效应。

表面上看来，中国金融业一切很好。2015年度央行金融稳定压力测试显示，银行体系对信用风险的抗冲击能力较强。流动性风险压力测试结果表明，在压力冲击下各商业银行的流动性比例出现不同程度的下降，在轻度、中度和重度冲击下，分别有1家、2家和4家银行的流动性比例不满足监管要求。不过，记性好的人会记得，2013年6月20日，银行间隔夜拆借利率一度摸高14%，缺少资金的银行疯狂地抛券换钱，什么债券流动性强抛什么，银行尚且如此，缺少监管的金融机构之疯狂可以想象。

从地方政府与行业来说，在温州等地产业转型时，在钢铁等行业转型时，由于不良率上升与抽贷结合，导致当地信贷市场冻结，某个行业冻结，由政府出面增信。如果当地是个独立经济体，金融危机估计已经爆发了。

中国市场的流动性有其特色，这一特色与投资者的不成熟、与内幕交易相结合，中国政府救市不会让市场更不市场，只不过是把原本就扭曲的市场的本来面目，暴露给市场。曝光是最好的杀菌剂。救市是必然选择。（2015年9月1日）

第六章 CHAPTER 06 | 转折时代（2016–2017 市场新周期）

我从事的斗争是多么的艰苦
每当我用疲惫的眼睛回顾
常常会看到
世界并没有天翻地覆

可是　一望到你那微笑
冉冉地飞升起来寻找我
生活的大门
一下子就都为我打开

——《你的微笑》聂鲁达（智利）

2016 年：剧烈震荡　分化的一年

【看时局】

熔断恐慌

2016 年 1 月 4 日，2016 年 A 股市场交易第一天，触发熔断机制，这也是熔断机制新政实行第一天。

下午 13 点 13 分，沪深 300 指数跌幅超 5%，触发第一次熔断，13 点 28 分恢复交易，13 点 35 分跌 7%，触发二次熔断，两市停止交易直至收盘，再现千股跌停奇观。

根据规定，本次实施指数熔断的品种包括股票、基金、可转换公司债券、可交换公司债券。沪股通停止交易，港股通正常。熔断机制实施后，黄金交易型、开放式证券投资基金、交易型货币市场基金以及债券交易型开放式指数基金不受影响。

新年第一个交易日触发熔断，熔断机制因此被狂批。我们要搞清楚，到底是熔断触发了恐慌，还是恐慌触发了熔断？

首先，市场本就恐慌，没有熔断也会下跌，就像去年年中没有熔断也有千股跌停一样，美国市场有熔断也少有疯狂恐慌，发生踩踏与熔断机制的设计有一定关系。

人民币汇率大幅贬值走低，资本外逃担忧在人民币兑美元大幅贬值后从未断绝，并直接影响到市场信心。2015 年 12 月 28 日，B 股指数盘中跌幅超过 10%，使得 A 股大跌 2.59%。当时笔者判断的原因包括，从

2016 年 1 月 1 日起外管局上线新的个人外汇监测系统，2 月 1 日开始收紧境内机构外币现钞支付，导致大量资金集中抛售，赶在 1 月 1 日与 2 月 1 日之前兑换成外币。而后进入三天震荡，直到 2016 年“开门黑”。

相应的，1 月 4 日人民币兑美元中间价报 6.5032，自 2011 年 5 月 25 日以来首次跌破 6.5 关口，同时，在岸人民币兑美元跌破 6.5，离岸人民币兑美元跌破 6.6。人民币大跌显示 1 月份可能仍是做空活跃月份。

货币政策没有宽松迹象，投资者不仅没有指望在 12 月 31 日前的一次降准机会，央行还取消了 31 日的最后一次逆回购。央行对政策工具信心满满，12 月央行分支行对地方法人金融机构累计开展常备借贷便利操作共 1.35 亿元，期限均为隔夜，利率 2.75%。表面上看利率稳定，但市场紧张情绪却在上升。

另据九州证券邓海清先生的分析，元旦假期传出大银行跨年度结算中出现资金缺口，央行大额清算系统延迟关闭，年前市场对于资金面过度乐观的判断或许面临修正风险。目前市场盯着低风险的产品，即使利率很低。

第二，多种政策预期齐出，想在市场改革领域一口吃成个胖子，无助于股票市场的稳定。

注册制改革以及拟议中战略新兴板的推出，必然引发市场对于保证金不入市的预期。加上 1 月份股东解禁市值 1.1 万亿左右，再加上一口一个僵尸企业要退出，再坚强的巨人都经受不住接二连三的抽血打击，何况 A 股市场弱不禁风。不能否认，上述政策都是中国经济转型所必需，但不可能同步推出，并主要由一个市场来承受。

对很多投资者来说，保证金、二级市场存量资金是重要的投资参考指标，存量资金纷纷出逃，韭菜资金的行为模式可想而知。在股票市场上，无论是风险共担利益共享，还是股改，建立明确的市场管理逻辑，让市场回归公平配置资源、让价值投资者分享发展红利的出发点是必须坚持的，否则抽血市场不可能存活。

第三，熔断没有错，但熔断的技术手段有可能存在失误。美国多级熔断，A 股市场非理性严重，较小的阈值可能容易加剧波动。

中金公司数据认为，沪深 300 指数 11 年来有 105 次盘中波动超过 5%，33 次超过 7%，占交易日总数比例分别为 4.0% 及 1.2%，触碰跌幅阈值的次数明显高于涨幅阈值。波动多发生在市场牛熊风格明显时段，在震荡行情下发生的概率较低。沪深 300 指数触碰跌幅阈值的次数明显高于涨幅阈值，碰触跌幅 5%/7% 的次数分别为 69/22 次，碰触涨幅 5%/7% 的次数分别为 36/11 次。

下跌到 5% 触发首次熔断，由于无法出货的恐慌，将导致市场踩踏轻易触碰 7% 的阈值，进一步产生心理焦虑。

今天 A 股市场暴跌源于 A 股信心不足与熔断机制不合理，全球市场小于 A 股跌幅，期货市场、汇率市场没有领先传导。（2016 年 1 月 5 日）

熔断刻骨铭心

A 股创下最早收盘纪录，开盘仅 15 分钟便全天休市。

A 股的威力不亚于朝核，看看对当天全球市场的描述：全球市场风急浪高，风险资产哀鸿遍野，亚欧股市全线大跌，国际油价跌至 2012 年低位。避险资产坐收渔利，日元升破 118 关口，现货黄金一度站上 1100。不能忽视的是，人民币中间价下调幅度创 2015 年 8 月 13 日以来最大，离岸人民币兑美元早盘一度重挫 600 点。这并不是 A 股所引发的，相反，可能是引发 A 股暴跌的罪魁。

熔断机制再遭猛批。一个本意稳定市场的冷静政策，不料成为刺激市场恐慌的兴奋剂，成为 A 股空头的核武器。从现在看，不合理的熔断制度是A股的放大镜，会让情绪极端化，目前的熔断制度不是一面准确的镜子。

仍然要强调，市场本身质地仍然是第一位的，熔断不可能熔出一个牛市，也不可能熔出一个熊市。但在实体经济本身风雨飘摇、人民币急速下跌、融资规模大幅上升的情况下，不合理的熔断则成为压垮骆驼的最后一根稻草。没有这根稻草，不会有两千股左右跌停再加上15分钟休市的奇观。

此时，稳定市场是必要的，稳定市场只有两招，显示坚定的保护投资者的决心，以及摇响钱袋子，让股市“挤兑者”相信有源源不断的资金，从技术手段上看，是扩大熔断区间。

从目前看，熔断机制的阈值3%与7%已经没有什么区别，到3%就会奔5%，到5%必然奔7%，除非救市部队大规模出手。本来就非理性的市场被急剧放大了。当羊群被大规模屠杀、而很多大机构也愁云惨雾地提前下班担心自己家的粮食的时候，信心危机四处蔓延。

股市是情绪的放大镜，是非理性情绪化合生成的结果，这才有了索罗斯的反身性理论。

中国股市非常特殊，这是领头羊与大批羊群组成的市场，领头羊基本分成吃肉群体、看风景群体与少数看路群体，而领头羊逐水草而动，羊群唯领头羊是从。只要大资金出现异动，就会构成市场的整体异动。不论大资金去向哪儿，羊群就会跟随到哪儿。只有要大资金砸盘，市场就会跟着砸，虽然这把锤子会砸到多数人头上。熔断机制正是在这一背景下出台的。

领头羊在干什么？确实有大笔资金抛售。1月7日上午开盘，指数大幅低开一路下杀，在短短的12分钟时间内沪深300指数便被打到了−5%，触发了第一次熔断，熔断时间是9点42分。第一次熔断后，盘面上的涨停板家数是27家，跌停板家数是269家。此时，空头已胜券在握，因为下跌5%就意味着7%。15分钟熔断时间一到，9点57分开盘，短短的两分钟时间沪深 300 指数便被打到了 −7%，触发了第二次熔断，盘面上的涨停板家数仍然是 27 家，跌停板家数却变成了 1784 家，在短短的两分钟时间里跌停板家数陡增了 1515 家。

集中抛售，引发恐慌，一次熔断，再集中抛售，Game Over（游戏结束）。仔细分析非常重要，看恐慌线路在汇率、流动性丧失的情况下如何被点燃，哪些机构成为“重锤”。

改革必须有整体思路、顶层设计。这次股市灾害，不能怪罪于全球市场、不能怪罪于外部做空，纯粹是内部冒进的结果。试图在短时间内把汇率、融资需求与经济结构转型在几个月内全部解决，这是不可能实现的任务。在短时间内能够完成一个任务，就已经非常了不起，遑论完成诸多重大任务。

改革也不能线性思维，头痛医头、脚痛医脚。有人大叫取消熔断机制，甚至取消涨跌幅限制，甚至要求降低期指门槛，或者暂停新股发行，这都没什么用。想想当初为什么要制定涨跌幅限制，为什么要提高期指门槛，这样的市场会是一场长期屠杀——制订政策，资金救市、取消政策，市场恢复，再融资，再制订政策，这是恶性循环。

既然中国市场有共性也有特殊性，暂停熔断后，看好大资金的交易与情绪是要点。如果市场在大资金之间相互搏杀，如果各机构都能平等获得资金，就不会出现互联网资金杠杆、券商与银行杠杆之后，再现险资杠杆的事。而各机构如果对彼此价值心知肚明，也就不可能出现大规模“屠城”的事。虽然很多人对新三板交易量与少数企业过高估值不满，但起码没有血流成河，很简单，没有交易者会去接盘炸弹。

如何让 A 股市场成为有代表不同利益的均衡的机构，能够公平博弈。同时保护散户，不是兜底他们的交易亏损，而是让他们拥有针对内幕交易与造假的根本法律救济，让绝大多数人信赖机构的信用，也许才是关键的关键。（2016 年 1 月 8 日）

IPO 新规是否会重蹈熔断制覆辙?

2016 年首批七家适用新规的企业名单已经公布，将在春节前陆续上市。

对于注册制的各种争议层出不穷，抓住关键点，做好预案，新规才有可能成功，注册制才有可能顺利推出，现在的新规是半人半兽阶段。

有些人质疑为什么驾驶学校通过首批发行名单，这样的质疑是隔靴搔痒，生产扑克牌、辣酱和培训驾驶员都是守法合规的正当行业，谁说一家油服企业上市带来的收益就比培训学校带来的收益更大呢？我国以前大型央企高价上市，并没有给股市带来什么翻天覆地的正面影响。

如果说质疑针对的是高价发行、圈钱，问题就会变成在股市发行新规下如何避免炒作、圈钱。

只要把握上市节奏，只要有新资金源源不断进入打新市场，IPO 推出不会重蹈熔断制覆辙。IPO 适用新规，理论上无风险套利机会下降，直接定价发行，意味着没有低于平均市盈率的发行价格，给中新股的人送钱的老人已经回家了。

呵护新股发行可谓关怀备至。本周央行释放的流动性在 6000 亿，相当于一次降准，为了应对春节，“央妈”不可能收紧流动性。为了保证 IPO 顺利推出，证监会一再安抚市场，注册制不等于没有额度管理疯狂上市，在第一批上市时，新规 IPO 发行日同一天全市场只安排 1 家新股进行申购，不会再有冻结资金的抽血效应。

实行新规后，上市公司数量不会多到让市场崩溃的程度，未来推出注册制后的具体上市数量，取决于推出之后是否运作顺利，以及市场的承受能力。没有谁比决策层更担心下一个股灾的来临。

此次第一批发行七只股票，预计总募集资金在 40 亿元左右，单家企业最高净募资计划不超过 10 亿元。有三家拟上市公司在 2000 万股以下，将直接网上定价发行：广州高澜计划发行不超过 1667 万股，拟募集资金不超过 2.55 亿；苏州设计计划发行 1500 万股，拟募集资金超过 3.2 亿；上海海顺计划发行不超过 1338 万股，计划募资资金 2.76 亿元。

按照《每日经济新闻》的数据，2014 年以来已发行上市的 317 家企业中，31% 的企业新股发行数量在 2000 万股以下，平均筹资额为 2.7 亿元。也就是说，如果根据最新规定，未来大约将有近三分之一的新股不再通过网下询价，网上打新配售比例将由原来的 90% 提升至 100%。以 2000 万股的发行数量为例，单张身份证申购上限在千分之一，也就是 2 万股，顶格申购所需要配置的市值在 20 万元。监管层希望不扰动现有二级市场，让新资金缓解市场资金不足的矛盾。

只强调资金和节奏，并不能解决未来注册制的根本障碍，A 股的问题是人情报价、失信与圈钱。我们必须派出三只看门狗。

最大的问题依然是诚信问题。现在证监会拟派出两只“看门狗”把门，不会有立竿见影的作用。

第一只“看门狗”是中介机构先行赔付。如果出现数据造假行为并且被证实，“苦主”可以找到保荐中介机构，中介机构必须公开承诺若信息披露有虚假记载、误导性陈述、重大遗漏造成投资者重大损失的，将先行对投资者进行赔付。如果造假披露时间长，造假机构比较多，能否落实到位就是个未知数。因此必须加上附注，无论何时发行上市业绩变脸都可以进行追溯，中介机构承担永久责任。

第二只“看门狗”是摊薄即期回报补偿机制信息披露。在招股说明书准则中，增加了摊薄即期回报分析的假设前提、参数设置、计算过程等披露要求。

而第三只“看门狗”则是没有派出的。上市公司大规模套现怎么办，谢荣兴先生提出的方案是设计制度不让创始股东圈钱套现：创始股东至少三年内不能有任何套现，第四到第六年，按一定比例允许退出三分之一。第七至第九年允许第二个三分之一，最高退出达 66%。原始股东必须为套现的溢价支付对价，按套现的 20% 股权同步兑现给流通股股东的权益作为套现的"对价"。

为了防止高管辞职套现，增加附设条款，将这部分股份锁定，高管持有的股份从上市前就决定了这部分股份流通时间，不因高管本人的身份而改变。

笔者早已说过，准确定价与控制诚信风险是第一位的，建立不设期限的中介赔付机制、防止高管左手倒右手式的套现、建立集体诉讼制度，不可或缺。造假就要埋单，不正当的溢价就要有对应的补偿机制，否则不管什么注册制还是审批制，还是半注册半审核，都是炮灰制。（2016 年 1 月 21 日）

婴儿底到底还在不在?

中国市场遭遇严峻挑战，从汇市到股市，这不是阴谋，这是阳谋，在全球去杠杆寻找埋单者的过程中，中国手中还有点埋单的资本，被巨鳄盯上并不奇怪。

市场继续探底。1 月 26 日，沪综指 2743.84 点，重挫 6.42%，创十三个月以来的新低。1 月以来沪综指暴跌 22.3%，创下中国股市 26 年来的历史纪录。

香港市场是导火索，从早盘开始，国企指数与恒生指数破位下跌。A 股本身就疲弱低开，当 A 股跌破关键点位时，再次显示出对全球市场的影响力，亚太主要市场下跌，欧洲市场开盘不利。

无论是境内还是境外，国际做空资金在香港市场的挥洒度比内地大得多。

索罗斯在今年的达沃斯论坛上表示，他做空了标普 500 指数，现在买入股票还太早。索罗斯在去年年底买入了美国国债，做空了原材料生产国股市，并下注亚洲货币将对美元下跌。他直截了当地表示，中国经济出现硬着陆几乎是不可避免的，由于过度负债导致的中国经济放缓，也会使世界其他地区的问题出现恶化。

索罗斯的判断很明确，全球经济还会下行，原材料价格还会下行，避险产品如美国国债等依然是主要投资标的。与此相对应，澳元等资源型货币、与中国经济密切相关的经济体没有到回暖的时候。而索罗斯之所以现在说这番话，是想引发共振效应，布局早已完成，部分收割羊毛。

A 股下行另一条导火索是农行票据案可能引发的资本货币市场去杠杆。事实上，任何一个市场大跌都与去杠杆有关。让人奇怪的是，中国银行系统的风控到底是不是“稻草人”，监管部门对于市场杠杆资金状况是不是真正了解？是不是在蒙着眼瞎去杠杆？

中国农业银行 1 月 22 日晚发布公告，该行北京分行票据买入返售业务发生重大风险事件，涉及风险金额为 39.15 亿元。造成这一重大金融风险案件的原因是 2 名员工涉嫌非法套取 38 亿元票据进入股市。

环球老虎财经的数据显示，票据贴现余额与上证指数有强烈的正相关性（2010 年到 2011 年票据下滑幅度相对较大，是由于限贷令对贷款总额的限制）。票据贴现进入股市估计并非个案。由于票据中介通过与银行内部人员勾结，对没有真实交易背景的汇票进行承兑进而贴现、转贴现套取现金的模式有较大的规模。正是不清楚市场规模到底有多大，市场以下挫应对可能开展的票据套取资金检查，应对新一轮的去杠杆。

外部力量有两大原因做空，第一是对上市公司的质地不满，对圈钱的股市机制不满，第二是打赌中国手中拥有的子弹，不足以维持市场的稳定。

做空者直接针对两大命门：第一，中国经济转型期僵尸企业出清的时候，就像动物蜕壳时是最软弱的时候。第二，央行对人民币左右为难，如果大幅降准，人民币汇率将进一步降低，所谓一步降到位是不存在的，在金融市场的要义就是地狱有无数层，跌了还会再跌，直到流血的那只动物被吃得骨头也不剩。如果不降准，现状就是目前的不断持续寻底。

1998 年金融危机时内地与香港市场隔离，而现在，香港股市内地上市公司占据大半壁江山，去年九成融资属于内地公司，AH 股溢价成为价差的明确指标，香港市场还有对冲工具，两地市场都难以独善其身。另一方面，人民币迅速国际化，境内外人民币汇率与其他市场形成了连动，境内与境外的人民币形成双重价格，央行不得不考虑境外市场人民币汇率的高低，左右为难。

中国手中的 3 万多亿外汇储备正在快速消耗，这样的流血必须止住。路透社 26 日的报道指出，一家做空人民币的西方对冲基金表示，中国 1 月硬通货储备降幅可能扩大近一倍至 2000 亿美元左右，令中国当局更有可能允许人民币出现一波更大幅度贬值。他们已经通过做空人民币获得厚利。彭博社报道称，2016 年中国资本外流或达 1 万亿美元。

金融战争的目的就是找到一家真金白银的埋单者。

应对之道是把无关紧要的面子全部撕掉，让西方说一句人民币国际化就这么重要吗？如果中国好企业也完蛋了，市场化国际化是为了什么？现在控制货币流通是必要的。坚持出清僵尸企业，大部分蓝筹上市公司的质地无懈可击，圈钱掏空的企业坚决退市，这样做空就找不到下嘴之处。

不要以为西方市场不懂中国，他们寻找市场软肋让恐慌自我发酵的手段极为高明。但我们没必要被牵着鼻子走，中国好企业仍然存在，并且数量不少。只不过，很多可能不在股市上。（2016 年 1 月 27 日）

股市大跌与 A50 魔咒

股市放量大跌，这不寻常。从昨天技术面看，目前属于反弹中继，可上可下，但大跌突破关键位置，对反弹造成直接干扰，后续堪忧。

截至收盘，沪指暴跌 6.41%，创今年来第 4 大单日跌幅，跌 187.65 点，报 2741.25 点；深成指跌 7.34%，跌 756.55 点，报 9551.08 点；创业板跌 7.56%，跌 166.6 点，报 2037.14 点，1400 只个股跌停。

原因之一，短期流动性收紧。为了春节所进行的短期公开市场注水操作陆续到期。

25 日，中国银行间市场 1 天期质押式回购利率上涨 33 个基点，创逾十个月新高，央行没有降息降准的意图。

当天，上海银行间同业拆借利率（简称 Shibor）隔夜品种上升了 4.8 个基点至 2.004%。7 天期 Shibor 上升 2.6 个基点至 2.321%；14 天期 Shibor 上升 3.7 个基点至 2.517%。其余品种利率略有下降。上次隔夜 Shibor 站上 2%，是在 2 月 6 日春节假期前一天，当时利率为 2.281%。自去年 5 月以来，隔夜 Shibor 突破 2% 非常少见。

2 月 25 日进行 3400 亿 7 天期逆回购操作，刚好对冲了到期的 3400 亿逆回购。2 月 22 日到 26 日的一周，逆回购到期共 9600 亿元，国库定存到期 500 亿元，两者造成流动性减少共计 10100 亿元。尽管央行通过逆回购对冲，但截至 25 日，央行净回笼资金依然超过 4000 亿元。下周公开市场仍将有 8600 亿元逆回购到期。

虽然 1 月信贷额度较大，但资金不会进入风险较大的市场，如传统实体经济与股票市场，有可能会进入上涨的房地产市场，与政府撑腰的投资项目。

原因之二，关于注册制的传言以及创新板的传言，传闻新任证监会主席上台将着力推进注册制。虽然传言属于空穴来风，但对于恐慌情绪尚未消退的市场而言是沉重打击。

2 月倒数第二个工作日是新加坡 A50 指数交割日，A50 交割日魔咒再起，从 5 分钟 K 线图看，上证 50 开盘即大跌，直到下午 2 点 25 分，而后震荡收敛。A50 下挫在上证指数下跌之前，具有引导作用。

境内期指大约在 9 点 30 左右开始大跌。截至收盘，沪深 300 指数报 2918.75 点，跌幅为 6.14%，IF1603 报 2847.0 点，跌幅为 5.67%；上证 50 指数报 1932.60 点，跌幅为 5.33%，IH1603 报 1908.4 点，跌幅为 4.62%；中证 500 指数报 5626.05 点，跌幅为 7.94%，IC1603 报 5361.0 点，跌幅为 8.07%。

有人认为美国公布的服务业 PMI 指数远低于预期是罪魁祸首，2 月 24 日，金融数据公司 Markit 公布行业报告，随着美国制造业 PMI 指数跌至 2012 年 10 月来最低水平，美国 2 月服务业 PMI 指数也自 2013 年 10 月以来首次跌至 50 以下，表明服务业萎缩，鉴于美国服务业占 GDP 大半壁江山，这样的数据让人紧张。

这并不是 A 股下跌根源，亚太指数 25 日涨跌互现，欧洲主要股指上升，只有 A 股与港股疯狂下跌，A 股一直特立独行，没有理由比美国本土市场对美国 PMI 反响更强烈。

原因之三，貌似与股市无关，实际有着莫大关联。

每年年初是领导干部集中上报个人有关事项的时间，今年的财产申报被冠以“史上最严”称号，要填的申报表格长达 10 页，一共包括 14 项内容，分为“家事”和“家产”两类。今年，表格长度和内容变化不大，但填写说明却从以往的 1 页纸增加到了 5 页纸，哪些要填、哪些不要填，都规定得清清楚楚。不少单位还召开了专门的培训会。

官员财产申报遭遇抵制，如果境内力量有意与 A50 魔咒结合，让人不寒而栗。去年股市去杠杆，境内的期指成为做空先锋，今年又会使出什么办法，让我们拭目以待。（2016 年 2 月 26 日）

A 股绝对不能加杠杆

人们记住了肖钢先生无奈的脸和满头白发，以及史无前例的市场震荡。有些事是他能够做的，有些事是他无法做到的，而一些心腹之疾至今未能得到很好的治理。

肖钢上任之后，最大的亮点是监管改革。

从郭树清时代开始，监管人员增加，处罚案例增加。对万福生科与光大“乌龙指”事件给予重罚。2013 年 5 月 10 日下午 3 点 30 分，证监会发布对万福生科和平安证券的处罚。对平安证券罚没 7665 万元，暂停保荐机构资格 3 个月；万福生科保荐代表人终生禁入证券市场；时任平安证券的几位高管也被“连坐”。龚永福夫妇也已将 3000 万股万福生科股票质押给中国证券投资者保护基金有限责任公司管理。万福生科的中介机构补偿开创先河，而后进入制度中，成为制度进步的一环。

光大证券“乌龙指”事件的处罚是 5.2 亿的罚单结局，对事件中相关责任人员徐浩明、杨赤忠、沈诗光、杨剑波处以终身禁入证券期货市场。无论后人怎么衡量处罚轻重、怎么介定责任，在上述处罚中已经是现行环境下的重罚，并且中介补偿对于监管制度的有效推进起到重要作用。与此同时，一些政策为未来的注册制埋下了伏笔。

在肖钢任上，中国股票市场的弊端显示得淋漓尽致，这些弊端以往就有，但在特定的环境下，这些弊端被放大到离谱的程度。

A 股市场圈钱，投资回报率不如存款，上市公司现金流少。上海交通大学教授钱军在《A 股必须知道这七大真相》一文中指出，中国上市公司虽然投资规模大于其他发达和金砖国家的上市公司，但以净现金流衡量的投资收益却小于发达国家（比如美国）和其他金砖国家（比如巴西和印度）的上市公司，在全球金融危机后的最近几年净现金流水平甚至低于经济滞涨的日本公司。说明中国上市公司的总体投资效率低下，除了淘汰产能过剩的行业中的经营不善的企业以外，解释这一现象的一个原因是上市公司的资金被“掏空”——当大股东及关联方以各种方式从上市公司拿走更多资金和资产的时候，公司的净现金流就会减少。

因此，A 股绝对不能加杠杆，一旦加了杠杆后获得最大收益的就是 A 股的利益阶层。

2015 年 A 股大跌，但融资再融资创出新高。据 Wind 数据显示，除去停止实施的案例，2015 年共有 890 家上市公司发布定增预案，调整后的融资规模达 27599 亿元。此外，2015 年有 586 家上市公司完成定向增发，规模超过 12174 亿元。这两组数字均创出历史新高。此前的 2014 年 1 月 1 日到 2015 年 2 月 2 日，A 股定向增发、公开增发、配股、可转债发行等股权再融资的总额高达 7906.71 亿元，是同期 IPO 融资规模 790.91 亿元的十倍左右。

以“变动截至日期”作为统一口径，2015 年 1175 家上市公司大小非在 2015 年合计减持金额高达 4566 亿元，相比去年同期的 2100 亿元增加了一倍多，同时创下 A 股史上的新高。

也就是说，2015 年尽管是震荡不安的年份，却是大小非与上市公司融资的丰收年。根据历史数据，这样的丰收与上市公司业绩与投资回报的关联性不高。在这样的市场中，杠杆加得越高、市场越疯狂，普通投资者的结局越悲摧。因此，这样的市场绝对不能加杠杆，尤其是高杠杆。虽然此后监管层去杠杆，但他们低估了杠杆的动能，以及监管的无力。在内幕交易市场和不成熟市场，加杠杆是致命的。

在市场震荡中，显示出监管层对市场的理解不如操纵市场者，理解市场的某些监管者在内幕交易上助纣为虐。最典型的是股指期货，明明已经助涨助跌成为屠杀场，有境外操盘手以程序化交易方式获得千倍以上的收益，却以市场化的名义迟迟无所行动，实际上是在拖延屠杀的时间。可以与此相比的是以往的权证。

熔断同样如此，熔断是国际通用的手段，在中国却成为一剂毒药，操纵市场加上暴涨暴跌的特色，使熔断成为休克，我们对于 A 股的疯狂与大资金的力量还要有更深刻的认知。

肖钢在任 35 个月，经历一牛一熊，市值从 23.37 万亿到 62.75 万亿，又降到 40 万亿，在这一数据背后，有人暴富，有人暴穷。中国 A 股市场目前绝对不能加杠杆，也不能够用被操纵的可怕创新方式进行屠杀。（2016 年 3 月 2 日）

别把反弹说得跟上了天堂似的

这两天股市大涨，犹如打了强心针，很多投资者相信“牛市雨”是存在的。这是久阴雾霾天难得的信心提振，但要全面提振信心、扫除雾霾决非一夕之功。

一面堵住漏水的地方，一面是加大资金的水龙头，市场焉有不涨之理，但也只是个反弹。

现在是难得的货币宽松窗口期，无风险收益率不断下滑，一向鹰派的美联储口气走软，期权显示 6 月前加息概率极低。而中国央行向银行询价的 MLF 利率又下降了 25 个基点。这是一个存款有罪的时代，唯一的办法是投资，不管是实体还是虚拟。这就像在赌场宣布，所有不赌博的全部有罪，于是所有人进场，管他是赢是亏。

情况就是这么严重，日本、欧洲的负利率就是对存款者的惩罚。因此，一度在 OECD（经济合作与发展组织）中存款最多的日本家庭也开始破罐子破摔、不存钱了，老年社会与负利率社会来临。日本唯一可以欣慰的不是通胀率已经上升，而是日经指数屡创新高。

对中国股市而言，锦上添花的是，注册制明显推后，而新三板、创业板将深化改革，战新板被删除，让大家看到了圈钱减少的希望，目前700多家排队公司上市总归有个尽头。

这是堵住漏水口的工作，从理论上说，考虑到上市之后收益是如此的高，现在每个创新的人、每家暂时在新三板憋气潜水的公司，恐怕都怀着一个野心勃勃的A股上市梦。不要再打着市场化的旗号要求加快推进注册制，在一个定价不准的市场上，所谓的市场化常常是内部人圈钱的烟幕弹。

中国股市迎来一轮艰难的反弹，沪综指这轮反弹从2月29日2687.98的底部开始，到3月21日已经来到3018点的高位。除了3月10日一天之外，日K线全都收出阳线。也就是说，早说进入了反弹，只不过一开始非常磨蹭。

3月18日与3月21日大涨，一举冲破3000点，与证金公司恢复转融资业务密切相关。

一则消息成为股市的当然头条，在3月20日这个周末四处流传，一开始是微信上大家窃窃私语，3月18日晚间，中国证券金融公司宣布自3月21日起全面恢复转融资业务五个期限品种，182天期3.0%、91天期3.2%、28天期3.3%、14天期和7天期3.4%，并下调各期限转融资费率30%以上。既然转融资被鼓励，转融通也就顺理成章，这相当于证券市场的降息降准加下调利率，市场欢欣鼓舞，券商股大涨。

希望这一次的加杠杆是有节制的，如刘姝威教授所说，2015年5月19日沪深两市合计的融资融券交易余额相当于2014年同期的5倍左右。随后不久，股指暴跌。加杠杆、去杠杆如果被别有用心者操纵，如果操纵市场者极富市场经验，而指导市场者欠缺市场投资实战经历，将造成最可怕的结局，我们已经看到过了，不想再看一次。杠杆造成两个结果，市场大幅波动时容易有人破产，投资者集体去杠杆时容易造成踩踏。

无论是房地产，还是股市，加杠杆必须慎之又慎。

有两个案例显示中国股市所处的阶段。

首先是《叶问 3》票房造假一事有了结果。全国电影市场专项治理办公室彻查此事并做出相关处理。经查，影片《叶问 3》确实存在非正常时间虚假排场的现象，查实的场次有 7600 余场，涉及票房 3200 万元。同时，该片总票房中含有部分自购票房，发行方认可的金额为 5600 万元。票房造假方式与理财市场、上市公司相通，用花小钱的方式钓股市大鱼。票房造假不过是诸多造假中的一个现象，不想问有多少公司造假，只想问有多少是真实的。

另一个案例是 *ST 博元即将退市，3 月 21 日晚间，上交所发布《关于终止珠海市博元投资股份有限公司股票上市的公告》，*ST 博元成为证券市场首家因重大信息披露违法被终止上市的公司。这并不容易，但一家企业被掏空到这个地步，还想利用戏剧手段保住壳，实在奇葩。关键是，在这家企业被玩家掏空的过程中，有人受到处罚吗？甚至还有人试图增发圈钱，真是天理难容。

反弹只是反弹，从 *ST 博元等事件中，可以知道 A 股市场离真正的法治还有多远。（2016 年 3 月 22 日）

股市与楼市命运根本不同

资金有从楼市向股市转移的迹象，中国楼市为什么火热，GDP 大幅上升时股市为什么牛短熊长，根本在于信用不同。

2016 年 2 月 29 日，沪综指收盘于最低的 2687.98 点，此后一路震荡向上，到 4 月 5 日突破 3020 点的关键点位，截至中午收盘，为 3038.58 点。

虽然成交量不算大，看上去敏感资金已经进入了股市。

对楼市来说，则是紧张时期。3 月份被认为是中国楼市这一波高峰的拐点。上海 3 月楼市在房地产支持政策退出恐惧的影响下，商品住宅成交量创出新高，3 月上海市平均商品住宅成交量为 221.4 万平方米，创下近十年来单月成交量新高，同比上涨 183.9%，成交均价每平方米 33065 元，同比上涨 18.3%。

北京一样火热，据亚豪机构统计，3 月份北京新房共计成交 9189 套（含商住两用，剔除自住房和保障房），成交面积 91.24 万平方米，环比分别上涨 206%、178%，同比上涨 163%、137%。价格方面，3 月北京新房成交均价 31967 元 / 平方米，环比下跌 2%，同比则上涨 16%。二手住宅更是量价双升。

全国三月楼市成交量创历史最高，根据易居研究院监测数据显示，30 个典型城市新建商品住宅成交面积为 2563 万平方米，环比增长 133.0%，同比增长 82.9%。易居研究院对 30 个城市三月份成交量进行排序。有 29 个城市环比增长，深圳小幅下跌。杭州环比增幅为 30 个城市最高，达 322.1%。天津其次，增幅达 260.7%。

已购房的人与开发商且慢高兴，三月楼市有点像回光返照，购买者趁末班车紧缩出台之前赶紧购买，就像在补贴最后的截至期限购买一样，预计今年不会像去年一样火热。并且，先知先觉的香港富豪开发商逐步撤出了内地房地产市场，减少在内地房地产开发量，证券化计划暂时中止，内地房地产平稳增长的金色时光过去，剩下的是银色时光。

股市几乎一直受到政府鼓励，楼市每隔两三年就受一次打击，一个是受宠爱的孩子，一个是不受待见的孩子。按理说，股市、楼市应该强弱不同，但与意想中相反，股市除了短暂的美好时光，基本上都处于低迷状态，甚至动不动就要施行电击疗法，暂停 IPO 上市。沪综指 2008 年以来在 3000 多点循环，好不容易冲高 5178 点，又启动股灾模式。

在信用不彰的市场，信用造假容易还是不容易，股市与楼市大不相同。

股市一张证券，掏空太容易了，上市公司提高负债、增发股票、投N个项目，一下子就被掏空。加上解禁股虎视眈眈的看着市场，那些动不动就成为国际级富豪的明星、权贵，实在让普通投资者难以消化。

现在市场刚反弹，《华夏时报》报道，国家队8000亿元人民币布局板块的消息，自从去年7月国家层面启动救市措施以来，国家队“救市资金”就借道中央汇金、证金、汇金资管、证金资管以及专门成立的5只公募基金投资买入相关股票（简称“国家队公募”），对暴跌的股市进行维稳。还有外管局的梧桐树，地方社保资金入市等利好。

如此重要的干预，却说得若无其事，市场规则一月三变，就像若无其事，只要短期能让股指上涨就行，简直是圈养的羊群被一批豺狼看管。在中国股市看底牌太容易了，修改规则太容易了，国家队或者徐翔们坐庄太容易了。因此，股市也就成为洗白白的市场。我不否认有信用的公司存在，却被劣币压得死死的。

楼市虽然三番两次受打压，价格却一路上升，有人开玩笑，只有房地产中介商一直说房价涨，没有欺骗感情。楼市也有周期，却是无信用市场中最好的抵押品，假如你在北京东三环买了一套房，就算是质量差一点，这套房总不会不翼而飞，房产证如果拿到手，被重复抵押的概率就算有也比较低。房地产被掏空，比掏空上市公司难得多，并且也不会在合法的名义下。

政府也希望通过房产税等做空，但房地产已然成为最重要的抵押品，发生风吹草动，银行就不仅仅是坏账率在2%以上的问题了，所以政府也投鼠忌器，不会像对股市那样，肆无忌惮。

房地产有周期，有风险，但在信用不彰的社会中，房子是最重要的投资品与质押品，而股市太容易被掏空，不适合在无信用市场进行游戏。

这就是根本区别。（2016 年 4 月 6 日）

上了市的乌鸡在 A 股市场就是凤凰

据《证券市场红周刊》报道，2015 年 10 月以来，已有 26 家公司成功“借壳”。2016 年年初到 4 月底，壳资源公司股价上升了 20%以上，很多大股东像捧着凤凰蛋似的捧着自己的壳，四处询价，不达目的誓不罢休。

押宝成功壳资源，获得溢价不少。光大证券统计，被借壳公司复牌后在十几个交易日内相对市场的累计超额收益平均高达 70% 以上，尤其是绩优资产借壳带来股价连续上涨。如受申通快递借壳影响，艾迪西去年 12 月复牌后曾连续 13 个交易日涨停，中概股巨人网络借壳的世纪游轮连续 20 个交易日涨停，创造阶段最高涨幅达 572.80% 的神话。

指责乌鸡变凤凰没有用，壳资源价格持续上涨，与两个原因相关，一是从市场的角度看，上市不易退市极难，上市公司的身份就是凤凰皮毛，披上就值钱。二是从稳定市场的角度看，维持壳资源溢价，相当于维持上市公司的资产价格，依附在上市公司股权上的抵押等融资链条才能保持正常运作。

现在壳资源热，注册制延迟、战略新兴板搁浅，加上僧多粥少，排队上市的公司将近 700 家，要五年左右才能彻底消化现有的资源。而私有化准备回归 A 股的公司又血脉偾张，平安证券分析师魏伟在一份报告中表示，对在美国、英国和新加坡上市的 365 只中概股进行统计分析，结果发现有 165 家上市公司满足战略新兴板的上市标准，占比 45.2%。其中 66 家公司满足全部四项标准，占比 18.1%。

在责怪乌鸡变凤凰之前，必须问一下，为什么注册制延迟、战略新兴板暂时搁浅、退市还是极小概率事件，有关部门难道不知道这明显会推高壳资源溢价，会扭曲市场？

我不相信他们不知道常识。除开以往从寻租的角度分析，还有个理由，简而言之就是三个字，没办法。

一旦实行市场化注册制，并且大规模退市，只要有这个预期，壳资源的价格就会大幅下降。

2015 年 6 月中，注册制传闻凶猛的时候，发行新股近百只，当时的壳资源价格相比 2013 年降至五折都难以成交。借壳双方一旦观点不统一，很容易造成借壳方退出，最终导致失利。可以注册上市了，谁还在乎那个壳？

随后问题就出来了，市场化注册上市不止对壳公司有影响，壳资源价格下滑，还会同时造成市场紧缩、股权价格下降，对市场产生了整体影响。事情总是一连串的发生，绝没有简单的单因单果。

由于股权价格下跌，进行股权质押尤其是使用杠杆手段的公司拉响了警报，去年年中股价大幅下挫之后，根据 Wind 数据统计，截至当年 8 月 26 日，大股东面临警戒线的上市公司达 96 家，证通电子、新开普、欧普智网、金信诺、新亚制程等多只个股理论上已经触及平仓线。到今年 1 月 14 日，大股东质押比例高于 90% 且股价距离预警线在 15% 以内的公司共 35 家，另有 211 只个股的股权质押跌破理论平仓线。

想象一下，几十家公司的大股东被强行平仓，恐慌蔓延，必然会有更多的公司陷入深渊。《证券日报》去年 9 月 9 日报道，从 2015 年 1 月 1 日至 9 月 8 日，A 股合计出现 3917 起股权质押，涉及 1107 家上市公司，逾千亿股遭质押，总质押金额合计高达 1.9 万亿元。其中 18 家上市公司的总质押金额超 100 亿元，16 家上市公司的未到期质押金额超 100 亿元。质押金额最高的为华新国际，其总质押金额为 283.19 亿元，未到期质押金额为 258.94 亿元。

质押次数最多的新湖中宝从去年 1 月到 8 月的 8 个月期间合计质押 38 次股权，已经到了生死存亡的边缘，从 7 月 17 日以后周 K 线、日 K 线企稳，才缓过一口气来。

维持壳资源价格是为了维护股市整体价格，壳资源价格下跌是冰山中的一条大裂缝，让人预见到冰山分崩离析的未来。借壳成功乌鸡变凤凰，如果严抓借壳，让部分凤凰露出乌鸡的本来面目，很多人就会怀疑其他凤凰也有可能是乌鸡，从最近爆出假账的公司家数来看，这不是危言耸听。这也是目前管理层对融券非常慎重的原因，允许做空最害怕的是发生多米诺骨牌效应，造假消息恶意做空。现在抓内幕交易要抓典型，守住底线就行，否则影响市场整体稳定。

打回原形当然是为乌鸡与凤凰验明正身的好办法，问题是弱不禁风的身子骨禁不起，有多少家公司是真能够回购维持股价不跌的？而且市场情绪都是极端的，乐就乐过头，惨就惨过界。现在市场花团锦簇，宏观上沪指守住了 3000 点左右的底线，时不时的来一番轮动炒作，业内掮客表示业务十分繁忙，股市在成为财富摧毁器的同时成为亿万富翁制造器，目前的状态恐怕是让未来很长一段时间的常态。

只要能上市，基本就是凤凰。上不了市，没过三年就破产的，那就是基因嫁接不成功的悲剧。（2016 年 5 月 5 日）

A 股散户终于死了心了

A 股的大船说翻就翻，投资者已经拉出“死猪不怕开水烫”的架势。

《全景网》5 月 24 日报道，日均成交量在 5 月失去上升动力，日均成交量在 3 月和 4 月反弹后（日均成交量约 5700 亿元人民币），在 5 月

20 日再度降至 4380 亿元人民币。

5 月 24 日，A 股市场的换手率（A 股市场的年化 20 日移动平均成交量 / 总市值）为 2.95 倍，接近两年区间的低端，并与 2014 年 11 月（沪港通推出之时）的水平相似。

另据《华尔街见闻》综合，上证综指的交易量 5 月 26 日萎缩至 1180 亿元，创下 2014 年 10 月来新低，远低于去年 6 月 1.3 万亿元的水平。自 5 月 9 日以来，上证综指收盘价处于 2850.86 点和 2806.91 点之间，平均每日波动 0.4%，远低于今年 1 月 3% 的水平和去年 7 月 5% 的水平。30 天平均波动率指标降至 17，远低于去年 65 的最高水平。

过去两周，上证综指一直在 2800 点上下波动，波动率创下 2014 年 12 月来新低。而换手率更低较去年的高位暴降 80%。换手率大幅下滑，也有两倍多，成熟而活跃的纳斯达克年换手率也不过 242%，中国换手率不算低，有什么好紧张的。

A 股一直以换手率高、投机性高而著称，现在散户退出大部分股票的炒作，这不是好事吗？说明价值投资得以发扬光大，让国家队与机构博弈，博弈出真价值来，怎么有点如丧考妣？

这是不是倒过来说明机构的衣食父母就是散户，一旦散户退出，生态链也就失去了最底层的生物。平时倒打一耙，股指高说散户不理智，股指低是散户心理素质差，现在一些散户心死了，没有人可以当替罪羊了吧。

换手率也不是全部低，而是没有炒作价值的股票换手率低。有些换手率低人家就是为了吃股息的，干嘛要高换手？

比如，大盘蓝筹股本来就有控股股东压舱，其他人持有不是为了炒作，而是为了获得超过一年期定期存款的股息，突出表现在一些蓝筹股比如银行股，投资者当长期资产配置，不会吃饱了撑的今天买明天卖，给经纪人送钱花。

长蓝筹股会形成分化，一些产能过剩、效率低下的僵尸企业，只知道圈钱给高管发高薪，从来如教堂顶的铁公鸡般一毛不拔，这样的企业不光在实体领域僵尸化，就是在证券市场也僵尸化，人人不入其门。

这样的上市公司僵尸化是实体经济僵尸在资本市场的折射，是件好事，这种企业压根儿就不配上市，换手率就应该低，明明是仙股的坯子，偏偏披了一袿黄马甲招摇过市 N 多年。如果国家队愿意抬轿子，就抬着吧，说不定有个并购重组的大消息让国家队一下子解套，请参见长航凤凰等公司。

不过，解套看来不会是眼前的事。从去年神车以来，我们终于发现制造合并国企股，并不是造就牛股的好办法，并且，一将功成万骨枯，造就了几个大牛股，还没来得及圈到多少钱，居然就引发了一场股灾，国家队付出的代价远远超过套现的资金，本想让社会资金进入活跃股市，没想到社会资金比鸠山更狡猾，最终套入的是长子资金，不划算。

不是所有股都换手率低，有的公司换手率就挺高，比如有短期概念炒作的公司。

4 月 20 日，东方财富网数据显示，有 60 只个股换手率超过 20%，换手率最高的名家汇，可以达到 67.14%，名家汇连续四个交易日成为两市换手率最高的个股。19 日与之前连续三个交易日，名家汇换手率分别是 46.94%、48.27%，上周五名家汇的换手率更是高达 62.31%。

《证券时报》股市大数据新媒体统计，截至 5 月 23 日收盘，37 只 A 股换手率超过 20%，其中，中新科技、嘉澳环保等 2 只个股换手率达五成以上，半数筹码易主。如果允许中概股短期内回归，允许市场大炒特炒什么 VR、影视，且看个别股的换手率高不可攀，价格坐上火箭，乱窜。

现在换手率到两年低位，就埋怨国家队，抱怨经济，何必呢。股市本就妖精多，但妖精经不住时间的检验，时间一长，就原形毕露，对市场是好事。有没有被错杀的？有，但这正是低位捡金子的机会，没什么好犹豫的。（2016 年 5 月 27 日）

看看股市下半年行情

刘士余先生担任第八任证监会主席以来，赢得不少喝彩。

从刘士余先生能做的、不能做的，可以预测，下半年行情仍然是分化的、以时间换空间，不会有大牛市，但底部已经明确，不可能低到 2650 而是在 2800 以上，市场一个一个台阶逐步提升。

刘士余先生获得的赞誉主要包括三个方面。

一是重拳重塑股市秩序。2016 年上半年，证监会对 88 起案件作出处罚，作出行政处罚决定书 109 份，比去年同期增长 84.75%，罚没款共计 25.54 亿元，作出市场禁入决定书 4 份，对 7 人实施市场禁入，其中 2 人被实施终身市场禁入。在每周五证监会的例行新闻发布会上，新闻发言人都会公布近期对相关案件的立案调查和行政处罚情况，指名道姓，让人流汗。从 * 欣泰退市案例看，未来退市制度将得到较为严格的执行。触动利益的进步，是极大的进步。

二是尽力防止大规模的疯狂套现、炒作。IPO 照常规进行，严格审核并购重组、中概股回归，那些借势炒作 VR、影视的，那些成立一个空壳公司高价套现的，成本比以前高得多。

三是推出新政时非常稳健，一个棋子一个棋子慢慢布局，有点像德国人的坦克战术。有人呼吁重新大力发展股指期货，有人希望场外增量资金尽快入市，相关方面对此回应甚少，形势尚不明朗与清晰。

赞誉声中，有必要看到，有些事是刘士余先生做不到的，需要更进一步、更深刻的体制性改革。而刘士余先生目前还做不到的事，决定了股市不可能在兴奋剂下催牛催熟。

第一个做不到的，是对于进入股市的资金的控制。在宝万之争中，有个问题一直被提出，从未得到明确答复。通过金控、基金、资管计划等方式进入股权收购市场的资金是否合适？从保监会检查的结果来看，保险这块资金似乎没有问题，但其他筹资方式是否合理是个法律空白地带，也是监管的模糊地带。

7 月 18 日，万科 A 收盘价每股 17.43 元，复牌以来持续下跌，最大跌幅近 29%。据财新报道，截至目前，万科股价已经跌破宝能系用于融资买入万科的个别资管计划平仓线。多管道筹集资金绝非宝能一家，从中概股回归到股权投资，到员工持股结构式资管计划，各类资管计划出炉，事涉多部门，如何监管没有明确的方向。

财新记者了解，证监会曾对三家基金公司和基金子公司发行的"宝能系"七个资管计划情况进行了调查。一位知情人士说："都是自己查自己的监管范围，并未穿透至最终出资人，因为查到一半就会发现到了别人的监管范围，进行不下去了。"《新浪财经》综合信息，有接近监管的人士提醒，钜盛华的大部分股权被质押融资，融资后又配资，配资要么炒股，要么增资以进一步进行股权融资，如此循环杠杆，毫无退路。"最核心的就是循环放大杠杆的问题"。

杠杆资金的风险与去年上半年一样可怕，但由于牵涉基金、券商、银行、信托等，证监会一家根本搞不定。目前的监管方式加上大量在金融市场的资金，必然造成市场不稳。

刘士余搞不定的第二点，大规模的疯狂减持套现怎么办？

1 月 9 日，证监会 18 号文到期后，又出台若干措施限制大股东和董监高减持。但减持仍是主流，据 Wind 数据，截至 7 月 5 日，2016 年以来，A 股已发生 3192 次减持，涉及 877 只个股（合计减持股份约 80.71 亿股，合计套现约 1335.58 亿元）。其中，实质性的清仓减持达到 76 次，涉及 51 只个股。此外，还有 61 次减持变动数量占流通股比超过 5%，涉及 47 只个股。

不断减持，低位买进、高位卖出，收割羊毛，不创造财富红利的上市公司是烂苹果。年初，刘姝威女士提出建议，为股票发行人和董事高管减持套现设定两个基本约束条件：一是连续十年平均年股息率不低于无风险收益率；二是连续十年平均现金分红总额不低于股市直接融资额。这意味着要改变目前的游戏规则，意味着利益要彻底打破重组，绝非短期时间可以做到，刘士余先生也做不到。

第三个做不到的，是在短时间内改变圈钱市、融资价值远超投资价值的 A 股本质。虽然刘先生及更高层一再强调保护中小投资者，但国企资本运作能不靠股市吗？创新企业融资能不靠股市吗？现在恢复融资功能的呼声已经甚嚣尘上。

在制度改革大致落定前，让养老基金大规模入市基本不可能，是把养命钱这只肥羊送入权贵资金、内部人资金虎口，会像去年上半年强推牛市一样市场大乱。而靠央行发行货币进入股票市场，会直接走到去年的上升到崩溃的老路。

目前 A 股市场是靠强力维持稳定的市场，震荡总体不大，成交量不大，看上去风险也不大。7 月 13 日，上证收报 3060.69 点，比 2 月 19 日上涨 200 点，涨幅 7%。刘士余先生上任后四个月（3 月到 6 月）成交量为 50 万亿，仅为去年同期的 40%，环比下跌超过 20%。

未来可能区间波动、底部上升，而不同公司、不同投资者的命运将大不相同。（2016 年 7 月 19 日）

剑指“野蛮人”

刘士余最近针对资本市场不正常现象说的重话没有错，如果再不加以重视，杠杆资金借助部分激进的保险公司的管道，股票市场 2015 年的悲剧将再次卷土重来。

12 月 3 日，中国证监会主席刘士余先生在中国证券投资基金业协会第二届会员代表大会的致辞中“开炮”：“我希望资产管理人，不当奢淫无度的土豪、不做兴风作浪的妖精、不做坑民害民的害人精。最近一段时间，资本市场发生了一系列不太正常的现象，你有钱，举牌、要约收购上市公司是可以的，作为对一些治理结构不完善的公司的挑战，这有积极作用。但是，你用来路不当的钱从事杠杆收购，行为上从门口的陌生人变成野蛮人，最后变成行业的强盗，这是不可以的。这是在挑战国家金融法律法规的底线，也是挑战职业操守的底线，这是人性和商业道德的倒退和沦丧，根本不是金融创新。”

不留情面的指责，撕破了一些赤裸裸的伪装，并不奇怪，周末被刷屏了，也不奇怪，收获了不少骂声。

谔谔直言，是这个社会难得而可贵的品质，尤其在一些信用不彰的市场，借着金融创新的名义，想方设法提高杠杆进行短期投机的恶果，在去年的股票市场表露无遗，我们不应重蹈覆辙。一方面指责乡愿，另一方面对直言捂紧耳朵大声诟詈，才是真正的乡愿。

无独有偶，除了刘士余先生，保监会副主席陈文辉当天在财新峰会上直言，保险公司绕开监管的套利行为，“严格意义上就是犯罪”。

这些话不会平白无故，保险公司的短期投资行为影响之大无法忽视，必须要进行明确的监管，游戏规则当改则改，话该说则说。

为投资险进入市场进行辩解的三大理由都不大靠得住。

投资险资金进入上市公司为实体经济服务，提高实体企业的效率。拜托，这些靠激进投资起家的保险公司，如果能够成为中国制造业的脊梁，那中国也不必进行什么制造业转型了，也不必培育什么实业家了，只要金融资本参与一下就行了。如果证券市场如此下去，那些有信用、现金流丰富的企业将不愿意上市，老干妈说得对，骗子才想上市呢。这些短期想捞一笔的企业与投机机构、赌性十足的投资者刚好对眼，证券市场就会整体上演劣币驱逐良币的大戏码，对中国实体经济发展十分不利。

好的生态是金融资本与实体企业共同成长，风险共担收益共享，由专业资本筛选出好的有质感的公司。但理想很丰满，现实很骨感。金融资本跟实体企业一样分成不同种类，有些愿意与企业共同成长，有的撩一爪就走。中国股市发展史上相关案例太多，类似于三夫户外、梅雁吉祥这些公司的手段让人叹为观止，有时候甚至觉得托市的德隆系都算良心机构。

只要是借助短期资金、高息融资的，我们都得保持足够的警惕。曾经那么热闹的互联网金融，现在硬生生的被那些不守信、庞氏骗局的公司搅成了一锅老鼠汤。不要以为保险机构这么激进下去，就可以当了股市的家？大错特错，这对保险业绝不是好事。

万能险不是洪水猛兽，国内外都有，但监管方法不同，并且激进度不同。

先来看国内万能险的利率。根据《证券日报》记者对 10 家寿险公司（包括 4 家上市险企）278 款万能险结算利率梳理发现，10 月有 2 款万能险年化结算利率达 8%，有险企单款万能险结算利率已连续 11 个月保持在 8%。万能险保费较为激进的寿险公司与上市公司的万能险结算利率分化明显，10 月四大上市险企万能险最高的结算利率仅为 5.38%。监管机构不明确，谁的利率高，谁吸引的金额大，谁就可以兴风作浪。

如果允许表面保险、本质接近高风险投资的方式在股票市场获得长短期收益，保险公司的行为模式就会发生本质变化，他们会从风险的消除者，变成巨大风险的制造者。

还有一种说法，认为险资进入让中小散户喝了一口汤，如果跟着这样的投资思路走，中小散户死都找不到地方哭去，最近万科的大宗交易等再次让人跌破眼镜。看看标普 500 指数，印证了企业家能力与基本信用的管理层，通常会让中小散户得到较为稳定的回报，不会让人尸骨无存。

有人会说，别那么多废话，有本事找到证据把这些人抓起来啊。只要下决心各方协作，穿透式管理是可以做到的。别着急，再这么下去，5%的举牌线也有可能会动一动，谁说，制度不能改进的？

不要拿着美国的金融市场来说事儿，那种纯理论，在美国国内也未必会达成共识。更何况，中国还有特殊性，这两年股票市场已经表现得够明显了，必须承认，有的金融行为只会遮蔽价格，而不是发现价格。

刘士余不容易，证监会的监管数量、交易所的问询数量都是明证，显示了监管方面所做出的努力。实话，不易说；人事，不易行。中国金融市场需要一批务实、理性、有深层次激情的担当者。（2016 年 12 月 5 日）

【中概股回归】

中概股回归热有可能是一场空欢喜

中概股回归 A 股，剥去煽情的糖衣，主要就是美国中概股与 A 股之间估值相差巨大，除去成本外进入 A 股市场还能获得厚利。

据《经济参考报》报道，从 2015 年开始到 2016 年 3 月初，中概股私有化热潮席卷资本市场。SEC（美国证券交易委员会）公开信息显示，已有 36 家中概股公司先后收到私有化要约，数量达到近几年顶峰。

暴风科技、巨人网络、分众传媒、360、爱康国宾、聚美优品，这一个个放养海外又迫切归来的中概股近期密集进入了我们的视野。近日聚美优品的超低价私有化也引发了投资人对于中概股的大量诟病。

中概股不是活雷锋，是为了赚取 A 股制度、估值差价，在如今的宏观背景、金融背景、A 股背景下，中概股回归到底是否“经济”？

时移势易，中概回归已出现几重风险预期。

信用风险

以聚美优品为代表。2 月 17 日，聚美优品宣布收到来自 CEO 陈欧、产品副总裁戴雨森以及红杉资本等递交的私有化要约，拟以每 ADS（美国存托股份，即根据存托协议，发行企业在美国本土上市的股票）7 美元的价格进行私有化。

这一价格与聚美优品 2014 年上市的 22 美元发行价相比，缩水达 68.2%，上市初期投资人损失近七成。私有化方案一经宣布，引发大量投资者不满，信用受损。2014 年年末，聚美优品陷入“售假门”、“虚假信披”等危机，并被美国律所接连起诉，心灵鸡汤无法挽救信用损失。中概股公司在国际上的信用将受到明显打压，中概股热情已经过去，从做多到做空趋势变化明显。

类似于爱康国宾这样的公司，不存在假货等风险，有美年的收购反过来证明了爱康国宾是质地较好的中概股，但美年的狙击抬高了收购价格也提高了时间风险，如果爱康国宾不认可更高的收购价，就需要给投资者一个信用方面的交待。

政策、法律、时间风险

当初在美上市的企业为了完成在美上市、在国内拥有运营牌照的目的，大多拥有 VIE 结构（可变利益实体），拆分 VIE 结构有两重风险，拆分时有中美两国法律风险，以及随着时间而来的估值风险。

政策风险就在眼前。3 月 15 日传媒报道，“十三五”规划最终文本要删除草案中的关于“战略新兴板”。3 月 5 日的《政府工作报告》对“注册制”只字未提。

经过 2015 年市场的大幅震荡，有关决策层对市场更加谨慎，去年出台 196 号文、绕过法律障碍尽快推出注册制、战略新兴板等新政，让中概股受到狂热追捧。如果战略新兴板真的不提了，那么中概股回归的风险直线上升。

拆分 VIE 结构可快可慢，取决于政策冷暖。如果拆分 VIE 架构并进行私有化恰逢市场低迷期，成本很高且风险不可控。拆除 VIE 架构后，还要按中国资本市场监管规则重新架构，直接 IPO 上市或者借壳上市，所需时间不会太短。

爱康国宾从去年 8 月 31 日公告，已收到董事长张黎刚联合私募基金“方源资本”提出的私有化要约，要约价格 17.8 美元 /ADS，到现在私有化仍未完成，而私有化成本已大幅提升。1 月 7 日，美年大健康代表的收购财团进一步提高了收购价格，新要约价格为 25 美元 /ADS（1ADS 代表 0.5 普通股），相当于每份普通股为 50 美元，此举比爱康国宾内部买方集团去年提出的私有化买方价格提高了 40.4%。即使使用毒丸计划，此番抬高价格与政策、市场的变化也属于不可控风险，这将使得爱康国宾的退市市盈率太高。并且，只要竞争战没结束，成本就有继续抬升的风险，也就是说，在国内上市要想获得相应的回报，市盈率要向当下美年健康（原江苏三友）的市盈率持平。

估值风险

回归 A 股是冲着高溢价来的。

分众传媒于 2015 年 12 月 28 日成功完成借壳七喜控股，历时两年多后终于从美股回到 A 股，给其他的中概股回归提供了重要借鉴。而被巨人网络借壳的世纪游轮凭借连续 20 个交易日涨停创“暴利神话”。按照重组方案重组后的公司总股本来计算，相比于在美股退市时的市值，回到 A 股的分众传媒和巨人网络市值都出现了较大幅度的上升，在中概股概念的巅峰时期，分众传媒市值增长近 11 倍，而巨人网络市值也增长了 6 倍左右，整个时间周期为 2–4 年，为背后投资者创造了不错的回报。

从上述估值看，要么美国市场出现了定价错误，要么境内市场出现了可怕的定价错误，要么双方都不太准确。国内市场如同赶潮，最快拆 VIE、借壳上市的能够吃到蛋糕上的奶油，速度愈慢风险愈大。

2014 年 4 月 9 日，爱康国宾在纳斯达克上市，成为海内外第一家上市的中国健康体检企业。而其竞争对手先在国内布局，美年大健康 7 月借壳江苏三友。爱康国宾目前市盈率 45 倍左右，而同属大健康的美年大健康，根据 2015 年的财报，目前的市盈率为 140 倍。

如此巨大的差距，对任何投资者都是强刺激，但对于市场而言，常常是先到者先得。美年大健康公告称将要“发行股份并支付现金购买慈铭体检 72.22% 股份”，由于挟估值优势，美年大健康衔枚疾进。资本市场非常残酷，美年的收购要约价格不断提升，意味着私有化成本的上升——就在 1 月 6 日、张黎刚新财团组建后的次日，美年大健康迅速反应，又一次提高了报价，以每份美国存托股份 25 美元的价格，全现金购买爱康国宾发行的全部股份——时间与注册制等的不确定性，意味着风险的上升；对于普通的中概股投资者，掀起了行业整合大戏的美年大健康，携整合的协同效应，开出了爱康国宾难以对抗的价格，较高的出价意味着较高的收益，自然对投资人更有利。

Wind 数据显示，截至 2015 年上半年，在境外市场上市交易的中国概念股（指主要业务在中国大陆，但在境外交易所上市的公司股票）共有 380 家，总市值约为 19744 亿美元。如果大部分中概股回归都冲着百倍以上的市盈率，都冲着变成妖股，而国内妖股已经很多，还有源源不断的上市资源，可能这些中概股就有 2.5 万亿美元以上的总市值。

A 股市场能承受得了吗？目前 A 股市场已经无法承受，想赶上中概股回归热潮狠狠吃上一口蛋糕的公司未必能够如愿。

应当指出，在类似于爱康国宾的私有化案例中，信用风险、法律风险和时间风险以及估值风险都存在，中概股动作越慢，拖得时间越长，狙击者越多，风险越高。如果“战略新兴板”真的流产，中概股回归必然变得更加艰难，“整合”作为一条出路变得更加重要。

在中概股概念的巅峰时期，更大的风险在于，随着股市的下滑、中概股概念的消退，分众传媒和巨人网络巅峰时期的市值在今天已经腰斩，目前复权后股价只有最高峰时候的一半，甚至会更低——今天中概股回归的超高预期其实是基础非常薄弱的。随着形势的变化和宏观环境的变化，未来回归的中概股出现亏损的概率也未必不存在。

回归 A 股复制暴风科技等，对试图回归的中概股有利，但对 A 股市场是否有利，不断涨停的妖股太多是否对投资者有利？未必。市场理性的必然结果是，回归路上成本超高，狙击者出现，回归变囧途。（2016 年 3 月 8 日）

中概股回归迷局

目前 A 股市场连牛粪的味道都没闻到，地量阴跌，沪市在 2000 亿左右，哪里是牛市开端，分明是熊心万丈。

5 月 6 日的市场表现印证了 3000 点的脆弱，前一天再次晚上传出中概股回归路途遥远的老消息，美股中概股杀跌，大洋彼岸壳资源概念股“中枪”倒下，股指一波波杀跌，上千亿资金出逃，规模堪比去年股灾。

当天证监会的新闻发布会部分证实了对中概股回归的谨慎态度。张晓军先生表示：“市场对此提出了一些质疑，认为这类企业回归 A 股市场有较大的特殊性，境内外市场的明显价差、壳资源炒作等现象应当予以高度关注。证监会注意到市场的这些反映，正对这类企业通过 IPO、并购重组回归 A 股市场可能引起的影响进行深入分析研究。”

持有谨慎的态度是明智的，既不能让浑水摸鱼者大规模圈钱，又要防止对市场产生巨大的压力。对于中概股回归有几个问题要厘清。

第一，中概股回归是不是发国难财？

当然不是，如果说这叫发国难财，每个参与其中想分羹的投资者也都是混水摸鱼。再说，只要是法律允许的，人家没有业绩还高估值了，说明市场土壤不良，你除非堵上漏洞，否则也只能干瞪眼罢了。中石油高价回归 A 股，算不算发不义之财？没人追究，法律许可。

中概股回归也算不上什么爱国行为，别戴什么稀缺资源回归的高帽子。国内 700 家公司排队呢，加上新三板、地方上市办的，找个近万家资源不成问题。现在回归是爱国，是稀缺资源回到了人民手里——当初在美国上市叫卖国？叫稀缺资源流失？别闹了好不好，市场就是市场，一码归一码。当初是觉得美国人提到中国概念两眼放光，给高价，现在不仅不放光了，还一个劲的做空。所以，到火热的战场来圈钱，IPO 太难，那就借壳呗。

彭博社数据显示，在美上市中资股预期市盈率中值 16 倍，央行的数据深市 A 股加权平均市盈率从上年末的 53.3 倍降至 41.7 倍。关键是回归之后市盈率空间无限，看看分众传媒看看世纪游轮，不是 8 倍就是 10 倍。而美国上市的传媒娱乐类公司，包括迪斯尼、时代华纳、维亚康姆、狮门影业等，基本都是14–19倍的前一年市盈率、13–17倍的当年市盈率。相比之下，A股上市的影视类公司的当年市盈率可以达到30–60倍，万达院线51.47倍。就是买壳就是杠杆，也能盆满钵满。

第二，中概股回归后A股市场会涨还是跌？

这是伪命题。中概股回归，A股多了个炒焦的市场。只有某些机构、某些人的财富借助资本市场疯狂上升，会加剧贫富差距，会让韭菜缺乏生长时间，但不会让股市因此整体下跌或者上涨。

从去年到今年，沪指整体涨跌跟中概股关系不大，现在A股就像一块结冰的大饼，有部分烧焦了，其他部分还结着冰。

一个“熊心万丈”的市场，多亏有国家队的手给托着。想通点儿，资金就是不炒中概股，也不会去炒作两桶油，因为想象空间不存在，除非有特殊政策让企业效率有明显提升，或者像南北车似的搞出一个并购重组的热点。

有僵尸企业，就意味着有僵尸股，离了央行就不会走路的那种。银行股为什么上不去，因为风险不确定，并且金融股一有机会就扩大资本。这些股票占用了资源，但不会成为压舱底的称砣股，他们存在的价值是提醒公司与制度改革任务繁重。资金不再去找中概股了，也不会流到僵尸股中，有可能会去太平洋上的某个国家买房子。

第三，中概股回归能不能让A股市场制度改善？

这是在开玩笑吗？一群黑毛乌眼鸡与一群红毛乌眼鸡，除了毛色，其他地方有区别吗？

彭博社数据显示，从四月初开始，包括奇虎360在内，已有16家中概股公司收到了私有化要约，为有史以来中概股回归数量最多的一个季度。美国调查公司Dealogic数据显示，仅仅其中的14家公司私有化报价总额就高达224.4亿美元，几乎是此前六年总和的两倍。如果大部分中概股回归，按照现在的市值有人估计得圈走2万亿元以上。

这些人套现了 A 股市场就改良了，这是幻想，人无止境的欲望难以满足。相反，你不让他套现或者套现少点，公司高管还拼搏一把，你让他一次把十辈子的钱都套现了，然后要求人家努力工作，以为 A 股市场高管不是雷锋就是王永庆？

前两天刚写了有关壳资源的文章，内容是关于为什么 A 股市场乌鸡一旦变成凤凰就变不回去了。因为市场上这么多乌鸡都卖出了凤凰价，一只乌鸡褪色影响的是一批乌鸡。中概股回归价格那么高，市场信心不足之时，要让市场稳定，国家队又得举杠铃，这真是的要把国家队当天下第一号举重运动员“逼死”的节奏。

最好的办法是，国家队别举杠铃，把套现与企业长期业绩挂钩，看高管能不能禁得住长达十年的业绩考验。（2016 年 5 月 9 日）

做一个经历千年考验的“股精”

政策上下起伏，传闻此消彼长，中概股这两天躺枪。

5 月 6 日，证监会表示对于中概股回归的审慎态度，彭博社 5 月 10 日报道称，一个不愿具名的知情人士称，证监会考虑限制中概股借壳回归措施，考虑中的措施包括对中概股回归的估值按照一定的市盈率进行限制，另外还考虑限制每年中概股借壳回归交易的数量。

5 月 6 日壳资源股大跌，在美上市中国概念股多数下跌。八只股票跌逾 3%，其中五只股票跌幅超 5%。众美窝窝跌 5.24%，欢聚时代跌 5.65%，陌陌跌 6.36%，中国信息科技跌 6.67%，当当网跌 6.96%。涨幅居前的是 UT 斯达康，上涨 2.96%。5 月 9 日，中概股板块继续逆市下跌，奇虎 360、当当网、欢聚时代、陌陌以及世纪互联五只股票跌幅超过 10%。

中概股有没有被错杀被低估的？有。如果这些企业坚持住，成为经历千年考验的股精，会成为中国企业中压称砣的一部分。

博纳影业有成熟的商业运作与投资模式，4 月退市时最新报价为 13.63 元，76% 为机构持股，成熟投资者占优的态势意味着炒作的空间极小。事实是，从上市至今，博纳影业的走势非常稳健，从上市之初的每股 8 美元左右上升到现在的 13 美元左右，经历了中概股被做空等一系列动荡，腰杆还是比较挺。

博纳拍出的影片数量与质量是中国一流的，与好莱坞的合作模式相对成熟。据公告，去年 11 月5 日，公司向 TSG 娱乐金融有限公司投资 2.35 亿美元（约折合人民币 15.01 亿元），主要用于拍摄制作 20 世纪福克斯出品的 6 部影片，其中包括《独立日 2》《X 战警：天启》《猩球崛起：终极之战》《火星救援》等。如果有一天，中外影视合作更市场化，博纳将拥有更多的话语权。

博纳影业做梦都想回 A 归，于冬比较的是国内的影视股。据 Wind 数据显示，截至 4 月 12 日，华谊兄弟总市值 396.5 亿元，约等于博纳影业的 7.14 倍；光线传媒总市值 373.60 亿元，约等于博纳影业的 7.24 倍。华谊的小兄弟们找个理由就吃香的喝辣的，如冯小刚、张国立、黄晓明。可为博纳在纳斯达克上市的巩俐呢？在股市连赵薇、范冰冰都比不上，别说这是演技派应得的待遇啊，到 2013 年博纳拍的电影数量超过华谊，质量绝不在华谊之下。

你拍个《一代宗师》，国内虽然一片叫好，无奈除了《卧虎藏龙》和李小龙，老外都不怎么买账，不像这里连半夜包场做个假票房，股票市场都能埋单，老美不了解中国文化又太死心眼了。

按照私有化协议，博纳将以 27.4 美元 / 普通股的价格收购全部股票，根据总股本估值达到 8.6 亿美元，合人民币 55.56 亿元，此价格对比与其市场份额相当。博纳 4 月 8 日完成了私有化，于冬持股 44.3%。如果回归成功，不仅于冬跻身财富榜，后面持股比例分别约为 9%、6%–7%、13%、6%、5%、4% 的买方财团包括阿里影业、腾讯、金石基金、赛富资本、红杉资本、复星集团，也少不了大发一注横财，更重要的是，于冬所欠的“旧账”可以“一上了之”。

还有一直不温不火，股价一直维持在较高位置的在美上市的网易。

从 2010 年到现在，网易股价一直稳步增长，没有经历断崖式下跌，什么做空中概股，根本与网易无关。从最新数据看，网易每股净资产高达 34.20，而动态市盈率不过 17 倍左右。

虽然养猪没有成功，网易一直靠游戏维持不错的营收，今年 1 月手游收入榜前三名分别是腾讯、Supercell（芬兰移动游戏公司）和网易。

今年 4 月 27 日，中国现货交易平台银天下母公司银科控股登陆纳斯达克，成为中国大宗商品现货行业第一股，招股说明书显示网易是其主要竞争对手。

网易贵金属举足轻重，2014 年底启动，到 2015 年交易量已突破 1800 亿元，2016 年日均迄今已达到 20 亿，峰值最高 50 亿，有望达到 8000 亿。相当于贵金属界的 APP ＋ Wind ＋雪球，是国内首家互联网黄金白银现货移动交易平台，与上金所有合作。既然银天下估值有 8 亿美元，网易平台不会低于 8 亿。

网易有现金流，跟腾讯似的到处投资新公司，让他们上市，不必自己急着回归。所以，像这样的公司不回归更好，心态更稳，股价更平和，可以让投资者长期投资，成为压箱底的投资品。在人民币国际化的过程中，国人总要到海外进行投资，就像当初日本人买卖外汇一样。在欧美留几位经历考验的千年“股精”，让全球华人买，多好的事。

现在回归，回归时可能如新娘子一般受待见，接下来进入灰色姨太太行列，以市值管理、概念炒作谋生，对创业者、长期投资者实在算不得一件太划算的事。（2016 年 5 月 11 日）

【小趋势】

对未来五年股票市场的看法

未来五年，中国股票市场将有一轮震荡式慢牛牛市。

货币政策是中性的。

政府工作报告提出2016年稳健的货币政策要灵活适度。今年广义货币（M2）预期增长13%左右，社会融资规模余额增长13%左右。要统筹运用公开市场操作、利率、准备金率、再贷款等各类货币政策工具，保持流动性合理充裕，疏通传导机制，降低融资成本，加强对实体经济特别是小微企业、“三农”等支持。

还值得关注的是，今年首次明确社会融资余额增长目标为13%，与M2的目标一致。M2增速目标较去年的12%重新提高到13%。

路透社转引中金的分析报告认为，但这并不一定意味着鼓励货币更快的增长。一方面去年证金等因素推动M2升高，另外表外转表内，外币转本币等趋势性因素也使得在融资需求没有增加的情况下，部分社融转化为M2。另外置换类地方政府债的发行也某种程度上会推高M2。考虑表外转表内，外币转本币和置换类地方债发行等因素，即使今年M2还是增长13%，也不意味着通胀压力将上升，更多的是一个融资结构的变化。

由于2015年M1与M2之差逐渐上升，使股市出现了一个回暖的过程，但到2015年年中去杠杆之后，A股在强有力的托市下进入震荡区间。未来货币政策将是中性的，如果没有央行在利率与货币发行量上的鼎力支持，要人为制造一个远高于上市公司赢利能力的牛市是不可能的。

金融监管将加强，不准随意加杠杆。

今年对于金融杠杆尤其是不可控的场外配资会有更严厉的监管。此前国务院编制了《国民经济和社会发展第十三个五年规划纲要（草案）》，积极培育公开透明、健康发展的资本市场，提高直接融资比重，降低杠杆率。创造条件实施股票发行注册制，发展多层次股权融资市场，设立战略性新兴产业板，深化创业板、新三板改革，规范发展区域性股权市场，建立健全转板机制和退出机制等。

无论是房产与地产加杠杆，都让人吓出了一身冷汗，在目前中国金融秩序以及内幕交易的背景下，加杠杆就是让普通投资者入笼的过程。因此，整个十三五会不会加杠杆都是个未知数，除非金融监管结构得到了调整，有确凿的案例证明中国的金融交易得到了规范。

此次政府工作报告在今年的工作中，再提“加紧金融监管扎紧制度笼子，整顿规范金融秩序，严厉打击金融诈骗、非法集资和证券期货领域的违法犯罪活动，坚决守住不发生系统性区域性风险的底线”。那些在场外市场、互联网领域受到诈骗的投资者恐怕只能通过法律渠道维权，政府守住的是不发生区域性系统性风险，也就是说，只要欺诈不蔓延到银行等领域，只要风险是单独的可控的，政府不会出手拯救。

从上述货币政策看，无法得出一个货币牛市的结论。M1、M2 是稳健的，稍有上升也是为了稳定实体经济，杠杆将进入监管之网，而没有场外杠杆的疯狂，在经济转型期间，无法重现去年 6 月前的牛市。

政府工作报告对于股票市场的用词非常“吝啬”，表示要“推进股票、债券市场改革和法治化建设，促进多层次资本市场健康发展，提高直接融资比重，适时启动‘深港通’”。

在报告中没有提到注册制，我们可以推论注册制的推行将在试点以后，也就是新三板与创新板等显示注册制没有明确的不可控的传染性恶果。但股票与债券在直接融资中的重要地位不容置疑，未来股票与债券的比例将进一步提升，事实上，中国近两年的股票与债券市场融资数量都是全球领先的。

根据中国央行公布的数据，2015 年我国债券市场全年发行各类债券规模达 22.3 万亿元，同比增长 87.5%，增速较上年同期上升 55.2%。发行利率大幅下滑，2015 年 12 月，质押式回购加权平均利率为 1.95%，较去年同期下降 154 个基点；同业拆借加权平均利率为 1.97%，较去年同期下降 152 个基点。股票市场的融资同样有将近一倍的增幅，普华永道的统计是，2015 年沪深两市 IPO219 宗，融资规模 1586 亿元人民币，2014 年仅 786 亿元。当年共有 247 家上市公司定增重组，远超 IPO 的融资规模，达到了 7243.87 亿元。

未来数年为了消化产能过剩，并购重组还将大规模发生，融资量不会减少，加上杠杆受到控制，类似于注册制改革还将推进，因此未来五年股票市场将会如楼市一样震荡，只会出现局部的结构性牛市。（2016 年 3 月 8 日）

我们真的能看懂股市未来吗？

对于险资进入股市的讨论，现在基本上尘埃落定。不仅来回倒腾、打擦边球的行为受到控制，对险资未来入市也有了一个定性。

《人民日报》12 月 12 日刊文称，险资可以做举牌者，但是并购过程中应充分考虑到公司经营的延续性，不能做搅局者。通过资本游戏坑其他股东，就更不能让人容忍。

A 股市场需要什么？

一是需要在境内外能赢利、有基本价值观的实体企业，没有这些企业以及创造这些企业的企业家群体，中国股市什么也不是。二是需要建立基本的游戏规则，优胜劣汰，逐渐建立退市制度，在不成熟的市场坚决杜绝高杠杆吹大资本泡沫，把收割韭菜钱以各种方式转移到自己遍布全球的裤兜里。

游戏规则得逐步建立。

现在的步骤是，不断发新股，并且用新股溢价的方式确保新股发行成功，这两年打新基金做得不亦乐乎。

结果人所共见。12 月 9 日，A 股第 3000 只股票诞生。2001 年 2 月之前，A 股共有 1000 只股票。2010 年 12 月 10 日，诞生第 2000 只股票。增加到 3000 只，只花了 6 年时间。

很多人在抱怨，到底为什么要股市扩容？股市扩容的同时，退市为什么不同步进行？别着急，该来的总会来的，快慢而已。

引用石霜铃的一篇文章，我大体支持这一推论："在股市扩容的过程中：1. 优质蓝筹、白马股的价值会出现回归，出现溢价。2. 大量个股边缘化，交投清淡。3. 股市的盈利将越来越依靠基本面研究，依靠专业交易能力。4. 简单粗暴的盈利方式将逐步消失，比如简单炒小票，炒次新。5. 没有专业能力的投资者生存更加艰难。这个过程来得比较缓慢，温水煮青蛙。"

只要经济转型略微稳定，只要全球汇率、利率稍有稳定，在政府能够控制的范围内，下列趋势就会出现，在股票不断增加的过程中，一定会出现越来越多的僵尸股、仙股，最终会有一大批股票被淘汰出局，与此同时，经过考验的某些创新公司从新三板转向创业板。

另一个步骤是长期资金入市，这就是基本养老保险金入市。

2015 年，公布基本养老保险基金投资管理人资格审核的基本条件，养老基金投资管理机构须具有全国社会保障基金、企业年金投资管理经验。据《北京晨报》披露，过去一周，来自基金、保险、券商等行业的多家竞标机构进行了紧张的基本养老保险基金投资管理人答辩。

年金与养老金一样，禁不起任何折腾，说明政府想让这些基金获得长期收益，获得经济增长的红利。原本以为部分险资入市要做长期、稳健投资者，现在看来不是那么回事，干脆就让养老金在大基金手下入市吧！起码，这些资金与机构可控，经历过考验，不会翻手为云覆手为雨。

基本养老保险基金投资管理人的出炉，意味着养老金入市的步伐越来越近了。有机构测算，截至2015年年底，按照基本养老保险基金入市的上限30%计算，中国基本养老保险基金入市资金规模最大值为11981.1亿元，初次入市资金规模约为4000亿元，占流通市值比重为1.1%，笔者并不认为入市资金会如此之多，可能前期入市只有一两千亿元，但行动本身可以推断出决心。

基本养老金入市，可以看出一个长期的、极其缓慢的牛市的雏形。

现在股市还是培育有能力、有价值观的企业家，让可以控制的大笔资金来撑底，否则，股市的变化就是谁也不知道这个妖精会变成什么。

20世纪90年代的时候，第一代企业家还没有完整的资本意识，在股权设计等方面会出现一系列的问题，此后恰逢货币大爆炸的年代，股权问题也就成为特大号炸弹，悬在这些企业家的头顶，稍不小心就会被炸出自己一手创建的企业。我会继续密切关注南玻A的这些管理层，最终会做些什么，而这些上市公司又会如何。借口游戏规则把这些企业家全部扫地出门，中国的企业家会寒了心，大力完善规则，使中国真正从事实体的企业家有所皈依，使有底线的企业家与投资家双赢，是对中国经济最大的利好，可以引导更多的年轻人从事实体业。

最近在重温吉川元忠的《金融战败》一书，20世纪80年代的日本，算是工业化基本完成了吧，但被美国的汇率、利率牵得团团转，历经房地产、股市等资产泡沫，加上大量购买美债，元气消耗了一大半。要知道，日本的GNP（国民生产总值）可是要比我们中国好得多，日本海外企业财富源源不断地回流日本。如果中国经历《广场协议》，经历一连串泡沫会怎么样？大家自行脑补。

坚实的实体，是中国经济与资本货币市场的基础，不断完善的游戏规则，有助于形成优胜劣汰的机制，拔着市场的头发想上天，总有一天会重重地摔到地上。（2016 年 12 月 13 日）

预测 2017：无大牛也无大熊

2016 年 2 月 2 日，我在《每日经济新闻》上发表了猴年预期展望，认为 2016 年股市会像 2015 年楼市一样分化，对于 2017 年，维持相同判断。

2017 年不可能出现大牛市，对市盈率、杠杆的严厉控制也注定不可能崩盘，现在就是各种矛盾交错的转型期。在高端制造、消费行业，将有极大的机会，这是一个大分化的时代，滞后的企业除非转基因，否则股价将一去不复返。

第一，被严格控制、为转型作准备的市场，不会崩盘。

无论是楼市还是股市，去杠杆在延续，2017 年的关键词，继续去杠杆，保持稳定。

万众瞩目的万能险受到“亲妈”保监会的干预，12 月 28 日，来自保监会的信息显示，保监会对万能险业务整改不到位的华夏人寿、东吴人寿等 2 家公司采取暂停互联网保险业务、三个月内禁止申报产品的监管措施。同时，保监会将对全部 9 家已报送万能险整改报告的公司，派驻检查组进行现场核查，根据核查情况采取进一步的监管措施。

房地产、债市、股市，任何一个金融市场都要可以收拾，被查者只能规规矩矩地“脱妖性”。《证券市场红周刊》披露，华夏人寿 12 月 28

日表示：做“老实人”，不做“野蛮人”。在资本市场上，公司一直坚守底线，只做财务投资者，只做市场稳定器。自公司成立以来，从未有过在二级市场举牌行为，曾经持有两家上市公司股票超过 5%，均是通过协议转让和大宗交易购入，没有引起股价波动，同时始终坚持做友好投资者，一直与投资的上市公司保持良好互动关系。这当然不是对股市吃瓜群众的喊话，而是对手持狼牙棒的人的表态。

刘士余先生说“害人精”时，看上去更像是出离愤怒的独角戏，如今护犊心切的保监会再出重手，我相信是更高层面对于“短投长贷”金融风险有了高度警惕，也对集资形成的巨大资金抢夺优质企业的控股权难以容忍，更是对 11 月万能险反弹的强烈回应。

如果短期资金继续充当野蛮人，有关方面的耐心有限。接下来股指期货等虽然可能恢复，但安全性依然是第一位的考量。

第二，对“妖精、害人精”监管绝不会放松。

从今年 2 月 20 日刘士余出任中国证监会主席至 12 月 23 日，中国证监会通报的作出行政处罚的案件近 170 起，涉及内幕交易、操纵市场、信披违规、传播虚假信息、短线交易等。今年，证监会向公安机关移送了 35 起利用未公开信息交易案件，是目前中国证监会移送公安机关追究刑事责任比例最高的一类案件。2016 年有 7 家证券公司评级被下调，分别因经纪业务、两融业务和新股发行保荐业务涉嫌违法违规被证监会立案调查。

“妖精、害人精”，恐怕不仅指疯狂使用杠杆的短期资金，也指内幕交易、造假套现的高管，以及灰色套现的高管。

刘纪鹏先生大骂“黑色产业链”，主要指内部人合伙套现，“2015 年 A 股市场 IPO 融资金额不到 2000 亿元，但大股东、高管减持套现的金额就有 4700 亿元到 4800 亿元，大股东套现拿走的钱，比通过 IPO 融资进入企业进行要素配置的钱还多得多”。

完成 IPO，就忙着定向增发，“一帮哥们儿能按市场价的 9 折先买到，买之前就跟你谈了，拿到之后就高送转。现在的高送转不是 10 送 8、10 送 10，而是 10 送 30、10 送 28，送转完了就开始减持，掩盖高股价”。

2017 年如果能腾出手来，将加强对套现、高送转、股价异常的监管，没有最严，只有更严。

加强监管、管住短期资金，对一个赌性十足的市场是致命的，甚至会引来赌徒的围攻。

第三，市盈率恢复理性，2015 年已经让决策者失去了利用股市高估值刺激经济增长的热情。

最新的精准打击案例来自于 12 月 2 日的沪深交易所，两家交易所对《融资融券实施细则》进行了修订，调整可充抵保证金证券折算率要求，将静态市盈率在 300 倍以上或者为负数的股票折算率下调为 0%，从 12 月 12 日起实施。

此举用官方语言来说是：“可提高融资融券担保物质量，降低业务风险。同时，降低高市盈率股票的折算率，还有利于引导投资者价值投资，抑制融资追涨炒高等投机行为，降低投资者风险，维护市场稳定运行。”其实就是精准打击，拉高股价、融资、操纵出货，几股资金啸聚在一起“割韭菜”。一旦股票价格失速下跌，风险将难以控制。

12 月 27 日，两市三四千亿的成交量显示了热情的低迷，上海 A 股平均市盈率为 15.95 倍，深圳 A 股为 41.43 倍，与 2014 年以来相比，处于中位水平。股市大分化，一些股票估值依然吓死人。截至 12 月 28 日，创新高的个股中，林海股份、中润资源等个股动态市盈率最高，分别高达 1796.17 倍、1117.48 倍，近来投资者疑虑多多的乐视股，市盈率仍在百倍以上。

新股发行市盈率维持在行业平均市盈率甚至更低的位置，新股发行红利对于打新基金的参与者成为数十年难得的机会，这是一份市场的维稳红利。

第四，2017 年新股发行不会少。

股市融资还是创新企业、国企改革的重要来源。A 股迎来 2016 年最后一周，应有 9 只新股发行，12 月份新股发行数量将达到 48 只，全年新股发行数量将达到 245 只，年度新股发行数量是 A 股历史第三位。

明年发行量不会下降。截至 2016 年 12 月 15 日，证监会受理首发企业 723 家，其中，已过会 38 家，未过会 685 家，未过会企业中正常待审企业 631 家，中止审查企业 54 家，排队企业众多。德勤预计 2017 年 A 股将有 380 家至 420 家企业完成 IPO，全年募资额在 2500 亿元至 2800 亿元，即明年新股发行数量和募资额较今年平均增长六成至八成。

不出意外的话，新股将在更多的碗上撒更多的胡椒面。

第五，国际市场震荡加剧，人民币汇率与企业效率，在基本面上没有诞生大牛市的基础。

再次重复 2016 年的分化结尾，股市会迎来分化，好的更好，糟的更糟。投资者要选择好的投资标的，要看重企业的安全垫、信用与利润。（2016 年 12 月 29 日）

2017 年：继续去杠杆　转折之年

【看时局】

要不要买新股呢？

1 月 16 日，A 股遭遇黑色星期一，创业板指数连跌七个交易日后再暴跌 6%，“千股跌停”恐慌弥漫整个市场，投资者损失惨重。接下来，股指上窜下跳，上升者少，下跌者多。

投资者骂新股发行，把矛头直接指向证监会，怪他们不呵护市场。

股市之所以下行，与新股发行有一定关系，但笔者不会因此去骂证监会。这两年市场的改革大方向正确，另外，市场跟着宏观经济在转型，上窜下跳的猴子主导了市场，如果连这一点都没看清楚，真的不适合在市场里面继续“游泳”。

2017 年有两大看点。

第一，记住，2017 年关键词是国企。

国企继续借助股市大幅度改革，朋友们有没有看到各个省的两会通报，用证券的办法做强国有企业是要点。2017 年继续去库存，这有利于重化工业、行业内几枝独大的国企赢利，为改革赢得时间。

国企根本性改革已经开始，这次国企改革以混改为主，目标是实现资金混合、国企主导、企业效率上升的“梦想”。

按照国务院国资委年初发布的《中央企业投资监督管理办法》（国资委令第 34 号）和《中央企业境外投资监督管理办法》（国资委令第 35 号），

国资委实现“以管企业为主”向“以管资本为主”转变的要求出发，国资委下面的国有资本投资运营公司是重要的投资运作平台，国资委“管投向、管程序、管风险、管回报”。

国企内部管理体制会陆续出台，高管持股等大概率落地。2016年8月，国家层面颁布了《关于国有控股混合所有制企业开展员工持股试点的意见》，明确员工持股总量原则上不高于总股本的30%，单一员工持股比例不高于1%。国资委起草了员工持股试点实施细则，经批复同意后将尽快实施。山东、北京等地已经出台细则，2017年国企员工持股试点将大面积推开。

上行下效，地方国资委肯定会依着葫芦学画瓢，围绕国企的股价炒作将层出不穷。

第二，新股发行引出其他股市改革举措，严厉的融资监管、股指期货门槛下降，将让市场围绕3200点左右的中枢上下运行，很多散户会因为不堪压力退出市场，或者成为僵尸户。

当市场口水喷向新股时，新华社不遗余力力挺新股发行，表示“源头没有活水，股市就不可能枝繁叶茂”，如果IPO排队过会时间过长，会导致一些“垃圾股”成为“壳资源”。

新华社的文章不是无缘无故写的，估计是股市的改革已经有整体方案，而目前的新股发行就是整体方案的一部分。

为了稳定市场，我推测接下来政策重点是抑制再融资，以及抑制套现、跨市场套利等。退市制度不会很快出台，不能让退市让市场休克，政策办法是大量新股上市，让僵尸公司不值钱，成为仙股后自然退出市场。

现在新股发行进入了瓶颈期，这主要是因为再融资、圈钱太多。

新股发行的特征是量多、融资额少。有机构统计显示，2015、2016年新股发行家数分别为223、227只，单只新股募集资金保持在6-7亿元。

2017 年以来，单只新股的募集资金平均为 5.5 亿元。

再融资的钱倒是吓死人。引用一财的数据，从 2014 到 2016 年，A 股市场整体募集资金（IPO、再融资合计）分别为 7490 亿、15215 亿、18355 亿元，其中 IPO 募集资金分别为 669 亿、1576 亿、1476 亿元，再融资占比达到 90% 左右。

新华社暗示在考虑抑制再融资的问题，其实从数据来看，再融资已经受到部分抑制，一部分定增已经亏损很大。据同花顺数据，截至 2017 年 1 月 17 日，近一年已实施完成定向增发的上市公司共 612 家，其中 200 家上市公司股价跌破定增价，占比 32.36%。受行情影响，深市个股跌幅较大，在跌破定增价的个股中，沪市个股 52 家，深市个股 148 家，深市跌破比例高达 74%。苏宁云商亏损金额高达 81.91 亿，成定增亏损王。在那些想在回归的中概股上套利的人里面，有些已经人财两空。2017 年想套现的会更加困难，所以一些烂公司的大股东在疯狂大笔抛售。

还要不要买新股呢？

这一年中新股相当于中头彩，由于发行价格被抑制，申购新股相当于买到了低价、优质产品。2009 年以后的新股发行有“三高”症，而后 IPO 新政，新股定价实行隐性的 23 倍市盈率红线，对新股定价进行行政管控。

但现在太多的钱追逐新股，中签率下降，再加上有二级市场的持股比率，二级市场一跌可能就覆盖了上涨收益。大家去看看，为了打新持有二级市场股票，但两桶油的市盈率已经不低了，成本高而风险大，有些打新资金退出在情理之中。

等到二级市场市盈率一跌，加上期指对冲，打新收益高于无风险收益率，打新资金又会进入市场。反正，我们对市场只有七秒钟的记忆。（2017 年 1 月 24 日）

市场的逻辑变了

2017 年市场是从天空落到地面的过程，去杠杆挖下了一个大坑，那些激进的、疯狂的都会被活埋了。一定要注意，市场的逻辑已经改变，再也不能用丛林社会的那套马缰在市场驰骋了。

从周期来看，目前就是实际下行、表面平稳的周期。宏观经济政策已经确定了，国际市场也基本确定了，特朗普不会让中国日子太好过。市场还是个政策市，加上货币、监管、上市公司赢利等限制条件，市场激进型的基本上是自挖坑的节奏。

英年早逝的中信建投首席经济学家周金涛，因此前曾准确地预测周期而名声大噪，他对未来的预测是：2017 年中期、三季度之后，我们将看到中国和美国的资产价格全线回落，2019 年出现最终低点，那个低点可能远比大家想象得低。周金涛认为，40 岁以上的人，人生第一次机会在 2008 年，那时候买股票、房子，2008 年之前的人生机会在 1999 年。第二次机会在 2019 年，最后一次在 2030 年附近，能够抓住一次你就能够成为中产阶级。一直到 2025 年，都是第五次康波萧条阶段。

从长周期看，一直要到 2019 年前后机会才出现，现在对宏观经济、证券和货币市场不要抱太大指望。我无法看到那么远，只能说，我赞同鸡年是个上窜下跳、没有太多机会的年景。

这两年不被人注意的亏损是什么？

除了 P2P 之外，还有一些交易所从事贵金属等交易的，在股市中，中概股回归套利的或者套着了大利，或者血本无归，最可怕的甚至连人都不见了。

定增也吃了大亏。据同花顺数据，截至 2017 年 1 月 17 日，近一年已实施完成定向增发的上市公司共 612 家，其中 200 家上市公司股价跌破定增价，占比32.36%。受行情影响，深市个股跌幅较大，在跌破定增价的个股中，沪市52家，深市148家，深市跌破比例高达74%。苏宁云商亏损金额高达81.91亿，成定增亏损王。

上面这些人亏损的逻辑是，刻舟求剑，还用以前“贼大胆”的套路放在现在的市场。用资管、万能险等计划融资，一杆子插到股权市场中，运用以前娴熟的套路在市场翻云覆雨，在二级市场退出。

套路要变了。2017年的逻辑是严监管，去杠杆，挤泡沫，扶实体。

你以为上层凭什么支持万科？是因为王石长得特别帅，或者当“大师”给大家不断洗脑？真是笑话，王石的能量绝不会比险资大，高层这么做是要保护硕果仅存的、第一批上市的几家大型实体企业，让金融机构不要疯狂加杠杆。这才是根源，否则，大家一样的能量，为什么要厚此薄彼？

相关政策部门已经想透彻了，在现阶段，A股市场的作用到底是什么？就是支持实体经济。

支持新股发行，本质上是支持实体经济，减少壳资源价值。在猴尾巴上，A股艰难，《人民日报》、新华社接连发声力挺新股发行，研究收紧再融资，这绝对不是轻易为之，跟当时的力撑高股价不是一回事。不撑股价了，在市盈率回归正常的过程中，保持市场稳定，继续为实体经济服务。

股市就是为实体经济服务的，打新股、国资改革、创新企业融资、扶贫，这都算是服务实体经济的一部分。

股市不是为富豪富上加富服务的，以前已经靠疯狂赚了钱的，好自为之吧。不要说什么市场化不市场化，目前的阶段，不可能彻底市场化。再说，你再市场化，西方也能找到更多的理由不承认你的市场化。而且，你说是市场化，其实以前也只是个权贵市场，算不上正宗的法治市场。

A股到底怎么保持稳定？不准大加杠杆，用穿透式监管盯着资金。

看看互联网金融工具恒生电子的股价，又快回到 2015 年 6 月之前去了。

用万能险加杠杆不行，用资管计划加杠杆也不行，你怎么加的就让你怎么吐出来。现在还有用几十倍杠杆的人，用吧，我把再融资给你收紧了，牢牢盯着股市异动。让僵尸的股票僵尸去吧，让亏损的亏损去吧，以后才不会炒作僵尸股票。

有背景的妖精死的少，但要求的背景越来越高，这也算一个好事情，起码妖精数量少一些，不然，股市就是黑风寨。

2017 年的市场云淡风清，你夸，是这样，你骂，也是这样，做价值投资的投资者有了一线生机。（2017 年 1 月 25 日）

投资风向在转变

低调的刘士余先生说话却以直白著称。直白的语言背后，显示证券市场的基因正在改变，利益版图重新划分，一切直指实体经济发展。

2016 年 12 月 3 日，刘先生在中国证券投资基金协会第二届会员大会上痛斥“妖精”，股权纷争基本烟消云散，实体企业的心放回了肚子里。2017 年 2 月 10 日，在全国证券期货监管工作会议上，刘士余再次以大白话挑明了证券市场的监管方向：资本市场不允许大鳄呼风唤雨，要把一批资本大鳄逮回来。没有 IPO 数量的提升，资本市场一些丑恶现象难以从根本上解决。中概股在美国一样是服务国家战略。

套路很深的投机者将被驱逐出市场，以前一帆风顺，2016 年却在股市上吃了大亏，显示 A 股的利益版图正在瓦解，中国市场正在形成新的投资模式。

第一，定增吃大亏。

能低价参与定增，基本上是利益链条上的重要一环，现在利益链条部分崩塌，找不到接盘人。2017 年再融资严格监管加上新股上市数量不减，估计定增暴利会成为历史名词。

那些靠定增、炒概念的传统公司要小心了，市场要的是有生命力、有创新力、有国际能力的公司，那些苟延残喘的公司别指望再融资暴发了。

第二，布局中概股回归的资金。

由于世纪游轮等中概股回归的暴利是百年一遇的盛况，很多资金如飞蛾扑火一般扑向私有化的中概股的怀抱。

此次刘士余先生明确表态：“去年初中概股回归一度盛行，应认识到，在美国上市不回来，一样也是服务国家战略。”另外，中国资本市场监管标准不比美国等其他市场低。中概股回归之路是单行道，想让中概股回归的估值如 2014、2015 年一样疯狂，想也不要想。

一些机构因此受损，私募基金经理但斌先生非常坦诚地表示，2016 年犯的最大失误就是投资了私有化的中概股，我们表现较差的产品基本为此类型产品。以汉景港湾 3 号为例，产品于 2015 年股灾期间的回撤仅为 −3%，优于上证 −28.4% 的跌幅。但 2016 年以来的回撤高达 −20%，高于同期上证 −10.8% 的跌幅，其中除了熔断期间的回撤之外，最主要的回撤来源于投资中概股私有化的亏损。据我所知，一些机构比但斌先生说的亏损还要厉害。

第三，杠杆交易下降，韭菜不够塞牙缝，旱季里巨鳄互食。

疯狂的杠杆交易已到尾声，最典型的是保险资金股权投资将受到严厉监管。

在日前召开的保险资金动用专题培训会上，保监会副主席陈文辉表示，未来要把“防范风险和强化监管”作为重中之重。保险资金要做长期资金的提供者，不做短期资金的炒作者；要做善意的投资者，不做敌意的收购者。当前保险资金运用领域存在的主要问题包括：非理性举牌、与一致行动人非友好投资、跨境跨领域大额投资和并购、激进经营和激进投资、产品多层嵌套和监管套利等。

高杠杆就是大鳄的水，水没了意味着旱季来了，没有食物的大鳄结果是互相吞食。

一些清醒的小鳄主动退出。据四川金顶平价转让、中科招商春节前后“清仓式”减持8家上市公司以及东北电气杠杆买家清仓撤退等信息频频爆出，显示杠杆买壳生意已失去以往的套利诱惑，壳价或将进一步降温。

算账的过程还在持续，市场最有名的四大系土崩瓦解。这么说吧，如果这几年巨鳄还活得挺滋润，不光中国金融完蛋，实体也会完蛋，从上到下的转型就不可能取得成功。

从2016年开始延续到未来数年，投资风向明确转变，西风转向东风，实体经济能够稳健运营的企业家、创新企业能够脱颖而出的创新家、蓝筹企业转型成功的改革者是真正的稀缺资源。（2017年2月13日）

限制再融资

2月17日，股市出现了未经证实的重大消息，消息一出，沪深两市三大股指全部翻红。

据彭博社援引知情人士称，证监会计划推出限制再融资政策，限制再融资频率和规模。考虑中的选项包括1年或1年半中，只允许一次再融资。证监会计划限制再融资规模，考虑中的选项包括按照市值一定比例确定再融资规模；证监会还计划改变再融资的定价方式。同时，证监会考虑对使用募集资金购买理财产品的上市公司，限制其再融资。

不管是否被证实，收紧是大势所趋。1 月定增融资规模“瘦身”，完成 632 亿元，较去年同期大幅下滑 45.08%。新华社不久之前曾发文称，A 股当先堵住再融资这个“出血点”。而在猴年最后一次例行发布会上，证监会新闻发言人张晓军明确表示，下一步将采取措施限制上市公司频繁融资或单次融资金额过大，健全上市公司募集资金使用现场检查制度，督促保荐机构对在审上市公司再融资项目进行复核。

A 股市场是个赌场，再融资就是重要筹码。中国金融市场信用底线极低，一个漏洞会撕成一道大门，重新建立再融资规则刻不容缓。

公司上市之后成为暴发户，打着市场化的名义不断再融资。据《中国证券网》报道，过去十年中上市公司再融资规模高达 6.5 万亿元之巨，远远超过 IPO 的融资规模（2007 年、2010 年 IPO 融资规模略大于增发规模）。

2016 年，按照网上发行日期计算，A 股市场 248 宗 IPO 募资总融为 1633.56 亿元，再融资 737 起募集资金 15235.30 亿元，均为低门槛的定向增发。实施配股 10 起，实际募集资金 172.58 亿元。A 股市场整体融资规模达到 17051.44 亿元，超出同期 IPO 融资规模 10 倍以上。

没有效率、利益捆绑的再融资让市场成为无底线的赌场，颠覆了股市存在的价值。

中国是个工业化中期的国家，股市存在的价值就是筛选出三部分企业：一是成为中国经济定海神针的企业；二是有可能成为未来几十年顶梁柱的企业，比如生物制药、环保、高端服务；三是可以参与全球竞争的企业，比如信息技术、大数据。

中国制度筛选能力太差，上市公司像是垃圾堆里偶尔夹杂了一些黄金。

钱军教授团队通过大数据得出的研究结论就是证明。以净利润占比为例，从 2000–2014 年间，A 股所有上市公司作为整体的年度净利润占比在 13.7%–35.1% 之间，而同期非上市公司的该项指标在 64.9%–86.3% 之间。更可怕的是，在这 15 年间，前者在每一年都无一例外地远远落后后者。中国的 GDP 增长绝大部分并不是来源于上市公司，而是来源于非上市公司，尤其是非上市的民营企业。

上市公司哪里是中国经济的领头羊，简直是吸着血的绊脚石。这违背常理，能够上市的公司经过考核，很多是细分行业的龙头企业，如今总体增长还不如非上市公司，一定是激励机制出了大问题。

公司一旦上市，集万千宠爱在一身，不管业绩如何，都可以通过各种渠道再融资。没有底线的高管，可以剥离上市公司赢利部分到非上市公司，可以通过上市公司抵押、贷款，各种剥皮抽血。我曾经亲眼见到两家极有前景的公司，被剥成了负债累累的空壳，高管变成亿万富翁，躺在美国晒太阳，还惦记着通过卖壳再赚几亿人民币。

有些公司再融资，居然是买理财产品。据新华社报道，统计显示，2016 年共计超过 700 家上市公司累计购买理财产品逾 7000 亿元，有 11 家在 2016 年购买理财产品的上市公司，涉及募资约 293 亿元。再融资让暴发户们富上加富，顺便割几把韭菜。

再融资规模可能迅速缩小，因为与业绩、实业挂钩，真正有价值的企业不可能需要那么多资金，一家企业 10 亿元无处可去，还得在一年内投资完毕，企业只能胡乱投资，高管变成懒人。

再融资受限，估计解禁股一到期限就会疯狂减持，有壳的会到处找买家，算是进行了对冲，加上 A 股估值不低，资金外流，目前股指大涨的空间不大。

中国的证券市场必须为实体经济服务，再融资不仅要与市值挂钩，更重要的是与业绩、高管信用挂钩，这也是为中国的实体经济负责。有那么多中国股市暴发户在全球无节操炫富，这不是什么荣耀，而是制度与信用脓疮的展示。（2017 年 2 月 17 日）

看不清大势的人会被市场淘汰

2 月 10 日，证监会主席刘士余再次表示，资本市场不允许资本大鳄“呼风唤雨”，对散户“扒皮吸血”，要有计划的把一批资本大鳄“逮回来”。

2 月 22 号，在国新办新闻发布会上，保监会主席项俊波撂狠话，对个别浑水摸鱼、火中取栗且不收敛、不收手的机构，依法依规采取顶格处罚，坚决采取停止新业务、处罚高管人员直至吊销牌照等监管措施，绝不能把保险办成富豪俱乐部，更不容许保险被金融大鳄所借道和藏身。

2 月 23 日媒体披露，山东省省长郭树清即将出任银监会第三任主席，61 岁的郭树清接替尚福林，重回金融监管系统任职。又一个金融市场派人士回到了金融监管核心地带。

上述三件事，代表着中国金融市场基因突变，市场大势变了，看不清大势的人会被市场淘汰。

中国金融业发生以下变化。

第一，金融业以实体经济发展为目标，虚拟巨鳄想吞噬实体巨鳄，当心背后的枪。

为什么股权争夺战中王石笑了，不是因为王石登山帅，而是因为万科在房地产市场中的地位，在股票市场中是一块重要的压舱石。

万科与格力的胜利不简单，现在投资规则并不完善，在股权争夺战中很难判断。在刘士余先生第一次抨击资本大鳄时，出现了对刘士余先生暴风骤雨式的攻击，一句话，“不懂市场”。如果靠王石、董明珠个人的力量狙击股权争夺战，想要取胜是不可能的。

在此次保监会项俊波主席撂狠话前，2016 年除了陈文辉明确表达了自己的观点外，假借不知名的保监会官员名义支持股权争夺的也不少，这可以理解，保监会站在保险公司的立场上，何况规则也没有禁止。此次项俊波先生的发言可以视作一个风向标，一定有一股非常强大的力量在支持实体企业，并且希望中国股票市场有越来越多可以压得住市场的可靠的实体企业。

目前再融资等改革，也以实体经济的发展为依皈。

未来有三类企业值得关注：一是创业企业中能够脱颖而出的企业，这些企业代表着未来；二是类似于格力这样的企业，可以压得住，用业绩让市场保持稳健；三是通过混改、并购重组能够大幅提升效率的国有企业。

第二，金融市场全方位去杠杆，利用高杠杆的大鳄当头挨闷棍。

从货币政策到股票市场，都在去杠杆的过程中。货币政策保持稳定，不轻易降准，房地产开发贷、居民房贷都在去杠杆，用自己的钱去投资。

大鳄的乐园时代逐渐过去，一些认为自己绝不会出事的大鳄居然也出了事，现有的大鳄不得不蛰伏一段时间。

万家文化就是一个典型，空手套白狼被硬生生地止住了。原来答应融资的银行退缩了，现在就看那家神秘的银必信是否坚挺到底。无论如何，第一笔将近2亿的钱已经兑现，万家股价上升时估计有人兑现，大鱼吃小鱼、小鱼吃虾米，现在大鱼钻进套，想退也退不出去了。

第三，进行稳健的制度变革，不管黑猫白猫，只要证券市场能够达到目标就是好市场。

为建立相对干净的市场，一批小鳄被铲除了。2016年证监会行政处罚决定数量、罚没款金额均创历史新高，市场禁入人数也达到历史峰值。

2016年共对183起案件作出处罚，作出行政处罚决定书218份，较2015年增长21%；罚没款共计42.83亿元，较2015年增长288%；对38人实施市场禁入，较2015年增长81%。

中国市场有自己的特色，底线极低，波动极大，市场化改革一不小心就会造成金融市场风险。这两年前，市场化也好，非市场化也好，都不在考虑范围之内，务实的人士考虑的是什么样的举措能够建立规范市场、法治市场。

再融资是为了实体的发展，而不是为了诞生暴发户，再融资没有一刀切；股指期货恢复，别忘记细节上的掌控。（2017 年 2 月 24 日）

看不懂的人不应该炒股

上台至今，刘士余先生的头脑很清醒，配合中国经济转型的步伐，改革步骤有条不紊。

4 月 8 日，证监会主席刘士余出席了中国上市公司协会第二届会员代表大会并发言。刘先生的发言一贯被刷屏，这次同样如此。从刘先生接下一手烂摊子、抓妖怪改革引发如潮的谩骂，到今天证监会拥有了一定的公信力，一年辛苦不寻常。用粗糙一点的话来形容，证券市场外衣虽然还是破破烂烂的，内衣好歹是穿上了。

根据刘先生的几次讲话，A 股市场正在发生以下改变，与中国经济的实体发展方向密切相关的。

第一，新股将不断上市，新股大量发行，股市为实体企业融资的功能体现得淋漓尽致，新股发行也是为股市制度改革铺路。

这几年是新股发行高峰期。2016 年，两市 248 只新股发行（以网上申购日计算），超过 2015 年的 220 只。募资金额 1634 亿元，超过 2015 年的 1578 亿元。按 2016 年年末的速度，预计 2017 年 A 股将有 400 家企业完成 IPO，全年融资额在 2500 亿元至 2800 亿元。

目前房地产投资受堵，大量资金涌入股市，趁此机会解决新股堰塞湖，为创新企业添砖加瓦。目前的打新机制是刻意为之，让打新收益高于无风险收益率，新股发行不可能失败。

刘士余头脑很清醒，没有大喊制度改革的口号，但新股发行多了，“仙股”自然出现，有管理的注册制将水到渠成。

问题在于，按照以前的规律，大量新股上市后，面临着巨大的解禁压力，这该如何处理？禁止清仓式减持、禁止操纵股价，就是题中应有之义。

第二，蓝筹公司要分红，市场需要大笨象。

对长期不进行现金分红的会严厉监管。此言一出，很多人摇头，认为上市公司要不要现金分红由市场自己说了算，监管部门手太长，何必管人家分不分。

据刘士余先生的解释是，要求现金分红有两方面的原因，正面原因在于：现金分红是回报投资者的基本方式，是股份公司制度的应有之义，也是股票内在价值的源泉。如果公司不进行现金分红，投资者只能通过股票转让获得收益，很容易变成击鼓传花的投资游戏。有的上市公司在日子好过的时候不分红，盲目铺摊子上项目，等到项目建成、景气回调，又大幅亏损，还是分不了红。

硬币的反面是，公司长期无正当理由不分红，也可能是财务数据造假、内部人控制的信号。表面上，公司资本公积金很多，其实一团乱账，根本没有分红的能力。对于利润节节上升、资产多得要命、现金流却紧张得要死的公司，我一直保持着极高的警惕。而利润下行的高送转公司同样让人不安，这是割韭菜屡试不爽的剪刀。

要求蓝筹股分红，相当于让握有蓝筹股票的人拥有分享发展红利的证券，跟高收益债券有的一拼。连续分红的蓝筹股，也就是市场的定海神针。高分红的蓝筹公司越多，市场越安全，投资者不必担心妖怪兴风作浪，也不必天天短差高抛低吸。

汇控曾是港股的大笨象，可口可乐曾是美国的大笨象，这样的公司是一个时代的象征。我们需要 A 股有一半这样的公司，鉴别的标准之一就是稳定分红。说实话，像两桶油这样的国有控股公司，分红毫无疑问是控股股东最受益。

第三，杜绝清仓式套现、忽悠式重组、高送转式割韭菜，减少骗子公司的比例。

次新股妖怪式分红，高送转式减持，往往跟股价操纵脱不了干系。刘士余先生提及 10 送 30，高送转方案全世界罕见。

据第一财经报道，在 2016 年度的分红送转预案中，每股 10 最高转增到了 30 股，这样转增股份的上市公司目前有 7 家，分别为凯龙股份、合力泰、金利科技、赢时胜、大晟文化、东方通、合众思壮。

你有未分配利润？分红吧。你有资本公积要转增股本？行，查查套现的是谁。

为什么要鼓励分红？为了找到有价值的实体企业。为什么宝万之争中宝能大败而归，就是为了扶持实体经济，鼓励创造价值的企业家。

未来证券市场就是创造价值的实体经济的融资场，以虚玩虚路会越走越窄。只要你敢高杠杆操控股权，今天发生在姚振华身上的故事，明天也会发生在其他人身上。

目前的政策，资金量，到 K 线，无不显示 A 股市场指数长期稳健，上有顶下有底，在狭窄的区间内震荡，专业投资时代打开大门，没有旱涝保收的无风险收益，跟庄死得快，再跟万家文化这样的公司，哭都找不到地方。

A 股市场是政策市，这几年的 A 股市场为经济转型服务，培育蓝筹股，大量新股上市找到中国的亚马逊等公司。这是几十年不遇的机会，想创新的，赶紧干吧。（2017 年 4 月 12 日）

“奶妈”断奶，股市半死

亮晶晶的金融泡沫在阳光下破灭。吹肥皂泡的人走了，暂时不会回来了。

最近，一系列杠杆断裂，首先与央行的去杠杆有关。从辉山乳业开始，一些杠杆过高的企业受到炮轰，轰然倒塌。现在轮到了银行，民生银行30亿假理财案远未结束，此时爆发，估计与去杠杆有关。

最让人奇怪的是宏观经济数据好转，股市大跌。从4月14日开始，上证大盘开始下跌，截至4月19日，连续下跌4个交易日，跌破半年线。4月13日收盘3275.96，4月19日收盘3170.69，下跌3.2%左右，看上去不高，但4月17日一天，就有超过120只个股跌停，450只个股跌幅超5%。

难道我们看到的是假指数？

股市下跌缘于两大重型武器，一是银监会连续使出七招“杀伤拳”，委外赎回，去杠杆让本来就贫血的市场坍塌。

3月到4月，银监会下发了七份文件，开展银行业“监管套利、空转套利、关联套利”专项治理工作的通知要求，银行自查理财资金委外规模（主要指购买券商、保险、基金、信托、期货等各类机构发行的资产管理计划）以及主动管理和非主动管理的规模情况，并列明简要交易结构。

文件的意思是：查查自己的“亲儿子”，不听话要打，不过基金公司也躲不过去，要详细上报基金公司和银行之间的“委外”协议，包括规模、期限和预期收益率等，非银机构利用委外资金进一步加杠杆属于理财空转套利范畴。

银行理财资金不管是体量还是影响力上都是股市的“奶妈”，2016年中国银行理财资金大约有27万亿，哪怕十分之一进入股市，一旦断奶，股市都要半死。

现在，“奶妈”真的要断奶了。

银行一听着急了，赶紧赎回，能赎多少是多少。

据《21 世纪经济报道》披露，银行的情况是，“我们现在几乎都暂停了手上的业务，在整理档案、填各种表格，专门应对监管部门的检查，包括银监会、审计署等，五个检查同时进行”，“央行的 MPA 考核刚结束，银监会又在两周内发了七个文件，我们都还没来得及好好研究这些文件的影响和应对之策，但总体感觉今年监管的口子收紧了很多，像同业、委外之类的业务受影响更大”。估计股市、楼市会有万亿以上的资金流出。

加杠杆的情况可能比监管层想象的更严重，监管层打个喷嚏，市场发起了高烧，已经胡话不断了。

第二项重型武器是证监会的严厉监管，让庄股抱头鼠窜。投机者滚滚而来，隆隆而走，市场每次都被折腾得不行。

4 月 14 日，证监会新闻发言人张晓军表示，近日，针对炒作次新股和快进快出手法等恶性操纵市场行为，证监会部署了 2017 年专项执法行动第二批案件。目前，相关调查工作已经全面展开，部分重点案件已经取得重要突破。

庄股闻言，夺命狂奔，典型的如漫步者、爱司凯等股票，不约而同出现闪崩，到 4 月 19 日还在持续，就像一间房子着了火。从龙虎榜看，“温州帮”难逃干系。

想落袋为安的，还有基金，大规模赎回非常壮观。

《中国基金报》报道，4 月 18 日晚间公布的基金净值显示，鹏华弘达 A 单位净值从 4 月 17 日的 1.0454 元大幅跃升到 18 日的 2.0709 元，涨幅高达 98.1%。而和该基金的 C 份额——鹏华弘达 C 今日单位净值不仅没有上涨，反而下跌了 0.03%。不是赢利了，而是赎回了。

很多人大骂特骂，这有什么好骂的，去杠杆那是必须去，否则美国一加息，我们就得含着眼泪被迫去杠杆。合法监管也是应该的，在一个法制不健全的初级市场，如果不严加监管，庄家能上天，“韭菜”会被庄家割走。

骂得不可开交之际，“央妈”现身调和矛盾。路透社报道，一位接近央行的权威人士称：“在政策转折的时候，预期调整会导致市场恐慌和超调。”央行会适时微调货币环境，稳住市场情绪并为金融业降杠杆去产能创造空间。

有人很不爽。这一股子不爽，加上市场的骂声，会逼迫“奶妈”挤出一点奶，棒子稍微打得轻一点。底线是不让市场崩溃，银监会和证监会谁也不会这么做。

别指望市场回到 2015 年上半年，疯狂加杠杆，那是自杀。蠢一次就够了，禁不起蠢两次。（2017 年 4 月 20 日）

次新股到底是小美女还是白骨精?

次新股被很多人当作股市下挫的罪魁，次新股到底是美女还是白骨精?

第一，次新股总体业绩还可以，个别次新股拖累了次新股的总体形象。

次新股总体业绩如何?《上海证券报》5 月 9 日报道，据统计，在 227 家（2016 年上市的）公司中，有逾七成实现了业绩正增长，较全体上市公司不到六成的正增长比例高了十多个百分点；而在 62 家上市当年业绩下滑的公司中，并无一家出现亏损（营业利润、净利润），相比之下，全体上市公司的亏损面则约有 6%。毫无疑问，新上市公司的经营状况、业绩水平要好于上市公司整体。

但次新股出现分化，有的次新股十分疲软，并且占比还不低。新华社报道，2016 年和今年上市的次新股中，有 33 家公司今年第一季度出现业绩亏损，105 家公司今年一季度出现业绩下降，其中业绩降幅超过 50% 的有 26 家，10% –20%的比例，确实比较高。

次新股业绩下滑，有的是客观原因。一些行业出现周期性下滑，券商经纪业务不行，华安证券、第一创业（2016 年上市）以及中国银河（2017 年上市）、中原证券（2017 年上市）的 2016 年营业利润和净利润下滑幅度均在 40% 以上，位居业绩下滑榜单的前列。

很多公司在上市之前奔跑了几年，已经精疲力尽，上市后只要松口气，脸上的粉就掉了下来。我经常说，上市之前公司涂脂抹粉，就是为了洞房花烛这一刻，以最美的形象让大家出最高的价格。

公司业绩有涨落，次新股也是如此，哪有“不许美人见白头”的事。这时候就需要监管，搞清楚到底哪些次新股业绩下滑是造假形成的，哪些是客观原因形成的。证监会集中回应 IPO 政策变动传闻、次新股业绩下滑等问题时表示，如果企业上市后当年业绩下滑甚至亏损严重，但风险揭示不够充分，证监会将视情节轻重采取行政处罚或相应措施。严厉的监管还在后面。

第二，次新股原有的高送转炒作套路被封堵，一大批人被堵死在黑洞里面。

以前次新股的套路是，上市之后有了高公积金，规模又比较小，往往是高送转的“主力军”，加上市场配合炒作，次新股会掀起一波又一波狂欢潮。

高送转曾经是屡试不爽的炒作手段，高送转、套现、再融资、再高送转，这是轮回。根据东方财富 Choice 数据统计，2015 年度，两市送转在“10 转 10（含）”以上的上市公司有 345 家；在“10 转 20（含）”以上的上市公司合计近 50 家。其中，中科创达、劲胜精密均为“10 转 30”，神州长城、辉丰股份等 4 家上市公司为“10 转 28”。10 转 10 不稀奇，10

转 30 也大有人在。

监管层看得很清楚。4 月 8 日，证监会主席刘士余严厉批评高送转，指出“10 送 30”的高送转方案在全世界罕见，必须列入重点监管范围。此后，一些高送转的公司变更了高送转的方案。财路突然变窄，咒骂声因此不绝于耳。次新股在“内忧外患”中受到重创。

即使如此，5 月 5 日、8 日，高送转还是掀起了涨停潮，看来高送转作为一柄双刃利器，还在斩杀千军万马。

有投资者搏高送转被深套，向《钱江晚报》呼救，“钱哥，我的纳尔股份被套 20% 以上，怎么办？”“抢刚开板的次新股力盛赛车，被套近 10%”“上个月初抄底万集科技，被套 20% 以上”。

有业绩、有现金、可分红的上市公司，高送转才是安全的。没有业绩的上市公司，高送转必需的融资被斩断了。

第三，次新股面临着解禁大冰山，解禁股一直是 A 股市场的洪水猛兽。

第一创业 5 月 8 日、9 日大幅下挫，原因是 5 月 11 日迎来小非解禁，解禁市值高达 217.37 亿元，第一创业的流通市值才 48.57 亿。

《券商中国》的文章显示，2016 年以来 A 股上市了 409 只新股，累计 IPO 募资规模只有 2426.32 亿元，这些个股未来三年将陆续解禁 1135.16 亿股，以目前股价估算，待解禁市值合计达到 2.84 万亿元。

2016 年以来上市的 58 只次新股已经出现了重要股东增减持记录（多为高管亲属），其中有 28 只次新股出现减持操作，合计净减持市值 5.87 亿元，其中司太立、高科石化和海顺新材的减持市值分别达到 1.88 亿元、1.08 亿元和 0.79 亿元。

新股上市不是问题，解禁股怎么消化？落袋为安的清仓式减持让人心惊肉跳。每家新上市公司都像一个彗星，拖着硕大的解禁股尾巴。这是 A 股市场最重的担子。（2017 年 5 月 10 日）

只要有底线就一定有长牛

无论是股市还是楼市，讲道德的说法甚嚣尘上。笔者支持信仰，希望建立一个有底线的社会，但同时认为，建立底线社会的前提是遵守底线规则。一个底线明显失守的地方强调道德于事无补，只会增加浑水摸鱼的机会。现在的市场缺的不是长牛，缺的是底线。

有这样一段话：一个肮脏的国家，如果人人讲规则而不是谈道德，最终会变成一个有人味儿的正常国家，道德自然会逐渐回归；一个干净的国家，如果人人都不讲规则却大谈道德和高尚，天天没事儿就谈道德规范，谈大公无私，最终这个国家会堕落成为一个伪君子遍布的肮脏国家。这段话的大致意思我是同意的，在挥起道德的大棒之前，首先看看自己是不是讲规则、有底线的人。

A 股市场的基础是怎么样的？是先讲道德还是先讲规则？

第一，A 股市场是逆淘汰的。

首先表现在股市跟不上 GDP 的增速，常常是 GDP 牛、股市熊。2016 年 3 月，中国金融研究院副院长钱军发表文章《为什么经济增长最“牛”的大国有最“熊”的股市？》，指出从 1992 到 2013 年，A 股市场与 GDP 增长的相关性仅为 9.67%，远低于几乎所有的主要经济体，如美国的 46.3%、日本的 65%、德国的 84.7%、英国的 54.4%、巴西的 43.4% 和俄罗斯的 74.5%。经过严格筛选的上市公司，长期持有指数的回报为什么赶不上 GDP 的总体增速？

股市回报率不高。2000 年投 1 元钱进股市并一直持有，到 2014 年剩下 0.75 元（扣除通胀，含现金红利），还不如以活期方式存入银行，活期扣除通胀因素后期末净值尚达 0.78 元。相比而言，美国是 1.5 元，同为新兴经济体的印度和巴西是 2 元多。持股还不如存活期。

上市公司利润不如非上市公司，上市公司经过千挑万选，千军万马过了独木桥，就松了一口气，净利润占比不如非上市公司：从2000到2014年间，所有上市公司作为一个整体的年度净利润占比在13.7%–35.1%之间，而同期非上市公司的该项指标在64.9%–86.3%之间，两者差距明显。15年间，前者在每一年都无一例外地远远落后于后者。

这一悖论只能有三种解释：第一是上市公司上市前赢利造假；第二是上市后赢利不佳；第三是即使赢利也不愿意分红。所有公司都造假不太现实，上市后赢利都下降也不可能，因此，出现普遍情况，只能说，上市公司用不着建立回报文化，也能通过其他方式取得不错的市值。总而言之一句话，以前A股市场重融资、轻回报。

第二，由于信用土壤不佳，以市场化的名义，大规模实行注册制、大规模退市都会引发崩盘。现在只能实现严格法制环境下的市场化，目前的监管与市场手段都要符合信用不佳这一大环境。

曾经有些专业人士指出，注册制可以防止监管部门寻租，这话说得没错，但没有实行的基础。想上市的公司太多，供远远过于求。谁先上、谁后上、谁上什么板，仍然有巨大的寻租空间。

现在A股3000多家公司监管层已经骂得不可开交，如果到30000家公司呢？如果有一半仙股呢？如果每年有200家公司退市呢？在一个散户占多数的市场，上面的做法会把A股市场会变成一个屠宰场。

别忘记当年的认沽权证也以市场化的名义进行，结果如何？地方政府出售土地也以市场化的名义进行，现在是房地产已经尾大不掉，与地方财政血肉相联。A股市场化需要与本土的信用基础相匹配，否则任何以市场化名义进行的，不过是新一轮的利益分配而已。我们不看口号，看实质。

第三，我很担心以良心的名义进行市场博弈，每个道德家以民粹的名义捍卫的是自己的利益，市场就会成为最糟糕的市场。

一个良性市场应当有利益博弈空间，在程序正义的前提下，让各方利益得到公平的呵护。并且，良性市场会形成尊重程序的文化，因为这些程序经过考验。监管层要守住的底线是，不发生大规模突破法律底线的事件。

对于证券市场来说，底线就是不许内幕交易，不许通过信息优势薅羊毛。禁止所有的内幕交易是不可能的，让市场掌握内部信息的股东成为雷锋也不可能。那么，监管层要做什么呢？防止大多数违规事件，防止市场成为劣胜优汰的柠檬市场。

A 股操纵现象并不少见。耿斯曾经写过一篇论文，进行了操纵市场的样本分析，样本是 2010 年上证 A 股 247 家高比例送股和转股上市公司以及 2000–2010 年上证 A 股 282 家高比例配股上市公司，是不是存在内幕交易的现象。文章分别以高比例送股和转股预案公告日和高比例配股方案公告日为 0 时点，通过分析 0 时点前后 30 天平均超额收益率的变动情况和 T 检验结果，并结合累计超额收益率曲线图、换手率曲线图以及对内幕交易效应和公告效应的计算结果，发现在信息披露的前若干天有显著的股价异常波动的现象，这说明，高比例送股和转股和高比例配股的上市公司在信息公布之前存在内幕交易的概率极大。

是禁止高送转，还是严查内幕交易？在高送转愈演愈烈的情况下，只能先控制住高送转现象，然后以较低的成本严查内幕交易，等到市场信用好转，再放开市场手段。这也是发展初期的国家，监管力度特别大的原因。

如果法律、规则能够使 70%以上的人守住底线（超过 30%的人违规市场将不可控），那么 A 股市场总体就是个良性市场，如果多数人不遵守规则，就是个优汰劣胜的柠檬市场。

为什么以前 A 股市场动辄就要暂停发行新股、拯救市场于休克之中？因为柠檬酸到一定程度，投资者不敢尝试，再好的公司也不敢投资。为什么一段时间大家要到国外买奶粉，因为信息不畅、信用丧失到了一定程度，消费者只能给国产消费品打个整体折扣。

底线是靠法律与文化来维护的，法律错位，社会伸手不见五指。法律是不是执行到位要靠文化，如果绝大多数人不执行法律，那法律就会成为一纸空文。

考虑到法律执行的成本，笔者一向主张，底线规则要少而精，让多数人能够遵守，以免出现法不责众的现象。一旦制订规则，执行必须严格，增加规则的尊严，使抱有侥幸心理的人成本大大上升。美国的税收体系就是这么干的，你平时现金交易偷漏税似乎没什么问题，一旦被查到，就等着彻底完蛋吧。

一个底线都没有的证券市场，却时常挥舞道德的大棒，不管出发点如何，只会让市场越来越混乱。因为，道德是自律体系，具有不可操作性。（2017 年 5 月 31 日）

暂停新股发行不可取

饲养员对一群猴子说，早上给三根香蕉，晚上给四根香蕉，群猴大怒，向饲养员扔石块。饲养员改弦更张，说，那就早上四根、晚上三根，群猴大喜。其实七根香蕉没有变，猴子的脑洞不够大。

暂停新股发行本质上就是朝三暮四的故事，监管层是那个饲养员，普通投资者就是那群猴子，为暂停发行新股多了一根香蕉欢呼雀跃。

A 股历史上有八次暂停新股，短期效果不错，其中三次下跌，五次大涨。如果暂停发行新股，起码有三分之二的时间，在暂停后我们能够吃饱肚子。

但是，我反对暂停发行新股，原因是暂停发行新股只是一剂鸦片。

暂停发行新股从来没有改变过 A 股休克的难题。最典型的是 2016 年 1 月 4 日，2016 年 A 股首个交易日遭遇重挫，沪深 300 指数先后触发 5% 和 7% 的熔断阈值，股票现货和股指期货市场于当天 13 时 33 分暂停全天交易。

暂停发行新股没有改变市场生态。

笔者有一个印象很深的例子。有人支持减慢发行节奏，举的例子是卖香蕉："说新股发行节奏与市场涨跌幅关联不大，与说香蕉售价便宜与香蕉供应数量节奏无关一样的荒诞可笑。1992 年即 24 年前，我家曾经营过几个月的水果生意，我曾到北京水碓子水果批发市场批发过香蕉，批发价 1.2 元 / 斤。零售均价超过 2.4 元 / 斤，挑最好的能卖到 3.6 元 / 斤。近日早市非常棒的香蕉零售价 1.8 元 / 斤。价格比 24 年前还便宜。如果跟种植香蕉的农民说：'香蕉售价便宜与香蕉供应数量和节奏无关。'一定会遭到农民的耻笑。简单的基本生活常识到了股市怎么就都变味了呢？"

问题在于，上市公司不是香蕉。

上市公司是给投资者创造价值的，而不是毁灭投资者价值的，如果投资股票是零和博弈，甚至负和博弈，暂停发行新股相当于让大量的钱进入市场抢一堆垃圾，这只是让垃圾更值钱。但垃圾就是垃圾，时间长了，会发臭。

A 股市场有点像零和博弈，因为券商佣金和政府印花税税收之和大约等于净利润总额，股市外部资金流出流入基本相等。

我还是要引用经常引用的经典数据。

A 股之所以成为零和博弈市场，那是因为"烂公司"有点多，套现的人层出不穷。经过千挑万选的上市公司，净利润竟然不如非上市公司：从 2000 到 2014 年间，所有上市公司作为一个整体的年度净利润占比在

13.7%-35.1% 之间，而同期非上市公司的该项指标在 64.9%-86.3% 之间，两者差距明显。15 年间，前者在每一年都无一例外地远远落后于后者。上市之时，就是打扮得最漂亮的时候，谁能告诉我，这究竟是怎么回事？

另据李迅雷文章中的数据，上市公司的资产负债率居然超过工业企业，前者约 60%，后者为 56%。

为何已经获得股权融资优势的上市公司，负债率反而高于全部工业企业呢？因为在上市公司中，国企数量占 56%，公众企业占 36%，民企不到 5%，前两者更容易获得贷款或债权融资，它们在经济下行时同样可以获得各种渠道的融资，但或许要承担稳增长的任务，缺乏主动去杠杆意识。而所有工业企业中，国有企业数量只占 7%，民企占多，因此民企很早就开始主动去杠杆，这使得民企的资产负债率下行。

本质上，A 股生态转变为良性生态，是要让上市公司创造更多的价值，特殊股东与投资者分享更多的价值，而不是暂停新股发行。

暂停新股上市能提升上市公司质量吗？才怪！那只会让更多的投机者浑水摸鱼。

现在 A 股市场正处于制度改革的关键时期，强制大股东分享红利，承担创造价值的责任，让信息更加公开透明。现在的 A 股不需要鸦片。（2017 年 6 月 5 日）

证监会到底在做什么？

证监会到底在做什么？

第一，股市为实体经济服务，一级市场为创新服务、为经济转型服务，监管层顶住这么大压力推进 IPO，绝对不允许有人在背后破坏二级市场，破坏一级市场的基石。

第二，建立新的市场秩序，首先建立二级市场新秩序，而后转向一级市场。股市的投资逻辑已经改变了，帮派林立的江湖社会，生存空间越来越窄。

老鼠的生存空间越来越窄。

7 月 8 日，朋友圈里流传着如下信息，晚上《焦点访谈》播出由证监会牵头，联合公安部制作的专题节目《大数据捕“鼠”记》。此前一天，7 月 7 日，证监会通报近年“老鼠仓”执法情况。此后一天，7 月 9 日，新华网发表《构筑“老鼠仓”防火墙守住市场秩序底线》的文章，痛批老鼠仓行为。

金融机构、财经媒体对于这个节目给予特殊的关注，是因为从中可以找出监管层当下最关注的议题到底是什么。

博时基金原基金经理马乐、中邮创业基金原基金经理厉建超、易方达基金原副总经理陈志民、中国人寿原投资总监曾宏……一批肥胖的“硕鼠”已经被灭，而且是回溯式的，别说什么期限不期限。

证监会的捕鼠夹是大数据。证监会在通报中披露，监管部门使用了大数据工具，扩大了排查范围：1. 通过对历史交易数据跟踪拟合、回溯重演，市场监察部门精准锁定了一批可疑账户跟随资管产品先买先卖、同进同出的异常交易线索。2. 在密切监控公募基金产品趋同交易的同时，对私募产品、券商资管、专户理财、信托计划、保险投资等各类账户伴生的趋同交易组织案件调查。

人过留名，雁过留声，蜘蛛爬过有痕迹。大数据是高效捕鼠夹，当你看到那些数据后，你得承认，在大数据时代，谁也无法逃脱监管，只是有关部门是不是愿意监管你。说得残酷一点，老鼠大不大，案件是不是符合转型要求，花成本捕鼠是不是值得。

目前沪深两市的交易监控是“穿透式”的，可以穿过券商直接掌握具体账户的交易明细数据、机构账户的交易明细、个人账户的交易明细，纤毫毕现。有了数据，再加上一些算法或模型，账户之间的关联关系就非常容易被发现。你可以用别人的账户，但用处越来越小。

实际上，深交所监察中心的大数据智能监控平台从2013年就正式上线运营了，能对过去20年历史交易数据跟踪拟合、回溯重演，《人民日报》也在2014年和2015年对监管机构用大数据技术精准打击老鼠仓进行了报道，但是并未引起相应的重视，老鼠仓违法犯罪仍然发生。那时候是猫在打盹，现在猫的眼睛睁大了。

证券行业内一场轰轰烈烈的灭鼠行动已经开启。证监会统计显示，2014年以来证监会共启动99起“老鼠仓”违法线索核查，向公安机关移送涉嫌犯罪案件83起，涉案交易金额约800亿元。

2017年上半年，证监会启动初步调查和立案调查302起，新增重大案件70起，同比增长一倍以上；新增涉外案件97起，同比增长27%。稽查部门调查终结立案案件118起，其中移送行政处罚审理程序103起，移送公安机关19起。

捕鼠神器可以查看你过去20年是否偷吃过，在大数据监管时代，获利的逻辑变了。漏洞小，对应的是老鼠的风险成本上升。而猫的激励机制不一样了，不是忽悠出个大牛市，而是市场秩序的重建，是服务实体经济，是守住不出现系统性风险的底线，于是乎，连杠杆也没有了。

对二级市场的整肃还体现在对“浙江帮”的辣手上，徐翔之后再无徐翔。早在去年12月份，就有传闻称监管机构对“温州帮”下手，打击操纵市场的行为。

从2017年6月份开始，“温州帮”各个“大佬”开始落马。6月16日，根据证监会通报，马永威、曹勇于2016年7月5日至7月18日期间，操纵“福达股份”股价，获利共计约2288万元。证监会决定没收马永威、曹勇违法所得约2288万元，并对马永威处以约4577万元罚款，对曹勇处以约 2288 万元罚款，总计罚没金额 9154 万元。

6 月 30 日，“超级牛散”徐留胜也领到了证监会出具的行政处罚决定书。根据证监会的调查情况，徐留胜操纵了 37 只股票，扰乱市场秩序，最终被罚没 1.1 亿元。

这点罚款不至于让徐留胜伤筋动骨，但足以震慑超级散户。你以为一字断魂刀很牛，须知别人断你的魂也是分分钟的事。大数据的强光下，牛散不牛，据我所知，一些敏感资金开始离开二级市场，一级市场与一级半市场，是财富的焦点。

先整肃二级市场，然后提高大股东套现的门槛，最后回到一级市场，逼出讲信用的上市公司。

监管部门沿着自己的逻辑往前走。这个逻辑直通中国式股市，用股市辅助中国经济的转型，减少转型成本，培育中国自己的信用创新企业。内地市场绝不会照搬香港地区的市场化，也不会被某些人不符合实际的言论所裹挟。不论白猫、黑猫，只要能抓老鼠的就是好猫。

二级市场的趋势暴利期结束。

这种关键时刻，不要被股指所迷惑，透过现象，才能看出转型的本质，才能找到新的创富路径。（2017 年 7 月 10 日）

退市博弈

股市要不要发新股的讨论还没有结束，新的讨论又开始了。

先是 7 月 11 日晚，黄奇帆先生在南通说，要不要停发新股的讨论没抓住要害，应该建立正常的垃圾股退市制度，只进不出，一定死亡，一定憋死。

这话说得没错，黄先生不是第一个说退市的。但是，作为一个拥有地方行政经验、对金融市场又非常了解的人，仅仅说这些话是不够的。退市制度长期得不到执行，根源何在？

接着是7月24日至25日，在全国证券期货监管系统年中监管工作座谈会上，证监会公布下半年工作要点，退市改革成为一大具体落点，下一步要完善退市制度，加大退市力度。

退市制度嚷嚷了不止一天两天了，到现在还没有完善的退市制度，不是缺少英雄振臂一呼，也不是大家不知道消化系统的重要性，而是退市制度本身有问题，上市公司与各方利益相关度太高，一家退市数十家胆寒，压力之大可想而知。

没有退市，相当于没有消化系统，A股每次“快憋死”的时候，都停发新股，相当于暂时不吃东西。不管发新股还是不发新股，只要不解决消化道的问题，市场就会向僵尸方向狂奔。

从A股市场建立以来，退市公司少到可以忽略不计。转引《中国经济周刊》记者梳理的Wind数据，从2001年水仙电器、广东金曼两家公司成为首批退市股以来，剔除吸收合并股票退市情况，A股累计有60家上市公司因亏损和欺诈发行、私有化等因素退市。截至2017年7月10日，A股共有3285家上市公司，以此计算，A股累计退市率为1.83%，2001年以来17年的年均退市率仅为0.11%，与欧美退市率相比，天上地下。

中国股票市场有退市制度，吸引众家所长，不可谓不严厉。关键问题是，有了制度也未必有用。而没有制度设计的原因何在？

黄奇帆先生建议退市的第一点是，上市公司到了破产边缘或者宣布破产了，那就退市呗。

这样的制度有用吗？绕开太容易，违规成本太低，形同虚设。

2001年2月，证监会第一次退市标准《亏损上市公司暂停上市和终止上市实施办法》发布，因此拥有一条简单的退市办法：若上市公司连续三年亏损，则暂停上市；若上市公司连续四年亏损，则终止上市。

上市公司“反退市”经验不足，执行铁腕、严厉的时候，退市力度还可以。从 2001 年到 2007 年的 7 年中，共有 43 家 A 股公司被强制退市，年均退市 6 家，考虑到截至目前 A 股退市一共只有 60 家左右，这期间的效率是前所未有的高。而从 2007 年底至 2013 年初，整整五年，虽然上市公司亏损面一直高达 15% 以上，却没有出现一家 A 股公司退市。

上市公司有了丰富的反退市经验，大玩“二一二”财报游戏，二年亏损、一年赢利、二年亏损，“二亏一赢”是常规游戏，“一亏一赢”也不少见。可这些不死鸟过得挺好，高管套现层出不穷，这是给制度的迎头一棒。

监管层只有两个办法，一是严防，对于业绩有异，长期“二亏一赢”“一亏一赢”的上市公司，纳入异常公司池，让这些公司胆战心惊。二是取消，如果一个制度漏洞很大，这个制度存在本身就是愚蠢的象征，不如及早取消。

在 2014 年的史上最严退市新规出炉的时候，当时证监会新闻发言人张晓军承认，因为关联到相关法律法规，某些意见并未被采纳。“有意见建议弱化财务类退市指标，但考虑‘连续三年亏损’是《证券法》确立的退市情形，法律未改的情况下还是依然保留了这一指标”。

既然取消不了，最好的办法就是抓典型，提高“二亏一赢”的公司的风险成本，只要是有节奏的赢亏，就严查，并且暂时禁止高管套现。

2014 年，证监会出台《关于改革完善并严格实施上市公司退市制度的若干意见》，被称为最严退市新规，到现在仅有 5 家 A 股退市。

退市还遭遇利益阶层和地方政府的阻挠，一怕上市公司数量减少，二怕公司破产导致股民情绪不稳定。

地方政府是退市的拦路虎，历年地方政府的补贴是让很多烂公司苟延残喘的动力。2017 年 6 月 26 日，*ST 嘉陵公告获得 5712 万元财政补贴，这笔费用将记入公司 2017 年度财务报表中的“营业外收入”科目，增加公司 2017 年度利润。7 月 1 日，*ST 墨龙发布公告称，寿光市财政局向其拨付了节能减排奖补资金 1.5 亿元，上述款项的取得预计将会对公司 2017 年度经营业绩产生一定的积极影响。

看看，不光是地方，来自什么渠道的补贴都有。这里处置僵尸企业，那边一不小心就保住了壳。

暂停上市的财务要求难道是有意留出了漏洞，只对净利润作要求，不考虑非经常性损益对净利润的影响，卖房卖地，领到补贴，甩卖子公司，这算是考验上市公司的背景吗？既然退市的目标就是优胜劣汰，退市应该看主营业务收入。你靠补贴，不就是靠输血吗？靠抽地方财政血的还能受奖励？

黄奇帆说的第二种是股市重整，比如金融危机的时候美国福特、通用、克莱斯勒三大汽车公司都破产了，但并非简单的破产，董事会还是下决心通过重整，包括债务重整，来坏掉一批账。对此银行妥协了，给他们坏一批核销一批。同时企业结构也调整，有些东西卖掉，有些东西处理掉，处理了一年多，三大汽车到了 2010 年以后都恢复上市，这叫做停产整顿。第三种，就是借壳上市，垃圾企业退出，战略新兴产业收购其股权上市。

在信用不彰的市场，鼓励借壳上市，就是鼓励保壳，那还退得了市吗？补贴千万，卖壳 20 亿，这笔账太划算了。严厉退市，让好公司上市，才是正道。

有一次朋友分析了一家“烂公司”，当时该公司的财报却是很好看，于是下面一片讥笑谩骂之声。等过了两年，这家企业由里烂到外，准备退市了，下面又一片吵吵：凭什么让这家退市啊，还有没有天理了，你看那谁谁谁、谁谁谁，都比我们差。柿子单捡软的捏，欺负我们没背景。

谁也不愿意刀子挥到自己头上，何况，这是最美味的一块蛋糕呢。

退市绝不仅仅是经济问题，还是社会问题，你不想掉进沟里，就不要一蹴而就。（2017 年 8 月 7 日）

【小趋势】

A 股的价值投资时代来了？

茅台（白酒概念股）还会涨吗？海康威视（无人机概念股）还会涨吗？ A 股的价值投资时代已经来临了吗？

自 2016 年 7 月份以来，随着以保险、白酒、家电等为代表的白马股纷纷上涨，A 股走出结构性牛市的格局。特别是近期贵州茅台股价直线拉升，市值也一度突破 9000 亿，让市场上关于价值投资的声音也愈演愈烈，许多观望了一年的投资者都忍不住开始跃跃欲试，准备骑上大白马，开启价值投资之旅。

不过在开始之前我们先来弄清楚一个概念，到底什么是价值投资？说到这里就不得不提价值投资鼻祖——被誉为华尔街教父的本杰明·格雷厄姆。其主要思想概括为两点：一是寻求具备投资价值的标的，即依靠对公司财务表现的基础分析找出那些市场价格低于其内在价值（公司未来现金流的现值）的股票；二是寻求价格与价值的关系，不断评估获利能力，只有当价格和价值相比具有安全边际时才做交易。这两点简单明了的解决了选股和择时这两个非常重要的问题。

理论上很好，但是在实际操作中却让很多投资者为之困惑。

首先价值投资面临一个时间成本问题，万一持有很长时间的股票不涨反跌呢？因为股票价格大部分时间反映的都是投资人对公司未来的预期，但是 A 股中很多公司都存在着前景虽好，而投资者“看不懂”的情况。

遇到这种事情就比较尴尬了，当你眼看着别人的板块噌噌地上涨，走出翻倍之势，你手中的股票还时不时跌破成本线，这时候还谈什么价值投资，还是先短炒一把再说吧。

还有一个困惑是价值投资对机构来说比较有优势，毕竟如果有 10 亿的资金的话，涨 10 个点就是 1 亿，有些超跌的股票随便反弹一下 1 亿就到手了，又轻松、又省心。然而中国目前 70% 以上的投资者都是散户，其中市值 10 万元以下的居多。不用说持有一只股票 10 年，就是持有一年涨上 10 个点很多人就受不了，为什么？收益太低了！况且现在很多人都背负房贷、车贷，就这 10 万元有时候还得以备不时之需。

有些散户可能会说，不管未来怎样，此刻我就是要价值投资！你看苹果股价涨那么多了人家巴菲特还去追，我怎么就不能追茅台？在这样做之前请先看一下你跟巴菲特的差距，人家手里有一家保险公司，股价跌多少次都有钱去补仓，而且扛个几年也没什么问题。而散户的仓位一般只有两种，一种是半仓、一种是满仓，所以很多人随便跌一下基本就套死了，然后就进入了割肉、买套，再割肉、再买套的死循环。

当然想要去追白马股也可以，不过别用价值投资去安慰自己，这种行为充其量只是价值投机而已！

别看两个概念只差一个字，但是其背后却有本质的区别。简单来说，价值投资就是买便宜货并在合理位置卖掉。价值投机则是在适合价值投资的股票中，靠预测未来涨跌来进行买卖，即“白马里面挑黑马，牛股上面做波段”。其最大的缺点是你要判断大盘的气氛，考虑市场的环境，还有资金博弈情况。说到这里大家可能也会发现，这与此前的炒概念，炒热点没什么不同，就像 6 月份开始因为业绩大好而暴涨四倍的方大碳素，如果你作为一个“价值投资者”从最高点追进去，迄今已亏损接近 40%。

人人都高喊价值投资的时候就要警惕了。黑格尔说过：“人类从历史中得到的唯一教训就是人类不会从历史得到任何教训。”

白马股的定义是拥有较为稳健的业绩增长的低估蓝筹股，通常的特征是：较长的财报周期内维持稳定的业绩增长，较高的净资产收益率、每股净资产和较低的市盈率。那么业绩既然是持续增长的，为何今年才出现这种疯狂的走势呢？这其背后主要是基金等机构的抱团取暖行为。

从历史行情中我们也可以发现，A 股此前也出现过三次明显的基金抱团行为，包括 2003 年至 2004 年的“五朵金花”（即煤炭、汽车、电力、银行和钢铁五个板块）行情、2011 年至 2012 年的白酒行情、2012 年至 2013 年的白马股行情。而每一次行情进行到高潮都有人振臂高呼价值投资的时代已经来到。虽然这三次行情中大涨的品种背后都有基本面上的支撑，但是最后终究还是以一个不太友好的方式收场。在 2003 年至 2004 年的“五朵金花”行情中，政府收紧对冲经济过热趋势，产能加速投放行业毛利率下滑，高成长性的预期被打破。2011 年至 2012 年的白酒行情中，则是 2012 年反腐行动和塑化剂风波等利空事件，使得白酒掉头下跌，茅台一年的时间内股价腰斩。2012 年至 2013 年的白马股行情终结，则是因 2013 年下半年部分白马股出现负面新闻引起股价调整，且部分个股盈利低于预期，使投资者对“白马股”高成长的盈利持续性产生怀疑所致。

那本轮白马股行情终结的原因是什么呢？这不禁发人深思！

在交易市场上，真正的价值不是在别人的引导下你感受到的价值，而是自己心中的价值。很多股票涨跌的观点总会找到无数个理由来支撑，但是你要抛开这些杂音，学会去自我判断，要知道多数人的选择未必是正确的，股市中只有少数人能赚到钱！（2017 年 11 月 21 日）

人性炼金场　智慧加持地